中国教育科学研究院中央级公益性科研院所基本科研业务费专项资助项目——“职业技术教育助力乡村振兴的人才培养机制研究”（项目编号：GYB2021007）

我国农民工群体教育补偿机制构建研究

WOGUO NONGMINGONG QUNTI JIAOYU BUCHANG JIZHI GOUJIAN YANJIU

张浩　邓忠波　著

西南财经大学出版社
Southwestern University of Finance & Economics Press
中国·成都

图书在版编目(CIP)数据

我国农民工群体教育补偿机制构建研究/张浩,邓忠波著.—成都:西南财经大学出版社,2021.11
ISBN 978-7-5504-5203-9

Ⅰ.①我… Ⅱ.①张…②邓… Ⅲ.①民工—职业教育—研究—中国
Ⅳ.①D422.63②G719.2

中国版本图书馆 CIP 数据核字(2021)第 234539 号

我国农民工群体教育补偿机制构建研究
张浩 邓忠波 著

责任编辑:王青杰
责任校对:金欣蕾
封面设计:杨红鹰 张姗姗
责任印制:朱曼丽

出版发行	西南财经大学出版社(四川省成都市光华村街 55 号)
网　　址	http://cbs.swufe.edu.cn
电子邮件	bookcj@swufe.edu.cn
邮政编码	610074
电　　话	028-87353785
照　　排	四川胜翔数码印务设计有限公司
印　　刷	郫县犀浦印刷厂
成品尺寸	170mm×240mm
印　　张	14.75
字　　数	267 千字
版　　次	2021 年 11 月第 1 版
印　　次	2021 年 11 月第 1 次印刷
书　　号	ISBN 978-7-5504-5203-9
定　　价	88.00 元

自　序

面对教育，我们常常有这样两种感受：一方面，享受着教育带来的精神乐趣，不断追求思想的更高境界，思考活着的价值与意义，将自己的人生与国家、民族、人民、世界联系起来；另一方面，享受着教育带来的荣誉、社会地位、收入，正是接受了良好的教育使我们能更好地生活或者生存。上述两方面是一体的，没有矛盾。德国著名教育学家斯普朗格曾说："教育的最终目的不是传授已有的东西，而是要把人的创造力量诱导出来，将生命感、价值感唤醒。"① 马克思也说："教育绝非单纯的文化传递，教育之为教育，正是在于它是一种人格心灵的唤醒。"马克思主义人的全面发展理论正是我国教育目的的重要思想来源。1957 年，毛泽东在《关于正确处理人民内部矛盾的问题》一书中指出："我们的教育方针，应该使受教育者在德育、智育、体育几方面都得到发展，成为有社会主义觉悟的有文化的劳动者。"1958 年，中共中央、国务院颁布的《关于教育工作的指示》，将这段话正式规定为我国的教育目的。之后，《中华人民共和国宪法》第四十六条规定："中华人民共和国公民有受教育的权利和义务。"但在日常生活中，当我们把教育与某些特殊群体联系起来时，却非常容易忘记教育的本质目的，以为除了生活或生存以外，其他方面的教育显得没有那么重要。

农民工群体是一个十分特殊的群体。首先，这个群体产生于特殊的时代。改革开放之后，城市经济的发展吸引了一部分农民离开农村进城务工，后来规模越来越大，他们创造了"打工潮""返乡潮""民工荒"等时代词语，作为最普通的分子，他们组成了中国特色社会主义市场经济的滚滚潮流。其次，这个群体有着特殊的身份。城乡二元使他们既是农民又是工人，既不是农民也不是工人。他们农忙时务农，农忙完了务工，"候鸟式迁徙"成为他们的身份特征。最后，这个群体规模庞大，但受教育程度普遍偏低，自我提升能力普遍偏弱。这个群体的人数可以亿计，世界上从来没有一个国家的历史上出现过，也从来没有这样一个群体为哪一个国家的经济发展做出过同样的贡献。同时，他们成为"农民工"，却是在国家高等教育由精英化走向大众化的过程中完成

① 王啸. 教育人学：当代教育学的人学路向［M］. 南京：江苏教育出版社，2003：420.

的，与不断增加的受过大学教育的人口相比，他们仿佛是“异类”，生活在不同的时空。

农民工群体的特殊性，决定了教育能够对其提供的支持具有补偿性质。之所以是补偿，因为该群体往往未能接受足够的教育。他们中的大多数仅有初中学历，仅仅完成了最基础的学科学习，从知识总量到知识的综合运用都处于较低水平。但由于经济、社会、家庭、自身等方面的综合原因，其无法按教育阶段在学制内提升受教育水平，况且，他们大多已经进入工作状态或已成家立业，难以回到学校接受全日制教育。同时，由于学习积累不够，农民工群体保持继续学习、终身学习的能力偏弱，完全依靠自发教育来提升知识、技术、生活能力、思考能力，很难实现。因此，农民工教育的性质不仅仅是继续教育、终身教育，更是补偿教育。作为补偿教育，应当有主动补偿方，政府和社会在这方面责无旁贷。不可否认，农民工是“人口红利”“劳动力红利”的重要力量，全社会都在享受其劳动成果，因此全社会有义务为农民工提供补偿教育，政府应当制定相应政策予以引导或直接支持。

有了上述要点，就有了写作本书的基础。在构思与写作过程中，我们始终坚持以下几点：一是从教育本质与目的来看，完整的教育不应只属于某一群体，或不属于某一群体，没有哪一个群体应该享受全部的教育，或者只应该接受教育的某一部分。二是弱势群体天然应该得到教育界更多的关注。教育的过程是让人成长、使人强大的过程。在新民主主义革命时期，教育曾担负过唤醒民众的历史责任。当今时代，教育应当为农民工群体的生活更加幸福圆满提供支持。三是受到理想主义的鼓舞。有人说，农民工首先需要技能教育，或者，有了技能就够了。因此，本书提出农民工补偿教育有一定的理想主义色彩，建立这样一个政策支持体系更加困难。但每一个人都有权利接受更好的教育，可以终身接受教育，使人生更加丰富多彩。可以说，正是理想主义激励了笔者的写作，哪怕有一点点理想能够变成现实，也是值得的。

我们每度过一天，这一天便成为历史。这本书完成的时候，事实上，农民工群体正在发生令人欣喜的变化，他们中的很多人已经从季节性地进城务工、带钱回农村养家，逐渐开始有越来越多的人定居在城市，他们的配偶、孩子、父母跟随着他们在城市读书、生活、养老，不良的代际传递在很大程度上被中断。他们中的一部分人也可以不用背井离乡、远离亲人外出打工，而是可以在离故乡较近的城镇获得还不错的收入。政府和社会正在给他们成为城市新市民提供各种各样的支持。新一代农民工正在摆脱这样一个不能算褒义的名称，他们有一技之长，学历更高，不少人还持有各种资格证书，更重要的是，他们更重视下一代的教育，他们对下一代寄予的希望，同时也是国家与民族未来的希望。

著者
2021 年 9 月

目　录

第一章　导论

社会的公正应该这样分配：在保证每一人享受平等自由权利的前提下，强者有义务给予弱者以各种最基本的补偿，使弱者能够像强者一样有机会参与社会的竞争。

——约翰·罗尔斯

第一节　研究的缘起及意义

一、走近农民工群体

据农民工监测调查报告数据，2020 年农民工总量达到 28 560 万人，其中外出的农民工为 16 959 万人。从农民工的基本特征上看，农民工平均年龄为 41.4 岁，其中 40 岁及以下所占比重为 49.48%。在全部农民工中，未上过学的占 1%，小学文化程度占 14.7%，初中文化程度占 55.4%，高中文化程度占 16.7%，大专及以上占 12.2%，农民工群体的整体教育水平偏低。近年来，农民工就业、工资、社会保障、子女教育等问题都成为政府和社会关注的重点问题，与之相关的各级政策不断出台。与此同时，政府部门、学者等通过各种渠道不断进行着提升农民工综合素质、推动农民工市民化转型等改革尝试。社会转型、经济转型都与农民工这一群体密切相关，从经济学、教育学的角度看，对农民工继续开展富有实效的教育是自然而然的选择，人力资本理论也证明教育在人力资本提升中具有不可替代的作用。虽然，各级政府在劳动保障、工资支付、医疗保险、户籍管理制度等诸多方面为农民工创造了良好的条件，但公共资源分配对于这个社会阶层仍有局限性，推动农民工群体稳定就业、市民化转型、保障机制建设等仍有很长的路要走，尤其是在着力提高农民工自身素质、适应国家现代化发展需求方面，多个角度显示出农民工教育的政策未能达到理想目标。

20世纪90年代，随着农民工群体规模的扩大，围绕农民工问题的思考逐渐增多，相关的政策也开始出台，重视农民工教育培训的建议开始出现。1994年，《上海成人教育》刊发的一篇短文《为了让农民实现角色转换——记浦东新区征地工的培训教育》①，较早地就农民工教育提出了政策建议。近几十年来，中央部委和地方政府陆陆续续出台了一些针对农民工教育培训的政策②。目前，政界、学界普遍认为，农民工问题是社会的焦点和难点问题，需要更完善的针对农民工群体的教育补偿政策，农民工群体的发展与社会转型、经济转型、社会稳定等重大问题密切相关。从当前农民工群体的社会状况来看，农民工群体仍属于弱势群体。民政部社会工作司在其编写的《社会工作视角下的农民工问题研究》一书的“前言”中指出，在当今中国的社会生态格局中，农民工还是一个弱势群体，……“农村人”“劳工”“移民”这三个“头衔”中的任何一个都可能使人被标定为弱势社会成员，而中国的农民工群体却历史性地陷入了这三重弱势之中。……农民工的弱势地位是长期形成的，并且是植根于中国经济、政治和社会等方面的制度和文化之中③。教育学、经济学、社会学的学科视角研究农民工群体，其均认为农民工需要继续接受教育，但这些学科的特点决定了其缺少对政治过程的关注，从而导致无法以最直接的方法触动政府，使其给予足够的重视。相较于经济学、教育学等学科，政治学的研究更加关注价值、目的、意义以及公平、正义等层面的问题，更加关注执政的合法性、执政的基础、经济社会发展与政治稳定的关系等，因此，农民工教育补偿政策机制的构建，应以教育学、经济学、社会学、政治学等共同为理论基础。

农民工长期生活在城镇，他们中的部分人已不会干农活，或者已经很多年不从事农业劳动。城市对这个群体的态度是矛盾的，既需要农民工为城市发展提供服务，又担心农民工给城市社会带来压力和冲击。一直以来，农民工作为流动人口，其面临着不能与城市居民享有同等待遇的窘境。国务院办公厅于2011年2月发布《关于积极稳妥推进户籍管理制度改革的通知》，这是继2001年国务院发出通知在全国推行小城镇户籍管理制度改革以来的又一个重要文件。在2001年国务院颁发的23号文件中，放开县级区以下农村户口，农村人

---

① 国强，申江. 为了让农民实现角色的转换：记浦东新区征地工的培训教育［J］. 上海成人教育，1994（3）：15.

② 陈振明. 公共政策分析［M］. 北京：人民大学出版社，2003：21.

③ 民政部社会工作司. 社会工作视角下的农民工问题研究［M］. 北京：中国社会出版社，2011：1.

口可以自由向城市迁徙，只要有稳定的住宅和就业即可。《关于积极稳妥推进户籍管理制度改革的通知》放开了地级市以下农村人口迁徙的限制，促进了人口的流动。2014 年国务院印发《关于进一步推进户籍制度改革的意见》，全面放开建制镇和小城市落户限制，推动农民工市民化政策中有了更多以人为本的考虑。2020 年的相关数据显示，外出农民工在省内就业的有 9 907 万人，比上年减少 10 万人，跨省流动的农民工有 7 052 万人，比上年减少 456 万人，下降 6.1%，跨省流动的农民工减少，省内流动的农民工增加。农民工流动倾向近距离的变化，一方面是大城市门槛越来越高，另一方面，农民工对就业和增加收入，以及获取教育等公共服务的需求变得越来越大。

毫无疑问，经济增长方式转变、产业结构调整、城镇化建设等一系列对中国长期可持续发展有着重要影响的改革都与农民工群体相关。农民工问题已经成为国家社会发展中的一系列重要矛盾和问题的重要环节。从目前中央政府的政策与学界研究来看，城镇化应当是中国发展的必由之路，城镇化不可避免地要面临农民进城，农民进城当然主要由农民工进城为第一步，也是事实上正在进行的一步。但目前来看，农民工真正可以去掉这个特别的称谓成为城市居民显然还存在相当多的障碍，户籍、住房、医疗、养老、子女入学等涉及生活的最基本问题仍没有得到根本性的解决。农民工生活习惯的“非城市性”和城市居民的矛盾心态，也让农民工难以顺利融入城镇生活。国家经济增长方式转变与产业结构调整已经在逐步推进，从事人力资源密集型工作的农民工群体仍然缺少技术升级、知识更新的基本保证。从 20 世纪 90 年代前后北京、上海、广州等重要城市的大规模、日常化的收容遣送，到收容遣送政策变为救助政策；从农民工讨薪到加大农民工培训力度再到进城务工人员随迁子女异地高考政策出台；从解决农民增收、农民工就业问题到“用工荒”偶尔出现，到 2008 年金融危机后的农民工“返乡潮”，再到“招工难”成为东部经济发达地区的日常难题。这些现实情况的变化都体现了农民工在社会经济中的地位已经在事实上不断发生着变化，他们对国家、地区经济社会发展和稳定的影响日趋扩大。

即使如上所述，对农民工问题的认识仍然不够深刻。农民工问题不仅是一个特殊群体的问题，而且是这个庞大的群体及其下一代的生活与发展可能决定中国是否稳定、持续发展。“农民问题乃国民革命的中心问题，农民不起来参加并拥护国民革命，国民革命不会成功；农民运动不赶速地做起来，农民问题不会解决；农民问题不在现在的革命运动中得到相当的解决，农民不会拥护这个革命。”[1] 国家经过70余年的建设，原有的农民问题应当说得到了较好解决，土地、温饱、教育、医疗、养老等问题都取了很大成绩。城市生活虽然不时面临住房、物价等问题的影响，总体上仍可以说是稳定富足。但城市与农村这个二元结构的“对立”或者说“并立”，仍然是中国很多问题的集中表现，而农民工恰恰就是处在这个二元结构的中间地带，从这一点上来说，农民工问题的解决，正是解决中国城乡二元结构的关键所在。只是目前对农民工问题的解决仍然处在“头疼医头、脚疼医脚”的状况下，既缺少整体认识，又缺少系统规划和设计。在当前农民工可以自由流动，可以获得较好收入，子女基本也能顺利完成义务教育，生活条件虽不优越，但基本的衣食住行尚能保证的前提下，城镇化、经济发展方式转变与结构调整，以至和谐社会全面构建等诸多问题都离不开农民工教育问题的全面、深入解决。

二、研究的缘起

教育在人的发展中的地位是毋庸置疑的，当今时代，全民教育与终身教育作为中国社会的两大教育思潮，它们是在“青少年和成人之间以及不同的社会集团之间，对教育资源进行合理而平衡分配的必要手段，同时，对于现代人际关系的改善、社会集团之间以及男女之间政治的、社会的和经济的平等的进一步增进……作为以成人为对象而展开的终身教育的具体目标，就是要保障民众的受教育权，保障他们能自由地参加文化艺术及科学生活的权利”。[2] 实施农民工教育补偿政策，全面提高农民工科技、文化、政治等素质，以及提高其适应城市生活的能力是城镇化和经济发展方式转变的重要途径。在人们的观念中，甚至一些教育从业者、研究者眼中，农民工不需要“教育”，只需要培训，农民工的问题在于生存和收入，并不在于其他。但随着社会的发展变化，大家在这一点上越来越达成共识，即农民工教育是个重要问题，农民工不仅仅需要培训，更需要全面的、体系性的、真正意义上的教育。农民工教育就是针对农民工群体开展的补偿教育，农民工教育补偿政策就是一种教育补偿政策。加强农民工群体教育补偿机制建设，不仅是国家发展的需要，更是农民工受教育权实现的客观要求。

农民工教育问题，单纯依靠农民工自身力量或者依靠社会力量都难以圆满解决。农民工的生存压力、学习环境、学习习惯甚至在学习上的心理障碍都使

---

① 毛泽东. 毛泽东选集：第1卷［M］. 北京：人民出版社，1991.

② 林钧. 国外学习化社会理论与实践研究［M］. 北京：中国经济出版社，2013：31.

其难以解决自身的问题。用工企业承担了一部分农民工培训和教育的职责，但企业的逐利性使然，企业缺少长期、大量投入的意愿，而农民工教育培训具有明显外部性，政府理应对此有必要的补贴。目前，中国社会组织、志愿者活动尚不发达，完全依靠社会也无法解决农民工教育问题。因此，农民工教育问题仍应由政府主导解决，起码当前一个阶段，政府应主导解决农民工教育问题或者引导解决农民工教育问题。

当前，中国的农民工教育基本集中在农民工技能培训方面，各项农民工教育补偿政策的出台，基本围绕农民工技能培训进行，即提高农民工的就业、生存能力，以此增加收入，改善农民生活水平，同时亦服务于国家一个阶段的经济发展模式需要。这种政策倾向已维持了数十年，也基本实现了目标。但目前国家经济社会发展形势正在发生重大变革，政策却仍沿着先前路径行进并不断固化，并且被当作一种当然路径，是否适应新形势需要，是否需要转变方向、改变内容等问题自然会显现。为理清这些问题，究其根源，自然应当思考农民工教育补偿政策为什么做出了以技能培训为主要内容的选择，为什么这种政策日益强化，它通过怎样的形式影响社会成员的行为和社会发展，应当对这种政策路径能否适应目前经济社会发展需要做出更清晰准确的判断。在这一点上，教育学应当是最直接的理论来源，继续教育、成人教育、终身教育的理论与实践均能够为农民工教育补偿政策的思考与制定提供依据，但教育学只能从社会人需要教育这一起点论证农民工需要教育，或者从农民工教育补偿政策的制定过程做表层梳理，难以解决政策形成与演变中“为什么”式的深层问题。而人力资源理论能够从人力资源发展的视角说明农民工教育的重要性，社会学理论能够从人在社会上的发展方面论证农民工教育的重要性，纯粹的公共政策分析理论亦可以分析农民工教育补偿政策的制定过程、依据、绩效等方面，但均很难从政策形成与变迁的内在逻辑实现这些目标。由于政策本质上是政治行为的一种结果，因此，从政治学的视角尝试对农民工教育补偿政策进行分析可能是揭示农民工教育补偿政策诸多“为什么”的有效途径。同时，鉴于政策在制度分类中的特殊性、制度对于政策形成的重要作用、制度在政治与政治学中的重要作用，以及既往政策对现有政策的影响、政策沿袭过程中的固化现象以及政策的退出往往缺少主动性等问题，在政治学意义上对农民工教育补偿政策进行历史和制度环境下的探讨，可能探得其他学科难以发现的问题。

三、研究的意义

农民工问题是一个存在了多年的重大现实问题，农民工教育问题是农民工相关问题中一个研究不够深入、解决起来却非常困难的问题。农民工教育补偿政策已经在一个较长的历史时期内形成了自己的体系，是政策领域的一种具体现象。研究农民工教育补偿政策问题，有助于从根本上解决农民工受教育权实现的问题，为解决农民工问题、探索社会权利实现的政策路径提供有价值的方案。

研究农民工教育补偿政策问题，从其结构、内容、变迁多个视角进行观察，有助于透过农民工教育补偿政策现象，发现农民工教育补偿政策规律及其中存在的问题。农民工教育补偿政策的出台最直接的是经济原因。最初，开展农民技能培训是为了解决农村剩余劳动力过多问题，增加农民收入。其后，开展农民工技能培训是为了在解决前一问题的同时解决经济发展需要的技术劳动力问题，由此形成的现行农民工教育补偿政策几乎完全是农民工技能培训政策，这一结果正是政策出台的前提决定的。这些政策由中央政府及其多个部门，以及不同的地方政府制定和执行，这一政策现象有其鲜明的特点。即使直观地看到农民工教育补偿政策的现象和特点，仍然难以全面、系统地了解政府为何会选择这样的政策，政策是否是最恰当的政策，政府为何不选择其他类型的政策，这些政策是否仍然有存在的必要，以及随着形势的变化这些政策是否需要有更大的调整或者方向性的转变等。研究农民工教育补偿政策现象可以帮助我们发现农民工教育补偿政策中可能存在的问题，并借助于合理的方法分析问题产生的原因、问题发展的过程以及问题解决的可能方案。

系统研究农民工教育补偿政策的问题能够从政策现象中发现一些疑问。在经济社会发展阶段发生变化的情况下，农民工教育补偿政策延续和深化了原有的发展方向。这种延续和深化究竟是为什么？如果说假设农民工教育补偿政策中存在问题，在证实了这些问题的客观存在之后，我们需要面对的正是这个“为什么”。只有分析回答了这个问题，才有可能使最后提出解决问题的方案变得可行。经过改革开放四十余年的发展，经济增长快速，经济总量庞大，容纳了大量劳动力，尤其是工业聚集的东部沿海地区吸引了大量来自全国各地的农民工。农民工问题已经不是欠薪、就业或者增加城市负担、影响城市安全形势的问题，而是“用工荒”“招工难”问题。城市农民工同时面临满足城市运转需要和融入城市生活困难的尴尬境地。此时，农民工教育补偿政策仍以“做好农民工技能培训工作”为主基调，显然脱离了现实环境，无法应对真正的现实问题。客观分析这一困境产生的原因，分析制定政策的主体受何种因素的影响出台相关政策，找到为什么他们无法发现或者无法及时应对政策与现实之间存在的差距的原因，以及探求这种政策的延续和深化可能进一步导致什么样的问题出现，可能出现的问题是否影响、如何影响现行农民工教育补偿政策目标的实现。通过不停地追问与分析，我们才有可能厘清现象背后复杂的逻辑关系，分清主次矛盾，为解决现实存在的问题打下基础。

以技能培训为主的农民工教育补偿政策不适应新的需要是可以证明的，如何构建有效的教育补偿机制正是本书研究和分析的最终目的。对农民工政策现象中的现实问题进行观察和分析，从中发现深层存在的偏离政策初衷之处，或者与更广意义上的政策目标相悖的方面，有助于重新设定农民工教育补偿政策的目标和路径，解决存在的问题，使之更加适应经济社会发展的要求。农民工教育补偿政策不仅应当解决农民工生存问题，还应为社会发展培养高度契合的农民工或者新产业工人。有人对农民工的称谓有不同观点，认为这一称谓含有贬义或歧视的感情色彩，去除感情的因素，从学术的视角看，农民工的称谓体现了农民工的群体特点，随着其社会身份地位的变化，相信会有更符合农民工和社会情感要求的称谓出现，或者是这一称谓彻底消失而成为历史，农民工真正成为“工人”和城市居民。另外，农民工教育问题的彻底解决，或者说新政策的有效性需要政策重构时充分考虑可能影响政策制定和运行的制度层面，以及观念与习俗的非正式规则层面，并考虑到政策与法律制度、参与者行为之间的关系，以及这些关系相互作用之下可能对新政策产生的抵消或助长效力。因此，农民工教育问题的解决，仅依靠对现有政策本身发展考察是不够的，还需要考虑更多的方面。

农民工教育问题的发现、分析与解决是本书展开研究的现实基础。并且，受教育权是社会权利的重要内容，研究受教育权实现的政策路径有助于进一步分析社会权利如何通过政策的制定与调整得到更大程度的实现。上述发现问题、分析问题与解决问题的过程将体现在本书的主要章节中。

第二节　基本概念厘定

一、农民工

对“农民工”一词的理解，根本上有赖于对“农民工”一词的词源考析，词源考析是概念研究的重要视角。词的产生、词的形态以及词义的演变，都与社会的发展环境紧密相关。了解“农民工”一词产生的历史文化背景、词义演变特点等，有助于我们理解与“农民工”相关的政策、文化等形成的原因和逻辑内涵，进而更好地厘清研究脉络。

中国历史上，历代社会都存在被迫移民的群体，称之为“流民”。较早就有关于“流民”的记载，《管子·四时》中“禁迁徙，止流民，圉分异”；《汉书·叙传》：“饿馑流隶，饥寒道路”，这里“流隶”也即“流民”；《汉书·食货志上》：“至昭帝时，流民稍还，田野益辟，颇有蓄积。”何谓“流民”？实质上，我国社会学家、人口学家及历史学家等对“流民”的概念并未严格界定，尚无统一说法。《中文大词典》称“因穷困转徙于外之人民”；《辞海》称“因自然灾害或因战乱而流亡在外，生活没有着落的人”；《中国经济史辞典》称“因自然灾害、战乱、残酷的剥削压迫在本地不能存身而流亡在外、生活没有着落的人，主要是破产农民”。从“流民”的不同定义以及大量历史资料中可见，农民一直是“流民”群体的主体，这也成为“流民”群体的一个显著特征。中华人民共和国成立初期，由于当时我国经济和社会发展秉持着城乡二元结构体制，最初并未采取严格的户籍管理和人口流动控制，大量农村户籍人口向城市迁移，在1953年、1954年、1955年和1957年中央先后4次发出指示，劝阻农民不要盲目流入城市①。如1952年，中央劳动就业委员会提出要“克服农民盲目地流向城市”。1953年4月，国务院发布《劝止农民盲目流入城市的指示》，这是首次在国家文件中使用“盲流”一词。1958年1月9日《中华人民共和国户口登记条例》颁布施行，自此，确立了我国城乡二元户籍制度，这样背景下，如果农村户籍人口未经允许进入城市，且没有固定工作或稳定生活来源，这样的外流人口统一被称为“盲流”。实质上，当时所谓的“盲流”指向比较明确，更主要是针对农村户籍人口，一直到20世纪80年代末期，“盲流”也就成了“农民工”的代名词。

“农民工”一词最早出现于20世纪80年代初期。从检索信息看，1980年8月9日《人民日报》《为什么常州市劳动力显得不够了》一文中使用了“农民工”一词；1982年1月31日《人民日报》头版标题《干部带头清退自己安排的亲友，安徽十万多农民工返乡务农》中出现了“农民工”一词。1984年，费孝通在《光明日报》上发表题为《小城镇 大问题》的文章，较早在研究领域使用了“农民工”的概念。同年，中国社会科学院《社会科学通讯》中也使用了“农民工”一词。此后，“农民工”这一称谓开始被广泛使用。而在1980年以前追溯至1946年前后，类似的概念通常是“民工”，尤其以战争时期“支前”以及国内建设时期兴修水利与交通时为多。但那时的“民工”与

---

① 洪文杰. 对毛泽东工业化要素思想中农村剩余劳动力问题的考察［J］. 河南广播电视大学学报，2009，22（2）：8-9.

现在的“农民工”概念与内涵有较大的差异，其本质上是不同的。政策文件中出现“农民工”一词是在1991国务院颁布的《全民所有制使用农民合同制工人的规定》中，该规定第三条指出：农民工是指从农民中招收的使用期限在一年以上，实行劳动合同制的工人，包括从农民中招收的定期轮换工……①。但可见，农民工这一概念是伴随着改革开放出现并逐渐发展的，其本身就是中国政治、经济、社会发展变革的产物。有人认为，农民工阶层的形成有其特定的制度背景，“第一，生产力的提高解放了大批农民，使其不必固定在土地上，具备了转移出去的前提；第二，农村剩余劳动力能够顺利转移出去的基础是非农产业有大量的用工需求和土地收益率低，而用工需求不是政府和任何个人所能控制的，主要来自快速工业化；第三，户籍制度改革滞后形成的‘集体排他’制度”②。经过四十余年的发展，在农民工规模越来越大，群体特点日趋清晰，对政治、经济、社会、文化等方面的牵动力日益显著的情况下，围绕农民工这一群体展开的各种政策渐成体系，其中，教育政策正处在丰富和发展的过程中。

通俗来说，农民工的概念从字面上已表达得比较清楚了。农民工就是离开土地从事非农业生产的工人，或者更简单地说，从事的第二产业和第三产业工作的农民身份的工人。但是具体说来，想清楚完整地从学理意义上概括农民工的概念又是十分困难的。很多学者做了有意义的尝试。比较有代表性的如：“农民工指拥有农业户口、被人雇用去从事非农活动的农村人口”③，“农民工主要指转移到城镇第二、三产业中工作具有农民身份的雇佣劳动者”④，“农民工是指拥有农业户口但离开土地从事非农经济活动的雇佣劳动者，从职业身份上来说，农民工已经是工人，但从户籍身份上看，农民工仍然是农民”⑤，“农民工为中性词，泛指所有外出务工的农民群体”⑥，“他们在职业上是工人，在社会阶层上介于农民与市民之间，而在社会身份上却仍属于农民”⑦，“农民工

---

① 中华人民共和国国务院办公厅. 中华人民共和国国务院公报［R］. 1991.

② 周振超. 阶层分化与政府治理模式变革研究［M］. 上海：学林出版社，2012：63.

③ 王春光. 民工群体的社会流动［M］//陆学艺. 当代中国社会流动. 北京：社会科学文献出版社，2004：308.

④ 田松青. 农民工进城就业政策变迁：兼论农民工劳动力市场地位［M］. 北京：首都经济贸易大学出版社，2010：8.

⑤ 宋艳. 进城农民工弱势地位改变研究：政府人力资源管理的视角［M］. 长春：吉林大学出版社，2010：1.

⑥ 严行方. 农民工阶层［M］. 北京：中华工商联合出版社，2008：5.

⑦ 张广胜，周密. 新生代农民工市民化进程的测度及其决定机制：基于人力资本与社会资本耦合的视角［M］. 北京：经济科学出版社，2013：2.

是指原来在农业产业就业，现在转到工业等非农产业就业的劳动力”等①。

2006 年 3 月《国务院关于解决农民工问题的若干意见》中指出：“农民工是中国改革开放和工业化、城镇化进程中涌现的一支新型劳动大军。他们户籍仍在农村，主要从事非农产业，有的在农闲季节外出务工、亦工亦农，流动性强，有的长期在城市就业，已成为产业工人的重要组成部分。”

我们并不致力于对农民工的概念做进一步的归纳、概括，或者提出更具有独到之处的见解，而是简单使用农民工这一概念。理由是农民工的法律身份虽有模糊，但目前的社会身份其实是很明确的，它几乎成为一个众所周知的称谓，不怎么会引起误解，即使其中的少数人有这样那样的身份不清之处，仍然不影响对这样一个庞大的群体做整体分析。

二、农民工教育

有学者认为，农民工教育的内容应包括职业技能教育、城市生活方式教育和心理教育三个依次递进的方面，通过职业技能教育增强农民工经济层面的城市适应能力，通过城市生活方式教育增强农民工社会层面的城市适应能力，通过心理教育增强农民工心理层面的城市适应能力②。王杨华提出，加强农民工教育，关系到国家发展战略和相关政策的落实，关系到城镇化战略的推进和城市社会秩序的稳定，关系到农民就业增收和农村经济的繁荣③。

有人从继续教育的角度看待农民工教育。“联合国教科文组织出版的《职业技术教育术语》一书认为，广义的继续教育是指那些已脱离正规教育、已参加工作和负有成人责任的人所接受的各种各样的教育，它对某个人来说，可能是接受某个阶段的正规教育，对另外的某个人来说，可能是在一个新领域内探求知识和技术，对另外的某个人来说，可能是在某个特殊领域内更新或补充知识，还有的人可能是在为提高其职业能力而努力”④。“继续教育是面向学校教育之后所有社会成员的教育活动，特别是成人教育活动，是终身学习体系的重要组成部分”⑤，唐踔认为，“农民工继续教育是维护和实现农民工权益的重

---

① 黄锟. 中国农民工市民化制度分析［M］. 北京：中国人民大学出版社，2011：1.

② 谭铁军. 完善农民工教育内容 促进农民工城市适应［J］. 湖南社会科学，2006（1）：77-79.

③ 王杨华. 论以社区为依托 开展农民工教育［J］. 株洲工学院学报，2006（1）：124-126.

④ 房庆平. 普通高校继续教育工作缺失及发展思考［J］. 中国成人教育，2011（2）：44-46.

⑤ 国家中长期教育改革和发展规划纲要（2010—2020 年）［M］. 北京：人民出版社，2010：32.

要内容之一；可以优化社会结构，实现社会平等，促进社会的全面进步”①。唐茂华认为，“教育资源主要为未成年人和升学考试而设置，而继续教育和终身教育体系尚未得到应有的重视，由此导致农民工一旦初高中失学就难以得到再学习的机会”②。陆启光认为，“基于科技的进步、经济方式的转变、社会的变迁，及现有农民工继续教育状况，必须建立和完善相应的农民工继续教育政策支持系统”③。

本书认为，农民工教育是对农民工开展的各种教育活动。农民工教育是终身教育体系的一部分，应包括农民工的成人教育、继续教育等多种方式，可以通过学校教育、家庭教育和社区教育等多种途径进行。

三、农民工教育补偿政策

关于农民工教育补偿政策的概念，相较于农民工教育来说更加少见。相对而言，农民工培训政策的概念更为成熟，研究农民工培训政策问题的论著明显较多。究其原因，现实中存在的两种观点，影响了这一概念的正确使用。一种常见的观点是不存在“农民工教育补偿政策”的概念，而应称为“农民工再教育政策”或“农民工继续教育政策”。表面上看，两者强调了对农民工离开正规学校教育后的“又一轮教育”的含义，似乎通过界定概念的外延使概念更清楚。本书认为，农民工这一群体称谓本身已经含有了离开学校教育走向社会和工作环境的意义，无须增加更多的限定词，即可更清楚地表达农民工教育补偿政策的内涵。另一种观点认为，不存在“农民工教育补偿政策”，仅存在“农民工培训政策”。这一观点代表的含义远远超过了农民工教育补偿政策概念本身，也恰恰是本书重点需要解决的问题之一。对农民工的教育主要以培训形式进行只是特定的社会政治经济发展阶段的特定现象，并不是农民工这一群体在国家与社会中的固定安排，也不是政府、企业、社会以及农民工群体本身应有的固化观念。事实上，也有很多人认为，农民工培训是一种技能教育，从形式和内容来看都是教育的一个方面。在一些研究论著中，农民工教育与培训政策是并列或交叉使用的，这也从另一个角度证明了农民工培训政策难以代替和涵盖农民工教育补偿政策。无论是从法律、政治理念还是从社会文化方面来看，农民工都不应该是只拥有技能的工作机器，完整的“教育”概念平等地适用这一特殊群体。

---

① 唐踔. 对当前我国农民工教育培训问题的深度思考［J］. 职教论坛，2010（25）：23-27.

② 唐茂华. 加强对农民工继续教育具有重大战略意义［N］. 中国改革报，2009-1-19（5）.

③ 陆启光. 农民工继续教育政策支持系统的构建［J］. 教育评论，2010（2）：50-53.

参照以上关于农民工及农民工教育概念的描述，以及继续教育与成人教育的概念与内涵，并避免在教育学概念内做过多无谓的争论，本书中对农民工教育补偿政策的讨论包含了目前现实中农民工教育方式、内容以及未来发展中的教育理念和政治理念下，政府制定实施的对农民工开展继续教育、成人教育、终身教育活动补偿意义上的政策形式的主导或引导。

四、社会权利

社会权利的概念经过了数百年的演变过程，1601 年英国颁布的《济贫法》一般被看作政策中社会权利观念出现的萌芽。《济贫法》规定，政府有责任救济民众，民众有权利得到政府救济。在此之前，公民权利与政治权利是人权的最主要内容，人权的含义更多地强调“自由”，例如免受国家干预的自由和选择在国家中生活的自由等。之后，站在自然法、社会契约与天赋人权的思想基础之上，社会权利的概念日渐丰富和清晰。19 世纪末至 20 世纪初，社会权利思想有了更大发展。英国著名哲学家、伦理学家希尔·格林提出，人人享有自由，为此需要实现其权利，个人权利的实现需要国家的积极作为；英国另一位社会学家和哲学家霍布豪斯提出了“社会和谐”思想，认为国家应当积极发挥“最高的调控权威的作用”，协调好各个方面的利益关系，更好地分配财富，更多地关心大众的福利，从而促进社会和谐①。

早期的社会权利思想在现实中的发展并非如上述语言表述那样完美、进步。事实上，现实中的社会权利保护仍然带有原始性，甚至带有歧视性。例如 19 世纪上半叶英国颁布的新《济贫法》，在规定社会权利保护的同时，也规定了接受社会权利保护的人群（如妇女）必须放弃一定的公民权利，从而使更多的人不得不努力参与市场竞争，其作用是客观上促进了资本主义的发展。

20 世纪以来，社会权利的概念更加明确，一些权威性的观点得到很多人的认同，按照著名社会学家 T. H. 马歇尔所给的定义，社会权利指的是公民既可以享有一定的物质福利、人身安全，又可充分享有社会财富，并按照一般的社会准则享有文明生活的权利②。在这一时期，越来越多的国家开始把社会权利写入宪法，形成最高的社会规范。如 1918 年苏俄宪法规定，公民享有劳动权、物质获取权、受教育权等；1919 年德国的魏玛宪法，由于用整整一章 57 条来广泛、完备地规定了公民享有的社会权利从而成为社会权利实现的典范之

---

① 郭荣军. 社会权利的起源、嬗变与界定［J］. 太原城市职业技术学院学报，2013（2）：58-59.

② MARSHALL T H, BOTTONMORE T. Citizenship and social class［M］. London and Concord, MA：Pluto Press, 1992：8.

作。与19世纪的情形相比，英国20世纪以来的社会权利已经发生了根本性变革，尤其是第二次世界大战之后，社会权利亦从当年的“消极”形象转变成为一种“理所当然”的权利①。有西方学者将社会权利与法律权利、政治权利、参与权利并列归入公民权利的范畴之内，承认了社会权利的存在与基本地位②。

虽然从不同角度能够给予社会权利以不同的定义，很难形成所有人认可的统一标准，但社会权利有几个重要特点是为大多数人公认的。首先，社会权利是公民基本的生存权和发展权的一部分。其次，社会权利是国家对公民的职责与义务，国家应当组织人、财、物，建立机制，实现公民社会权利。再次，社会权利最主要的应当包括劳动权、受教育权、社会福利获得权（社会保障权）。当公民的劳动权得以实现，生存与温饱不再是问题时，受教育权就应当上升到基础的、核心的地位，受教育权的良好实现可以增大社会福利权实现的可能并保持社会福利发放的效果不被消耗殆尽。中国农民工群体正处于这样一个时期，即就业与生存问题基本解决，政府应该思考如何帮助这一群体获得良好发展并消化潜在的社会风险。最后，一般来说，社会权利是对弱势群体而言的，但弱势与强势永远是相对而不是绝对的，一个群体相对某个群体为强势，也很有可能相对某个群体为弱势；一个群体的某一方面是强势，也可能另一方面在社会各群体中处于绝对弱势，强势与弱势还要放在具体的时代背景、社会环境、制度结构、历史变迁与发展中来看待。

我们认为，实现社会权利所具备的法学基础，现代社会发展中对社会权利的客观需求，都提示了政府在社会权利实现中应负有“积极义务”，即政府有责任主动、全面地促进社会权利的实现。社会权利应当包括：公民有从事劳动的权利，即政府应当努力使公民获得就业机会，保证公民可以自由选择自己的职业，以使公民获得应有的及可以追求的较好的生存条件；公民有接受教育的权利，政府应当为所有公民接受更加良好的教育提供条件、创造条件和营造环境，使公民可以接受基本的教育，自由选择教育内容，政府在提供教育条件时应当考虑人的发展需求，而不仅仅满足生存需要，对于曾受到不平等条件制约的受教育者，应当主动给予补偿式教育；公民有获得社会福利的权利，政府应当通过收支控制、转移支付、建立机制等手段，为公民的出生、医疗、居住、养老等提供和创造条件，政府应当保证公民获得基本的福利水准，并努力使之

① MARSHALL T H. The right to welfare and other essays [M]. New York: Free Press, 1981: 83.
② 雅诺斯基. 公民与文明社会 [M]. 柯雄，译. 沈阳：辽宁教育出版社，2000：39.

不断得到提高。我们将以受教育权为核心讨论劳动权、福利权等社会权利实现的一般政策路径。

我们无意于对社会权利下一个更“标准”的定义，仅使用其一般内涵与外延。农民工受教育权是一种典型的社会权利，农民工教育补偿政策的调整是对农民工受教育社会权利实现方式的调整，是本书作为社会权利样本重点分析的对象。不同国家、不同历史时期，对公民受教育权的定义是不同的，但公民的受教育权一定处于不断的发展过程中，不能用旧观点看待新问题，中国公民受教育权的实现亦既不应仅停留在义务教育阶段，不应仅为部分人提供高等教育资源，又不应仅限于精英知识教育，不应仅限于在学制内提供教育，而应在更广泛意义上实现更广大群体的受教育权，从而促进人的全面发展，促进社会文明和谐发展。

第三节　相关研究现状

一、农民工教育补偿政策的研究现状

近些年来，关于农民工教育补偿政策方面的研究内容比较丰富，学者们在不同的学科背景下从不同的视角得出了很多有意义的研究成果，发表在杂志上的学术论文数千篇，硕博论文上百篇，并出现了一些有影响的学术著作，国家及地方均有对农民工教育补偿政策研究的项目与资金支持。比较之下，国外并没有农民工与农民工教育补偿政策的概念，但很多走过工业化和城市化历程的先发国家都有过类似的历史，即农村或外来人口向城市迁移聚集，为帮助这部分人在城市更好地生活，维护城市社会乃至整个国家的稳定和持续发展，政府以不同形式出台有针对性的教育政策，各类民间组织团体在政府支持的框架内开展城市外来移民的教育活动，这些政策与活动涵盖了移民的工作与生存、生活方式转变和公民意识提高等诸多方面。

（一）国内相关研究情况

1. 多元视角

目前，不同学科均有对农民工教育补偿政策问题的研究，包括教育学、经济学、社会学、法学、行政管理等，各学科的方法与范式都为这一问题的研究带来了新的视角。视角的广阔一方面说明农民工教育补偿政策问题是一个被普遍认识到的问题，另一方面亦说明这一问题仍处在发展过程中，尚未有一个整体性的解决方案。相对而言，政治学对教育政策现象的分析是很少的，以政治

学的视角，使用政治学的理论与方法对农民工教育补偿政策有关问题进行分析的学术文献较少。作为一种政策现象，政治学的分析方法不是不具备适应性，而是和政治学近年来在政策分析领域的失语有关。规范研究的宏大叙事和行为主义的微观观察对目前复杂的政治现象的说服力受到限制，难以对解决现实问题起到令人信服的作用。近年来掀起热潮的新制度主义研究方法，提出了一种中观的分析视角，可能为解决具体问题提供有新意的思路。我们来看看对农民工教育补偿政策多元的研究视角。

（1）政策科学领域的研究

政策过程研究更多关注了既存政策的运行情况，这些研究承认政策存在的现实，很少追溯政策出现的原因，更少有从政策的长期过程探求政策产生的根源。

王海燕借助政策执行障碍因素为分析的视角，对政策执行中存在的问题进行深入分析，发现农民工培训政策在政策问题特质方面，政策问题本身的从属性增加了该问题的复杂性，而目标群体整体素质状况不佳会造成政策效果不理想；同时农民工培训政策自身也存在诸如政策目标过于单一、政策评价标准不科学及政策资源不足的问题①。

杨东群分析了专门针对农民工培训的“阳光工程”培训基地的现状与问题，对农民工教育培训的政策绩效进行了分析、评估与反思②。

吕春燕、邵华认为“地方政府必须明确自己的责任，加大对农民工培训的政策支持力度，建立和完善农民工的职业教育体系，加强对农民工职业技能教育的监管和适度干预，加强对农民工职业技能教育培训效果的评估和反馈”③。

对现行农民工教育补偿政策运行情况的分析，有助于发现政策运行过程中的问题，如政策目标的实现程度、政策措施的落实情况、政策投入与产出的配比情况等，可以检验政策成功与否，但由此得出的结论及对政策的调整，一般是对政策本身的修补，在政策大方向正确时可以发挥现实作用，但一旦政策本身不适应社会大环境的需要，这种修补将难以发现和解决根本问题。

---

① 王海燕. 我国农民工培训政策分析：以执行障碍因素中政策自身为视角［D］. 西安：陕西师范大学，2010.

② 杨东群. “阳光工程” 实施中培训基地的现状及问题［J］. 农业经济，2005（4）：48-49.

③ 吕春燕，邵华. 地方政府在农民工培训中的责任[J]. 辽宁行政学院学报，2010，12（4）：11-12.

(2) 经济学领域的研究

一些学者从经济学视角开展了农民工教育补偿政策研究。

刘玉来[①]认为“劳动力素质是身体素质和智力水平的统一，具体表现为身体素质、科学文化素质、技术业务素质、政治思想素质等”，劳动力文化程度与家庭收入呈正相关关系，农村劳动力素质的提高是一个复杂的过程，需要多措并举，如大力发展农村教育，通过国家财政、社会集资或其他方式，加大教育投资，在普及九年制义务教育的基础上，积极发展职业教育、电视教育、函授教育等多样化的继续教育项目。

潘寄青[②]提出，加强基础教育，办好职业教育，开展免费职业培训，提供创业培训，推行免费或财政给予补贴的成人教育，试行“培训券”制度等。寇国明、邱长溶[③]通过对两部门（农民工和政府）、两时期（教育投资期和工作期）经济，构造基于职业风险并纳入新政策变量的效用函数，利用局部均衡和比较静态分析提示新政策效应。结论表明：“理性选择”是农民工微观行为决策的特征雏形，教育投资提升了社会效率，但均衡是帕累托次优状态，而农民工教育补贴政策的介入，则实现着帕累托改进的动态过程。

刘冰[④]借鉴人力资本理论相关模型，运用人力资本理论对劳动力转移进程与在职培训情况进行了分析，在描述中国农村转移劳动力的人力资本投资现状，对培训成本分担机制进行讨论的基础上，提出了企业对农村转移劳动力的培训投资与转移劳动力在职培训的成本分担方法。

经济学视角的农民工教育补偿政策分析，具有更加偏重于农民工技能培训政策的特点。无论是人力资本、劳动力供求还是投入产出分析，都将农民工看作一种生产力要素，将通过教育培训提高农民工生产技能作为一种生产力禀赋提高的方法，其功利主义的特点决定了对农民工教育补偿政策的研究停留在经济绩效得失层面。同时，其利润最大化的要求常常与社会政治、文化、生态发展目标相冲突，分析得出的结论对于政府来说，其政策选择与政策调整的指向是不全面的，难以满足政府政策目标的多元化需求。

(3) 公共管理领域的研究

公共管理领域对农民工教育补偿政策的研究大致集中在三个方面：一是在

---

① 刘玉来. 农村劳动力培训的经济学分析 [J]. 农村经济，2003 (9)：62-64.

② 潘寄青. 农民工技能培训的财政支持政策 [J]. 经济研究参考，2009 (66)：26.

③ 寇国明，邱长溶. 农民工职业风险、工伤保险与教育补贴的政策效应 [J]. 财经研究，2006 (7)：18-28.

④ 刘冰. 企业在职培训与农村转移劳动力的人力资本形成 [D]. 杭州：浙江大学，2009.

研究中提出进一步明确政府的责任，二是关注政府在制定与执行农民工教育补偿政策过程中的行政要素的配置，三是提出改进不同政府部门的分工与职责安排。

陈奥菲[①]提到“2010 年发生在东部沿海城市的‘民工荒’，根源在于专业型人才匮乏、劳动力素质水平不高与地区经济转型升级需求之间的结构性矛盾突出，由此凸现了加强新生代农民工职业技能培训的重要性与紧迫性”，并认为，“政府应加强对新生代农民工的劳动技能培训，大力发展面向农村的职业教育，不断提高他们的文化素质”。

长子中[②]分析了农民工培训工作的内容、资金、时间、场所、体制等方面存在的问题，提出“充分调动农民工参加培训的积极性、建立农民工培训需求调查系统、建立农民工培训效果评价制度、降低农民工培训的隐性成本、强化企业培训责任”等政策建议。

宋洪远[③]等研究发现，对新增农村劳动力的职业技能培训，有利于促进农业剩余劳动力向非农产业转移，从各地各级技校的生源构成看，农村户口的学生一般都在60%以上，职业技能培训管理上的部门分割，对新成长劳动力的转移产生了不利的影响。

许小青、柳建华[④]在对农民工教育培训问题分析的基础上，提出了“设计满足市场需求的培训内容、创新合理的教育培训形式、筹集充足的教育培训经费、构建有效的教育培训网络、提供合理的配套服务”等政策建议。

公共管理对农民工教育补偿政策的研究，较之纯粹对政策本身的分析视角更宽，更多涉及了政策制定的重要主体——政府，但其着手处仍主要集中在微观层面，发现和解决深层政策问题的能力略显不足。

（4）教育学领域的研究

教育学领域对农民工教育补偿政策的研究从专业的视角肯定了农民工需要教育，即使农民工技能培训也属于一种教育活动，农民工继续教育与成人教育是教育学研究中常用的概念，两者有交叉重叠，但不影响我们对农民工教育补偿政策的理解。

---

① 陈奥菲. 参与和发展：新生代农民工市民化问题研究［D］. 福州：福建师范大学，2010.

② 长子中. 当前农民工培训工作中面临的问题及政策建议[J]. 今日中国论坛，2009(Z2)：63-65.

③ 宋洪远，黄华波，刘光明. 关于农村劳动力流动的政策问题分析［J］. 管理世界，2002（5）：55-65.

④ 许小青，柳建华. 关于农民工教育培训问题的研究［J］. 求实，2005（5）：93-95.

华东师范大学李明华、北京大学丁小浩与美国哥伦比亚大学曾满超共同组成的农民工教育研究团队自 2005 年起，开展了农民工教育的大量研究活动。李明华于 2011 年出版了《农民工高等教育需求、供给和认证制度研究》的专著。

常志伟[①]对 2003—2005 年党和政府制定的农村成人教育政策进行了梳理，认为发展农村成人教育是解决“三农”问题的重要途径，因此党和政府对农村成人教育十分重视，制定了一系列政策，但还存在一些问题，有必要通过调整农村成人教育政策予以解决。如五年中“农村劳动力转移的教育培训成为重头戏”，但仍需完善，应“加大教育经费投入、建立健全评估监督制度、注重农民文化素质的提高”等。

陆启光认为，继续教育问题在建设人力资源强国中具有特别重要的意义，但相关政策体系不完善、某些政策缺位等，导致农民工继续教育存在资金短缺、硬件软件跟不上等问题，他提出“加强农民工继续教育经费的筹措力度，夯实农民工继续教育的经济基础；加强农民工继续教育机构的培育力度，增强农民工继续教育能力；加强农民工继续教育的制度建设力度，提高农民工继续教育政策实施的绩效”[②]。

刘国永认为，应参照国外同类经验，结合国情，突破体制和观念障碍，协调劳动和教育部门的关系，理顺流入地和输出地的分工，拓宽基础教育与职业教育接轨的渠道，加大投入力度并开展绩效评价，从而提高农村劳动力转移培训的针对性和有效性。在总结浦东新区的整体转移培训模式、安徽农科教统筹模式、北京昌平职业学校基地模式及山东县级职教中心网络模式等模式，借鉴国际经验的基础上，提出“建立以流入地为主的责权利相统一的培训模式，实行政府、个人、用人单位成本分担经费制度，建立与义务教育相接轨的职业培训制度，实行弹性学制和灵活教学制度，不断完善立法和相关配套制度”等政策建议[③]。

贺磊、王成辽[④]分析了“农村劳动力转移培训阳光工程”（农业部）、“农村劳动力转移培训计划”（教育部）、“星火科技培训专项计划”（科技部、农

---

① 常志伟. 近五年我国农村成人教育政策的回顾与展望［J］. 河北大学成人教育学院学报，2008（2）：32-34.

② 陆启光. 农民工继续教育政策支持系统的构建［J］. 教育评论，2010（2）：50-53.

③ 刘国永. 我国农村劳动力转移培训实践与政策思考［J］. 华东师范大学学报（哲学社会科学版），2006（4）：43-49.

④ 贺磊，王成辽. 职业教育视角下的农民工培训公共政策研究［J］. 和田师范专科学校学报，2011，30（3）：7-9.

业部、劳动保障部、共青团中央)、“雨露计划”(国务院扶贫办)等项目的内容与特点,认为“农民工培训归根结底仍然是一场教育活动”“需要在农民工培训的办学理论和办学体制上创新,在农民工培训的办学内容和培养模式上创新”。

易红郡、谭建平①在新型农民教育培训的范围内考虑了农民工教育的政策问题,认为现阶段中国农民教育培训仍然存在很多不合理的地方,如对农民教育培训的认识不足、农民教育培训缺乏必要的政策法规支持、农民教育培训经费投入不足、农民教育培训机构基础设施差、农民教育培训师资严重缺乏、农民教育培训内容陈旧落后、农民教育培训管理经验不够、农民教育培训缺乏长期性和系统性等,都严重阻碍了新型农民与新型农民工的培育。

教育学并未对农民工教育进行清晰的概念界定,亦未能对农民工教育对社会政治、经济、文化稳定可持续发展的重要意义予以揭示,这与教育学内部更重视学制内教育的传统密切相关,亦与教育学更多关注教育本身的特点相关。同样,教育学对农民工教育补偿政策的研究亦很难把握政策制定与调整的内在力量。

值得注意的是,在我国台湾地区的一些学者对社区教育和社会教育的研究中,早已超越了我们从继续教育、成人教育、技能培训角度对“后学校教育”的理解,虽然并没有“农民工”的概念,但他们对社区教育与社会教育政策的梳理和思考,有助于我们认识当前中国大陆地区的农民工教育及其政策问题。这里给出我国台湾地区学者关于美国‘社区教育’的定义,可以有所启示。“美国社区教育这一名词,初用‘成人教育’,继用‘继续教育’,有时用‘非正式教育’或用‘社会教育’。社会福利机构则多喜用‘社区教育’。实质上并无重大差异,常随教育内容与服务方式之不同而互用。社区教育是十分重要并且相当复杂的一种社会活动。它不像正规教育那样仅以小学、中学、大专学校为范围,它行之于社区机构、工厂矿场、宗教寺庙及各级学校校区之中。它不只是教育的事业,也是有关卫生福利、农工发展或宗教文化等各方面的社会事业;所以它引起各方的重视,也引起各方热烈的支持与广泛的参与。”②

(5)社会学领域的研究

社会学对农民工教育补偿政策的研究多从完善社会政策或社会保障制度的角度出发进行,关注农民工获得平等社会公众服务权利的实现。

① 易红郡,谭建平.新型农民与农民工的教育培训[M].长沙:湖南人民出版社,2009:7.

② 台湾社区教育学会.各国社区教育[M].台北:幼狮文化事业公司,1982:43.

盛昕[①]认为，农民工面临的问题及其政策还有待进一步改善，改革与完善现有的社会政策应该坚持“三个原则”，即“公开、公正、公平原则，法制原则，国家、企业和农民工个人三结合原则”；实施“六种措施”，其中之一是“改革教育、培训制度，实现农民工职业教育权和其子女的受教育权”。

张一名[②]在研究中谈到，中国农民工政策分门别类地解决了农民工在城镇就业、职业技能培训、子女教育和社会保障等方面的问题，使农民工能够在城镇公平获得各项社会公共服务，但仍要强化农民工政策执行的奖惩措施，加大政策的执法力度，配套推进各项农民工政策。

这些研究涉及了农民工的基本社会权利，不再从政策本身分析政策，而是从政策的理念与终极目标考察政策的优劣得失，值得借鉴。

（6）法学领域的研究

从法学的视角对农民工教育补偿政策进行研究的成果并不多，但法学的方法对政策研究具有明显意义。

胡纯[③]以法学理论方法为主对农村劳动力教育培训进行了剖析，找出社区发展与农村劳动力教育培训发展的法学理论契合点：社区利益和社区发展权。同时通过对国外农村劳动力教育培训的考察，寻找基于社区发展的农村劳动力教育培训法律制度的经验启示。在进行样本分析和实证研究的基础上，他对基于社区发展的农村劳动力教育培训的法律制度体系的构建进行探讨，论述了社区发展的农村劳动力教育培训法律制度体系中的法律原则、主体制度、运行保障制度、评估制度、激励制度、保障制度、市场监管制度、纠纷解决制度及相关法律制度。

法律的制定与修订往往需要一个漫长的过程，对农民工教育补偿政策进行法学意义上的分析，并试图以“法”的形式建立和完善农民工教育的制度体系，应是农民工教育补偿政策长期的发展方向。政治学与法学有密切的联系，以政治学的方法研究农民工教育补偿政策问题时应当重视“法”的视角。

（7）农民工教育补偿政策的国际比较研究

进行农民工教育补偿政策的国际比较分析，能够提供国际相似的经验、教训，给政策制定提供有价值的参考。目前，有关的研究十分匮乏，并且存在两方面的问题：一是不分历史时期和社会发展阶段，以国内政策与国外相关政策

---

① 盛昕. 改革开放30年中国农民工政策的演进及发展 [J]. 学术交流，2008（4）：21-24.

② 张一名. 农民工社会政策：挑战与应对 [J]. 中国劳动，2009（6）：6-12.

③ 胡纯. 基于社区发展的农村劳动力教育培训法律问题研究 [D]. 武汉：华中农业大学，2010.

简单对比，即得出结论，认为中国农民工教育补偿政策应该学习借鉴国外经验进行政策修正；二是从单一的角度，如农民工培训，比较国内国际相关政策，进而得出结论，但这样的结论很难全面。

寿钰婷①进行了中美对比研究。20世纪五六十年代，随着经济的发展，美国国内劳动力市场对产业部门的劳动力供给相对不足，而低技能或无技能的劳动者却相对过剩。对此，美国开始通过制定相关政策来缓解供需不平衡状况。从1962年的《人力发展与培训法》开始，美国联邦政府制订了一系列的劳动力教育培训计划。这些计划与方案试图通过继续教育和再培训来提高劳动者的人力资本价值，使他们适应劳动力市场的变化。美国劳动力的继续教育和培训也因此进入了一个新的历史时期。借鉴对美国教育培训法的分析，该学者提出了一些政策建议：强调农民工教育培训中的政府责任；以社区为载体成立民间非营利学习中心来开展农民工教育培训工作；采取成本"协商"分担模式开展农民工教育培训；农民工教育培训的内容要面向市场需求，培训模式要适应农民工特色。

雍冀慧②对中国与欧盟产业结构调整情况进行了分析，重点比较了中国与欧盟的职业教育与培训政策系统：政策问题、政策目标、政策效力、经济水平、制度条件等方面的差异。借鉴欧盟政策，建议中国鼓励企业落实培训责任，创造终身学习条件；用现代技术手段改造和提升职业教育与培训；发展质量保证政策，确保职业教育培训质量；严格劳动力市场准入，扩大职业资格覆盖面；创新职业资格设计，促进劳动力的充分流动等。

辜筠芳、周波③总结了英美国家在农村劳动力转移培训中的经验：国家提供法律保障；进行有效的农村劳动力转移培训管理；财政支持；市场化导向的灵活机制；提供劳动力市场信息等服务；重视监督和引导。进而提出了对中国农民工培训的启示：加强关于农民工培训的立法进程，使中国的农民工培训工作有法可依；加强政府的组织工作；多渠道筹措资金；引入市场化培训机制等。

农民工教育补偿政策的国际比较研究应尽可能做更多相似限定条件下的国际比较，如相似的历史发展时期、相似的政治经济条件，在相似的条件下分析

---

① 寿钰婷. 美国人力发展培训计划及其对我国农民工教育培训的启示［J］. 外国教育研究，2007（8）：76-80.

② 雍冀慧. 欧盟职业教育与培训政策及其对中国的启示［D］. 天津：南开大学，2010.

③ 辜筠芳，周波. 英、美国家农村劳动力转移中的培训经验对我国的启示：从政府作用的角度［J］. 宁波教育学院学报，2009，11（1）：83-86.

具体内容的相异之处，并寻找差异的原因，辨析正常差异与非正常差异，从中找出真正值得借鉴的政策经验。美国19世纪末和20世纪初的“进步时代”与中国目前的社会总体状况有很多相似之处。日本与韩国的某些阶段有着属于工业化与城市化过程中与当前中国类似的发展阶段。研究这些国家同一时期的由本国农村或不发达国家迁移到城市的移民教育政策及其环境，以及其后的移民发展情况，对中国农民工教育补偿政策研究有更大参考价值。有学者敏锐地观察到这一点，已经进行了相关研究，如付宏、杨汉麟指出，研究20世纪前后美国城市化进程中公民教育所面临的问题，总结出其为促进新移民子女认同美国主流价值，最终实现融入城市生活的目的，所采取的公民教育措施，能够为中国当前城市化进程中，如何帮助农民工及其子女融入城市提供参考①。

最后，一些交叉学科的研究提出了农民工教育补偿政策新主张，为农民工教育补偿政策研究提供了新鲜的视角，如李明华在《农民工高等教育：需求、供给和认证制度研究》中运用教育经济学的知识和实证调查力求“提出一个全方位的国家层面的解决方案，又要有一个在现有制度和教育体系框架内的方案。这后一个方案不可能解决根本问题，但或许可以起到改良的作用，多少有助于扩大农民工进入继续教育的覆盖范围”②。

2. 共识性结论

学者们在对农民工教育及其政策现状分析中得出了很多相似的结论。这些分析几乎处在同一层面上，即从政策本身与社会政治经济发展的某一方面出发，探讨其优缺点。这些结论虽未必能直接导致农民工教育问题的解决，却共同确定了农民工教育补偿政策中值得肯定的地方和存在的问题。

首先，关于农民工教育补偿政策的研究都认为农民工教育是十分必要的，研究的目的是分析政策现状，找出存在的问题，提出更好地进行农民工教育的政策建议。

其次，认为农民工教育有准公共物品属性。因此，对于农民工教育的开展，政府应承担起重要责任。除吕春燕、邵华③《地方政府在农民工培训中的责任》、李东法④《农民工人力资本投资中政府责任分析》中直接分析了政府

---

① 付宏，杨汉麟. 20世纪前后美国城市化进程中的公民教育及其借鉴［J］. 中南大学学报（社会科学版），2011，17（2）：11-17.

② 李明华. 农民工高等教育需求、供给和认证制度研究［M］. 北京：中国言实出版社，2011：133.

③ 吕春燕，邵华. 地方政府在农民工培训中的责任[J]. 辽宁行政学院学报，2010，12(4)：11-12.

④ 李东法. 农民工人力资本投资中政府责任分析［D］. 开封：河南大学，2008.

的责任外，关于农民工教育补偿政策的研究都从政策建议的角度强调了政府的责任。如张清泉在著作《二元经济结构条件下的中国农民工研究》中指出，“各级政府必须以提高农民工素质和就业能力为手段，推进农民教育培训法治化建设，明确培训目标、健全培训体系以及强化培训措施，包括进一步加强农民工成人教育和职业教育、建立农民工教育培训师资队伍”①。

再次，重视农民工教育补偿政策的绩效评估。很多研究均发现了现有的农民工教育补偿政策在推行过程中绩效不明晰、不显著，建议加强监督检查，提高农民工教育补偿政策的实效性，而不是仅停留在各级政府的文本层面上或者一些样板式培训点上。

最后，认为农民工教育补偿政策存在很多不足之处，需要很大程度的完善。大多研究除了列举政策文本事实外，较少地肯定农民工教育补偿政策取得的成绩，而是用很大篇幅分析农民工继续教育政策的“应然”情形，花很大精力提出完善农民工继续教育政策的意见建议。

3. 中国农民工教育补偿政策研究存在的问题

按照上文所述，对农民工政策的研究，关注社会保障、就业、权益、户籍等方面的较多，相对来说，对农民工教育补偿政策的研究从数量上来看尚有不足。而在现有的农民工教育补偿政策研究方面，又以农民工培训政策的研究为多，在农民工培训政策的研究中，则以“现状—问题—对策”结构模式居多。上文在对中国农民工教育补偿政策研究的分析中，就其问题与不足已经做了一些简要评述。现对其做一整体性的概括，以启发新的研究思路。

一是过多关注培训政策而不是教育政策研究，对农民工的文化、精神、生活、子女、社会关系等其他方面的关注匮乏，不利于从根本上解决农民工在工业化转型时期自身的转型问题，不利于城市化背景下解决农民工融入城市问题，更难以解决新生代农民工的复杂问题。韩长赋认为，“除了职业技能以外，还要有法律、职业道德、社会公德、城市文明方面的教育”②。

二是笼统地描述政策执行结果多，缺少对政策绩效的准确评估研究。农民工教育补偿政策研究大量采取了问卷与访谈的抽样调查，样本数量少则数十个，多则数百个。通过梳理调查结果描述政策执行效果，但仍然缺少有说服力的绩效评估，即与政策目标直接相关的政策绩效未能对应地得到更为精确的分析。

---

① 张清泉. 二元经济结构条件下的中国农民工研究［M］. 北京：经济科学出版社，2008：218.

② 韩长赋. 中国现代化进程中的“三农”问题［M］. 北京：中国农业出版社，2004：470.

三是“现状—问题—对策”模式研究不利于发现农民工教育补偿政策更为合理的深层机制。普遍采取的描述现状、指出不足、提出政策建议的研究方法得出大同小异的结论，虽然学科视角、理论方法的不同，形成了分析问题解决问题的不同风格，但很难进行“证实”与“证伪”的考量，也无法回答“为何会这样”“为什么提出这样的政策”之类的问题。

四是发达国家转型期新工人群体教育政策经验与教训的研究匮乏。发达国家都经过了由农业社会向工业社会过渡、传统工业向现代工业过渡的阶段，但对这一时期发达国家教育政策，尤其是对由外部进入城市或者说进入现代工业的工人教育政策的全面描述较少，给人一种发达国家历史上的转型期是通过“培训”新工人渡过的，而不是通过“教育”的错觉，忽略了工业化转型的同时是城市化进程，这一进程中仅靠“培训”无法解决复杂的社会问题。因此，对类似时期的教育政策进行全面比较具有更深刻的现实意义。

五是政策调整分析缺少说服力。在对农民工教育补偿政策问题的研究中，往往简要提出农民工教育补偿政策修正设想，很多涉及了政策调整问题。只是这些关于政策调整的建议大都从微观层面对政策进行修补，对现有政策调整的发展过程缺少分析，对政策调整的建议往往简单从现象中得出，缺少逻辑理由，以至于欠缺说服力和可操作性。

总的来看，目前的农民工教育补偿政策研究中，现状研究多，历史研究少；政策研究多，相关制度、观念及其关系研究少。这样，不利于把握农民工教育补偿政策的历史成因及将来的长期发展趋势。研究者多从经济、社会等的视角入手分析农民工教育及其政策中存在的现实问题，分析农民工教育补偿政策的“应然”问题，对于为什么存在这些问题，为什么建立这样的政策，能否（是否具备条件）建立这些政策，以及究竟如何建立这样、那样的政策，鲜有分析与回答。类似这样社会现实深层机理的问题，以政治学的理论来回答是政治学的能力与责任。对农民工教育补偿政策的研究不能只重政策过程，更应研究政治过程。政策出自政府，但政府政策能否出台、出台什么样的政策受多种因素的共同作用，其中历史、制度、各方行动者、文化与观念都发挥了重要作用。历史制度主义较好地将这几者结合起来，用发展中的历史制度主义分析、尝试思考中国政治发展中的具体现实问题，有解决问题与发展历史制度主义理论的双重意义。

（二）国外相关研究情况

世界主要发达国家均经历过城市化与工业化进程，这一进程中，移入城市的人口主要来自两个途径，一是农村人口不再从事农业生产，而是进入城市成为工人；二是自欠发达国家流出的国际移民进入发达国家城市成为工人。只是这些国家没有与“农民工”对等的概念。我们大致可以从三个线索来寻找国外对类似课题的研究，首先是对“移民教育”和“外来移民教育”的研究。即以群体性质类似的概念“migrant education”与“immigrant education”代替“农民工教育”，其次是一些国家对城市化和工业化时期的成人教育、社会教育、特定群体争取政治权力的运动等活动的研究。最后是国外教育相关法律、政策文本的研究。

1. 职业教育与成人教育视角的研究

由于经济因素的驱动，英、法、德、美、日等国对职业教育都十分重视，各自出台了一系列加强职业教育的法案。对这些政策展开的研究也十分丰富，这些研究多以历史资料的搜集整理为主。一些著名的法案被成人教育、职业教育的论著收入其中。德国成人教育得到宪法认可，1918 年魏玛宪法第 145 条规定，普通义务教育学校为八年制国民学校，毕业后进入实习学校继续学习至 18 岁止。国民和实习学校的教学和教材一律免费，并提出国家和地方应促进成人教育事业的发展，对之给予财政资助①。法国建立了职业义务实习教育制度，为提高新工人技术能力，在工作时间举办大量职业讲座②。日本在 19 世纪末《教育令》的制订和修订过程中出台了一系列关于职业学校的规定，使这一时期的职业教育机构成倍增加③。美国南北战争，大大解放了农业劳动力，为美国工业经济发展提供了广阔市场、廉价劳动力、原料产地和投资环境，在此背景下，美国于1862 年通过了《摩雷尔法》，开始了职业教育发展的历史。该法案要求联邦按每一个国会议员拨地三万英亩的标准，向各州拨给公有土地，要求每个州至少“资助、支持或兴办一所学院，其主要目标是在不取消其他科学和古典课程的情况下，增加军事战术、农业和机械技术的教育”④。进入 20 世纪后，美国先后通过了《史密斯-休斯法》（1917）、《乔治-里德法》（1929）、《乔治-埃利泽法》（1934）等一系列重要法案，为进入工业领域的农业从业者提供了大量提高生产技能的机会。这些法案在当时发挥了重要的历史作用，但随着社会的发展，它们变得不再适应社会的需要，以至引

---

① 仓内史郎，雄井正久. 新社会教育［M］. 东京：学文社，1986：15.

② 日本世界教育史研究会. 六国技术教育史［M］. 李永连，等译. 北京：教育科学出版社，1984：205.

③ 日本书部省. 日本的成长与教育：教育发展与经济发展［M］. 东京：帝国地方行政学会，1962：170-171.

④ GRANT V. Man, education and work［M］. Washington D. C.: American Council on Education, 1964: 43-46.

发了美国在20世纪中期的职业教育改革。

2. 社会教育视角的研究

“进步时代”是美国工业化的过渡时期，这一时期，城市的发展、混乱与改革同时进行。一般认为，进步主义教育运动的一个典型特征就是主张采用各种以儿童为中心的课程，而很少关注学校之外的生活。实际上，约翰·杜威在他1938年出版的专著《经验与课程》中就已经批评过儿童中心的进步主义中这种反学术的取向①。这一时期的美国教育政策处在探索过程中，在正规的教育体制之外，对慈善机构更宽容的社会政策给予了混乱的城市生活重要的补充。事实上，正是在“进步时代”，与传统学校教育不同的是，一些慈善机构和社会人士正在用他们的行动努力解决城市移民面临的问题。“移民英语水平很低，对美国的习俗也缺乏了解，所以他们常常为自己混乱的生活困扰。然而，政府很少为这些新加入的美国人提供救助性的公共服务，为了帮助移民适应新的社会环境，大量的志愿者、经过专业培训的社工以及其他专家聚焦于一些私人慈善组织中，为移民提供医疗、教育、娱乐等方面的服务以及一些基本性的援助。②”在这一时期，有两个著名的社会机构——“赫尔之家”（the Hull House）和“亨利街”（Henry Street），其开展的慈善活动至今仍是美国社会与教育活动的研究对象。前者是“以简·亚当斯为首建立的‘赫尔之家’，为来自欧洲南部和东部的新移民服务。它是一个非宗派的机构，为移居者提供各方面的帮助——语言培训、职业技能、家庭生活、文化展示以及市民课程等，这种种努力的目的在于帮助移民适应新的环境并改善其生活”，此外，“许多城市利用公立学校作为帮助成年移民实现美国化的课堂”③。“亨利街”是纽约著名的“定居救助之家”（social settlement houses），它“开办了英语学习班，并为家庭主妇授课，教导她们抚养婴幼儿及低龄子女、为每个家庭成员提供基本的保健和更好的营养等”④。虽然二战后，美国成人教育与继续教育政策取得了前所未有的发展和成功，对我们有很强的借鉴意义，但“进步时代”美国社会与教育状况之下的教育活动和政策得失给我们的启示更大。美

---

① HERRICK J，岳经纶，庄文嘉，等. 美国进步时代：变革社会中的社会政策创新［J］. 公共行政评论，2008（4）：197.

② HERRICK J，岳经纶，庄文嘉，等. 美国进步时代：变革社会中的社会政策创新［J］. 公共行政评论，2008（4）：197.

③ DAVIS A F. American Heroine：The life and legend of Jane Addams［M］. New York：Oxford University Press，1973：35.

④ LUBOVE R. The progressives and the slums：Tenement house reform in New York City［M］. Pittsburgh：University of Pittsburgh Press，1963：233.

国对社会教育的研究也未因经济快速发展而停止。1970年之后，“美国很多大学功能性水准的研究，比较著名的如在奥斯汀的德州大学及加州大学等分别探讨成人在社会生活中必须具备的能力水准，而不管其教育程度如何。研究样本广及全国，提出成人在消费者经济学、职业知识、社区资源、健康、政府和法律等五种知识领域上必须具有的知识程度，以及在沟通、计算、问题解决和人际关系等四种基本技能上应具的水准来界定功能性的文盲。美国联邦教育局依此推估大约有2 300万人缺乏社会生活中所必需的基本知识和能力，并且估计另有3 400万人虽具有这些基本能力，但其效率相当的低”①。而美国成人教育政策的主要依据，一是受教育年限，二是社会生活中必需的能力水准。美国的宗教力量在教育中也发挥了特定的作用，街道文教团即典型例子。19世纪80年代开始，一些牧师和社会活动家组织街道文教团，有人追溯了他们如何“住在城市贫民当中，以基督徒的身份向工人传授知识”②。

3. 政治权利运动视角的研究。

政治权利运动给教育政策带来了重大变化，即使这一过程十分漫长和缓慢。英国19世纪末和20世纪初出台的一系列与教育相关的法律法规，如1889年《技术教育法》、1902《巴尔福法案》、1905年《技术学校法规》，促进了该国普通教育与职业教育发展，提高了妇女成人教育水平。“19世纪末英国妇女成人教育不仅提高了妇女要求平等权利的意识，而且为其争取政治平等做好了准备。1918年英国颁布了《改革法案》，明确赋予妇女的选举权，它标志着英国妇女权利与地位从此有了法律保障。进入20世纪后，英国妇女的文化水平较19世纪已经有了明显的提高和改善”③。这在很大程度上得益于在法律保障下英国妇女讲习会、城镇妇女基尔特会等遍布全国的妇女教育协会的工作。“1927年讲习会已达4 000多个，成员25万余人。从1934到1935年，英国妇女讲习会发展到41所，在校妇女31 449人。学生学时为1 539 588小时”④。

美国黑人争取教育平等权是黑人人权斗争的一部分，教育的平等主要针对学校就学而言，相关的研究很多。美国黑人高等教育和成人教育也一直是学者关心的对象。洛杉矶加州大学美国黑人研究中心的 Linda M. Perkins 立足于美

---

① 黄富顺. 比较成人教育［M］. 台北：台湾五南图书出版公司，1988：88.

② 克雷明. 美国教育史（三）：城市化时期的历程（1876—1980）［M］. 朱旭东，王保星，张驰，等. 北京：北京师范大学出版社，2002：87.

③ 韦鹂，李宜芯. 20世纪上半叶英国妇女成人教育的发展及其对我国的启示［J］. 广州广播电视大学学报，2010，10（3）：13-17.

④ 余亚峰. 论二十世纪上半叶英国妇女成人教育的发展概况［J］. 湖北大学成人教育学院学报，2012，30（1）：29-32.

国黑人的女子教育观，从政治、经济、历史学的角度，选取具有代表性的黑人女性作为研究范例，纵览了19世纪美国快速工业化和城市化时期黑人女子高等教育的发展历程，既呈现了黑人教育中存在的严重不平等，也呈现了黑人争取成人受教育权的斗争历程①。

4. 外来移民“融合”视角的研究

众所周知，美国是一个最典型的移民国家，在工业化、城市化快速发展时期，移民的过程在美国从未停止过。如何让不同民族、不同种族的人在一个国旗下共同生活，是一个难题。因此，美国比较重视公民教育。公民教育的过程也是移民美国化的过程，教育是完成这种同化的重要手段之一。尤其在20世纪中期，对期望获得美国公民身份的成年人的公民教育是美国的一项重要任务。

美国化的过程并非公民教育一个简单的路径就可以完成。20世纪初开始，有些学者就从更复杂的移民“融合”的角度开展了研究。如赞格威尔提出了“熔炉说”，思路是鼓励在19世纪涌入美国的移民把自己作为美国人来思考和行动，最终放弃自己的源文化，成为一个新的拥有共同文化的民族。这个过程就好像各种金属在一个大熔炉里面冶炼一样，最终形成一种新的合金，而每个外来民族都成为合金的一部分②。有学者指出，“美国化不是一个教育的过程，尽管美国化运动是一个不折不扣的教育过程，虽然它十分需要教育，但真正的美国化是一种精神上的、感情上的变化”。③

这些对移民融合的个体学习和与制定政策相关的政府职责，以及政策要实现的目标进行的理论研究与实践思考，为中国农民工教育补偿政策研究提出了有参考意义的观点。

除此以外，也有人在国外研究了中国的农民工及其教育政策问题，认为当城市能够提供一个工作机会时，农村年轻人放弃了要付费的教育，但中国现行的入学制度使他们无法在离开的地方回到学校。同时也提到职业教育政策为解决这一问题提供了重要路径，但将来第二代农民工面临的已经不是放弃接受教育进城工作的问题，他们面临的是为什么要更换城市和工作。他们比上一辈更

① PERKINS L M，李琳琳. 略谈19世纪美国黑人女子高等教育［J］. 大学教育科学，2005（6）：55-60.

② 许赞. 荷兰移民融合政策变迁［D］. 上海：华东师范大学，2010.

③ 陈正桂. 20世纪中期美国成人移民公民教育概述［J］. 河北大学成人教育学院学报，2011，13（4）：56-59.

加重视自由、幸福和享受生活的权利①。这就给这一群体如何学会在城市实现自己的生活目标提出了难题，城市政府应该做些什么，是值得思考的问题。

二、社会权利及实现的研究现状

近年来，国内对社会权利的研究逐渐增多，主要集中于社会权利的概念、演变及其分类等基本问题，以及社会权利的法学探讨、公民社会权利研究、特殊群体社会权利研究等方面，包括对农民工社会权利的研究。研究大多结合了理论与社会现实，有利于推动各界对中国社会权利实现的深入思考与探索。

郭忠华在《社会权利的历史分形与当代整合》一文中探讨了“社会权利的基本内容，社会权利的三大历史模式：威权主义政权下的社会权利、自由资本主义背景下的社会权利、福利国家背景下的社会权利，并以吉登斯有关积极福利思想的讨论作为基础，探讨了社会权利的当代走向”②。郭荣军在《社会权利的起源、嬗变与界定》一文中梳理了社会权利概念的起源与演变，并对其进行了当代意义上的界定③。吴强在对马歇尔《公民权与阶级社会》一书研究的基础上，归纳了从基本民权到社会权利的演变过程，揭示了社会权利研究在中国的现实意义④。

出于对权利维护的法学逻辑的敏感性，法学界对社会权利进行了为数不多但较为深入的探讨。20 世纪 90 年代，社会权利曾引发论争。童之伟将社会权利看作“广义的权利”，即一定社会一切社会权利与权力的总和⑤。其观点在当时的学界引起争议，赵世义等随后发表文章认为，童之伟显然放大了社会权利的概念，并且进一步认为“社会权利本就是一个虚幻的主观概念，实际上并不存在”。虽然这些争议的焦点集中在对宪法学体系的“重构”问题上，但对社会权利概念的认识仍是其基础问题，尽管上述社会权利的两种极端认识均有失偏颇，仍不会改变社会权利逐渐被认识的趋势。2008 年，德国学者克里斯蒂安·施塔克在《国际条约、宪法和法律中的社会权利》一文中介绍了社会权利在国际法律体系中的现实存在⑥；王伟奇从社会权利发展的背景出发，

---

① XIAO C H, China's Young rural-to-urban migrants: In search of fortune, happiness, and independence [EB/OL]. http: //www. migrationinformation. org/Feature/display. cfm? id=874.

② 郭忠华. 社会权利的历史分形与当代整合 [J]. 比较政治学研究, 2010 (1): 40-58.

③ 郭荣军. 社会权利的起源、嬗变与界定 [J]. 太原城市职业技术学院学报, 2013 (2): 58-59.

④ 吴强. 社会权利的由来 [N]. 21 世纪经济报道, 2007-4-16 (035).

⑤ 童之伟. 用社会权利分析方法重构宪法学体系 [J]. 法学研究, 1994 (5): 18-24.

⑥ 施塔克, 张诤. 国际条约、宪法和法律中的社会权利 [J]. 中德法学论坛, 2008 (2): 3-15.

探讨了法治理论中的政策与法的关系①；刘国有等从社会权利的角度分析了一些国家宪法中关于社会权利的条款，提出了中国宪法有关条款的完善思路②。有人从宪政角度③和法律保障④角度论述了农民的社会权利实现。

一些学者把社会权利作为一种公民权利开展研究。郁建兴等回顾了改革开放以来，通过建立最低生活保障制度、出台义务教育学杂费减免政策以及扩大社会保险覆盖面等，中国在扩展公民社会权利方面取得的重要进展，提出了现阶段中国公民社会权利扩展的目标与途径⑤。杨光斌谈道“西方先有政治权利后有社会权利，那么中国人最需要的是什么？中国政府最容易解决的是什么？不同的人群有不同的诉求，但其间肯定存在优先与次要的战略排序。并不武断地说，社会权利是大多数中国人的最优先选择。而从难易程度而言，实现社会权利显然更为方便，国家只要有足够的财力”⑥。吴德帅等分析了公民社会权利对社会阶层的影响机制，认为“充分度和均等化程度较高的社会权利能够形塑合理的社会阶层结构；公民社会权利构造的社会共同体可以作为有机的社会整合机制；公民社会权利的平等理念能够完善阶层关系的运行规则”⑦。徐丽红认为，公民社会权利是指公民分享社会发展成果，从社会获得基本生活条件的权利，而且当基本生活条件不具备时有权要求国家予以提供；切实推进民主制度，改革户籍制度，加快城市化进程，完善收入分配制度，健全权力监督制度才能切实保障公民社会权利的实现⑧。

有人从社会管理的角度分析了实现社会权利的重要意义。潘加军等认为，面对经济社会全方位、深层次的变革，社会管制价值取向必须向以满足民生需求、维护并增进公民社会权利方向转变⑨。王静认为，在当前以维护社会稳定

---

① 王伟奇. 法治理论中政策与法之关系分析：以社会权利的发展为背景［J］. 湖南文理学院学报（社会科学版），2008（2）：32-35.

② 刘国有，马德安. 浅论我国宪法公民社会权利条款的完善［J］. 天津市政法管理干部学院学报，2008（3）：24-27.

③ 贾应生，何青洲. 从宪政角度看农民弱势群体社会权利保障［J］. 重庆科技学院学报（社会科学版），2007（6）：42-43.

④ 钟秀华. 论当前我国农民社会权利的法律保障［D］. 北京：中央民族大学，2008.

⑤ 郁建兴，楼苏萍. 公民社会权利在中国：回顾、现状与政策建议［J］. 教学与研究，2008（12）：23-30.

⑥ 杨光斌. 社会权利是大多数国人的优先选择［N］. 社会科学报，2011-11-10（003）.

⑦ 吴德帅，李文祥. 公民社会权利对社会阶层的影响机制研究［J］. 理论月刊，2012（11）：148-150.

⑧ 徐丽红. 试论公民社会权利的制度保障［J］. 兰州学刊，2013（6）：202-204.

⑨ 潘加军，蔡小慎. 从社会管制转向社会权利：新时期社会管理创新的价值走向［J］. 当代世界与社会主义，2013（2）：160-163.

为基本目标的社会管理活动中，必须始终树立以人为本、以尊重和实现人的基本权利为本的理念，构建以基本生存和发展权利实现为基础的社会管理及其创新机制；为此，社会权利实现制度的健全和完善应是社会管理及其创新的必经之途[①]。杨冬雪认为，对于中国的社会管理体制建设来说，首先要面对的是社会多重转型的冲击，因此要维护社会的团结和谐，并为个人的平等发展提供制度化支持，社会权利导向是社会管理体制改革的基本方向[②]。

农民工群体作为当今社会颇具特点的群体，底层、弱势是其鲜明的社会特征。很多学者从实现其社会权利的角度给予了较大关注。许丰认为，农民工要真正实现市民化，需要实现其一定的社会权利，提高其市民化的需求和能力[③]。方涛从社会排斥的视角对中国农民工社会权利状况进行了考察，认为正是户籍制度使得农民工与城市市民的社会权利即工作权、社会保障权、居住权和受教育权呈现出二元结构[④]。

郑贤君从公民受教育权的角度讨论了社会权利的宪法地位问题。他认为，公民受教育权在宪法性质上是积极的社会权利，而不是消极的自由权，是宪法赋予国家的积极责任，也是实质平等价值的宪法形式体现；受教育权作为公民的一项基本权利，其是个人自由发展其人格和个性的基本条件和保证，包含于人的尊严的内涵之中……受教育权不仅体现为政府给予个人的一种好处和利益，还是一种带有精神财富属性的财产，这正是将受教育权纳入宪法保护的法哲学基础[⑤]。

另外，也有人从福利国家建设的角度对社会权利实现进行了分析。西方发达国家尤其是高福利国家对社会权利的研究与实践都比较丰富，在此不再赘述。总的来看，国内关于明确概念下的社会权利与社会权利实现的研究与实践仍处于起步阶段，很多方面仍显不足。在对全民教育、终身教育、健康安全、城乡社会保障等问题的解决方案争论不休、针锋相对的同时，对社会权利及其实现的基本观点亦缺乏共识，给社会权利实现的发展进程带来阻滞，“社会权利实现需要有理论准备，欧洲社会及其他国家经验使得社会权利理论的深化做

---

① 王静．社会管理创新视角下的社会权利保障研究［J］．科学社会主义，2012（6）：110-112.

② 杨雪冬．走向社会权利导向的社会管理体制［J］．华中师范大学学报（人文社会科学版），2010，49（1）：1-10.

③ 许丰．城市化进程中农民工社会权利要素分析［J］．人民论坛，2013（29）：176-177.

④ 方涛．中国农民工社会权利状况考察报告：基于社会排斥视角的分析［J］．延边大学学报（社会科学版），2008（2）：102-107.

⑤ 郑贤君．论公民受教育权的宪法属性：兼议社会权利的宪法地位［J］．中国教育法制评论，2003（00）：138-154.

了充分准备，极具经验指向的社会权利理论又为实践指引了方向”[①]，对此，学界、执政者均应有所反思。

第四节　研究方法与基本框架

本书遵循理论与现实两条线索。理论线索围绕制度与政策的关系进行，以在具体的政策分析中理清两者的关系为目标。现实线索围绕农民工受教育权实现政策的调整展开，包括现行政策形成的历史及原因，政策如何影响政治行为、政治制度和政治发展，以及对政策的调整等。书中基本的世界观和方法论是历史唯物主义，同时以新制度主义的主要流派历史制度主义为中观的研究方法，并将历史制度主义的政策分析方法运用到政策分析当中。

一、研究方法

（一）历史唯物主义

历史唯物主义认为“第一，以往的历史理论，至多是考察了人们历史活动的思想动机，而没有考察产生这些动机的原因，没有摸到社会关系体系发展的客观规律性，没有看出物质生产发展程度是这种关系的根源；第二，过去的历史理论恰恰没有说明人民群众的活动，只有历史唯物主义才第一次使我们能以自然史的精确性去考察群众生活的社会条件以及这些条件的变更”[②]。书中观点认为农民工群体是社会历史形成中的重要力量，他们的工作与生活创造了“活生生”的历史，不断改变着社会面貌。他们创造历史的活动来自也受制于他们所处的物质条件，农村收入低下、生活落后的物质条件在国家经济发展的政策背景下，促成了农民工由农村涌向城市的壮观的社会历史大潮。历史唯物主义研究对象是社会发展的一般规律。“所有具体方法的运用都应当在一个科学的总的方法论的指导下进行，没有一个科学的总的方法论的指导，具体方法的运用往往难以导致一个科学的结论”[③]。在历史唯物主义的方法论基础上运用政治学的方法分析农民工教育补偿政策，有利于更为清晰地观察农民工教育

---

① 汪国华，周伟. 社会权利理论发展与“新社会权利”兴起［J］. 兰州学刊，2011（9）：53-57.

② 中共中央马克思恩格斯列宁斯大林著作编译局. 列宁选集：第二卷［M］. 北京：人民出版社，1972：586.

③ 王沪宁. 政治的逻辑：马克思主义政治学原理［M］. 上海：上海人民出版社，2016：27.

补偿政策变化的历史背景和现实原因，从而可能使对农民工教育补偿政策调整的设想更符合历史发展的客观规律和社会现实的客观要求。

历史唯物主义认为，历史发展的客观规律是生产力决定生产关系，生产关系对生产力有反作用，生产关系一定要适应生产力的发展。“人们在自己的社会发生一定的、必然的、不以他们的意志为转移的关系，即同他们的物质生产力的一定发展阶段相适应的生产关系。这些生产关系的总和构成社会的经济结构，即有法律的和政治的上层建筑竖立其上并有一定的社会意识形态与之相适应的现实的基础。物质生活的生产方式制约着整个社会生活、政治生活和精神生活的过程。”① 我们认为，农民工在国家教育体系与教育政策中的地位，是由国家生产力的发展阶段决定的。改革开放极大地解放了生产力，生产力的发展打破了农村与城市内的时间与空间的距离，突破了“二元”分立的城乡关系，加快了城市与乡村社会间的流动，虽然制度层面仍存在诸多障碍，但生产力的发展对社会关系的影响已经十分明显。随着工业生产、城市社会服务的规模化、常态化，农民工“候鸟”式的迁移给工厂、社会以及农民工自身带来重大不便，甚至是生产力效率的重大损耗，农民工市民化的呼声渐高。同时，农民工、用工企业的自利性，社会组织的不发达、政府机构配置的不合理等原因使农民工难以在现有社会关系的基础上进一步提高自身综合素质，使其具备经济社会发展所需的生产力水平，因此需要政府通过政策调整改变现状，使农民工群体的生产力水平得到提高，客观上体现了生产关系对生产力的反作用。

书中坚持用历史唯物主义的观点对农民工教育补偿政策的历史变迁、社会背景、现实状况等方面开展研究，努力探求这一政策现象背后的生产力与生产关系的互动机制，力求发现农民工教育补偿政策发展变化的规律，为教育补偿机制构建提供参考意见。

（二）历史制度主义

现代西方政治学的新制度主义分析，是“政治学对于政治行为研究和理性经济人假设的政治研究的局限性的反思的结果。新制度主义分析虽然以政治规则和制度为研究对象，但是，其不同于传统政治学中的制度研究之处，是以政治行为为核心分析要素，把政治规则和制度作为政治行为产生和约束的内在因素，由此分析政治行为与制度的关系……”②。书中不孤立研究政策现象，而是将政策的变迁和由此引起的政治行为放入制度环境中观察，寻找政策形成

---

① 中共中央马克思恩格斯列宁斯大林著作编译局. 马克思恩格斯选集：第 2 卷 [M]. 北京：人民出版社，1995：82.

② 王浦劬. 政治学基础 [M]. 2 版. 北京：北京大学出版社，2006：39.

的根源，反思政策目标与政策出发点间的关系，为政策调适寻找制度结构变化的空间，从而增加政策调整的合理性和有效性。

在经历了行为主义、理性选择时期之后，制度的概念开始回归到政治学的主流分析方法之中，较之“旧制度主义”时期，新制度主义对当代政治生活有了更强的适应能力，并成为受到广泛应用的政治学范式。事实上，制度的概念从未在政治学的视野里消失，只不过“沉淀”了下来，它一直在行为与理性背后发挥潜在的力量。当行为与理性都难以使政治生活找到根本的解释方法时，制度便再次回到研究者的视野中，并且在吸收了行为主义与理性选择的理念之后，融合成了新的阐释力量。新制度主义者对不同国家的政策展开了角度各异的分析，“新制度主义作为一种政策研究范式，使得政策研究者重新审视制度的作用，使公共政策研究的视角发生了转变”①。历史制度主义是新制度主义的重要流派，也是唯一直接从“旧制度主义”中演化而来的政治学分析范式。彼得斯认为，历史制度主义是政治学中的主流制度分析方法，实际上它是政治学中出现的第一个新制度主义流派②。历史制度主义较好地将历史、制度、行为、观念几者结合起来，用发展中的历史制度主义分析、尝试思考中国政治发展中的具体现实问题，有解决问题与发展历史制度主义理论的双重意义。一方面，历史制度主义对政策有着独特的解释力；但另一方面，像历来制度概念的难以统一和新制度主义者对“制度”概念使用的随意性那样，包括历史制度主义在内的新制度主义理论中的“制度”难以形成清晰的内涵与外延，另外，更重要的是，新制度主义将政策看作制度的产出，常用笼统的制度概念分析对政策的影响，却又常常将制度与政策看作相同的类别并列起来。这样的例子在新制度主义的经典著作中比比皆是。从新制度主义者对制度的定义来看，政策应当属于制度的一部分，因为政策属于规则，它规定了什么人可以做什么，不可以做什么，或者说何人有何种的权利义务。在使用新制度主义对具体政策进行分析的同时，应该同步思考制度与政策的关系，这应当有利于提高新制度主义在作为一种政治学范式分析具体政策时的缜密性。制度主义对教育研究一向是关注的，国外有学者认为，教育研究一直是制度理论的主要领地③。

---

① 周健. 试论新制度主义对公共政策研究视角的影响［J］. 重庆社会科学，2006（4）：100-103.

② 彼得斯. 政治科学中的制度理论：“新制度主义”［M］. 王向民，段红伟，译. 上海：上海世纪出版集团，2011：69-70.

③ 迈尔，罗万，郑砚秋. 教育中的新制度主义［J］. 北京大学教育评论，2007（1）：15-24.

历史制度主义所指的制度即为正式组织之内的正式和非正式的结构和规则①。历史制度主义思考的核心问题是“什么要素推动了制度变迁，以及制度变迁和制度本身对政治现象有何作用”②，行为、观念与制度三者间的结构性关系一直是历史制度主义关注的重点。

历史制度主义者们认为，“政治制度对行为的决定和影响作用首先来自制度的结构性特征，即制度框定和限制了政治行为的机会、偏好、目标和策略；其次是政治制度的稳定性特征，即相对于公共政策和政治行为而言，制度是一组稳定性因素；最后是政治生活可以在一定程度上简化行为受规则驱使的过程”③。多元主义所说的利益集团，理性选择理论的理性人等认为某一个变量可以产生决定性的影响，而制度分析要说明数个变量是如何通过相互作用、共同作用影响历史进程的。历史制度主义从来没有提出某一简单的单一变量来对政治现象进行解释。同时，历史制度主义在一种相互作用的前提下讨论制度、政策与行为的关系，它既关注制度限制行为，又关注行为反作用于制度，还包括历史进程中制度与行为的复杂的相互影响。“制度不仅仅是另外一个变量，制度主义者的主张也不仅限于‘制度也是很重要的’。制度不但塑造了行动者的策略（像理性选择理论一样）和目标，而且还通过调节他们之间的合作与冲突关系而形构政治形势，从而将制度印章常常盖在政治产出上。”④ 正如豪尔所指出的那样，制度主义者认为，制度的作用在于通过构造政治变量间的相互关系而影响政治产出。在历史制度主义者那里，作为一种分析框架的制度结构也主要是将制度当作中介变量和自变量来使用的。但制度的生成和变迁并不是环境变迁的单纯反映物，制度的生成和变迁有着独立于环境因素而存在的一面，也即“制度的生成和变迁有着制度自身的独特规律。政治行动者当然知道制度的深层和基础性影响，这就是为什么说围绕着制度而展开的战斗是如此激烈。制度的重构能够将政治行动者从反反复复的同一战斗中挽救出来”⑤。

有人认为，历史制度主义对政治科学进行了重构，主要体现在三个方面：在研究视角上，历史制度主义通过对社会中心论和国家中心论的批判而形成了

---

① 何俊志. 结构历史与行为：历史制度主义对政治科学的重构［M］. 上海：复旦大学出版社，2004：217.

② 刘圣中. 历史制度主义：制度变迁的比较历史研究［M］. 上海：上海人民出版社，2010：6.

③ 程燎原. 再说“《宪法修正案》修正了什么”：“法治”“人权”入宪之断想［J］. 现代法学，2012，34（6）：42-48.

④ 程燎原. 再说“《宪法修正案》修正了什么”：“法治”“人权”入宪之断想［J］. 现代法学，2012，34（6）：42-48.

⑤ 何俊志. 新制度主义政治学译文精选［M］. 天津：天津人民出版社，2007：154.

自己的制度中心论；在研究对象上，历史制度主义强调对复杂的历史和现实之中的重大问题进行理解；在研究方法上，历史制度主义主张在比较历史分析方法的基础之上综合运用多种方法来达到对复杂问题的深刻理解，从而达到在比较历史分析之中满足“叙事”“建模”和“检验”的多重功能①。

保罗·皮尔森提出，“历史制度主义是历史的，它们认为政治发展必须被理解为一种随时间而展开的进程；同时它又是制度的，它强调现时进程的当前含义存在于制度之中，而不管这些制度是正式的规则、政策结构还是非正式规范”②。也就是说，历史制度主义在突出制度对政策的塑造和制度自身的变迁时，其研究的方式是从追寻事件生发的历史进程的方式来提出解释的。历史制度主义者认为，政治事件的产生与发展是在一个确定的历史变迁中进行的，因此制度也就是某一历史进程的实在产物，所以在研究某一事件的因果模式时就必须要通过追寻其生发过程的方式来找出具体的因果关系。理由：一是时间框架的延展扩大了可能要加以研究的社会经历的范围，放大了政治研究的历史视界；二是只有通过长时段追寻历史进程的方式，才能在重大事件的研究中找出原因与结果之间的确切关系，只有在一个长时段的历时框架中，才能确切地分析那些缓慢的社会进程。

政治进程中，事件生发有短期因素与长期因素的影响，也可能有几条线索在同时展开，至少包括制度自身的变迁历史和制度在变迁过程的不同阶段上对公共政策所产生的不同影响。在对具体的政治事件进行考察时，只能从事件生发的实际顺序中去理清这几条线索在具体展开时的不同逻辑及其相互影响，从先前事件对随后事件的影响中找出其中的结构性因素和偶然性因素对事件生发的确切影响。在实际研究活动中，历史制度主义在历时性的框架中结合时间顺序进行分析时的要素主要包括以下几个方面：一是历史制度主义在对事件的生发进行分析时，强调了先前事件相对随后事件而言具有优先性；二是历史制度主义在分析利益、制度与行为的相互关系时，重点分析了同样的事件和因素在历史进程中的不同组合所带来的差异性后果；三是历史制度主义在对重大事件进行分析时还建立起了时间视域和世界时间或世界历史的分析框架；四是历史制度主义在展开历史分析时强调了历史进程的偶然性特征。

历史制度主义的“断续性平衡”理论认为，“制度的变迁是连续与断裂的

---

① 何俊志. 结构历史与行为：历史制度主义对政治科学的重构［M］. 上海：复旦大学出版社，2004：164.

② 何俊志. 结构历史与行为：历史制度主义对政治科学的重构［M］. 上海：复旦大学出版社，2004：256.

交错，连续期内，制度是一个自变量或中介变量，是制度在塑造着政策、行为与历史；断裂期内，制度自身就成为一个因变量，制度自身的形成受到了环境和政治行为的塑造；在分析制度的作用时，应该从历史分期的角度来具体观察某一具体的制度在某一时段内的具体作用，即在这一时期内制度处于一种什么地位”①。在对制度变迁和公共政策模式变化进行历史分期时，首先应该确立的标准就是制度运作的内在逻辑。只有找出某一历史阶段内制度运转的内在逻辑并以此为标准对历史进行分期之后，才能够在此基础上找出政治制度与公共政策在不同时期内的互动方式。“当我们在一个大的时间框架和区域背景下具体分析某一政治事件时，首先关注到的应该是在这一时期内的制度变迁状况，确立制度在政治过程中的作用，然后再进一步找出制度群中的主导性制度，并由此而进一步找出自变量与因变量之间的确切关系。”②

（三）历史制度主义视角的政策分析方法

早期，历史制度主义主要关注宏观历史层面的问题。历史制度主义者“在20世纪70年代末80年代初所做的带有转折意义的工作，就主要集中于中层制度因素——法团安排、联结着经济集团与国家官僚的政策网络、政党结构——以及在不同的国家背景下，这些制度因素在动机汇集和政治行动者所面临的约束中所扮演的角色”③。这样，随着研究的深入，学者已经这样看待历史制度主义的核心特征：强调塑造政治策略的中层制度，制度在相互竞争的各个集团间构造权力关系的方式，尤其是对既定制度背景下政治过程和政策制定集中关注④。

历史制度主义的文献也是形形色色的。这一分析途径已经被应用到一个广泛的经验背景之中，但是，在这一框架之下的每一案例当中的引人注意之处，即在于它为理解各国内部跨时段的政策持续性和不同国家的政策差异所提供的理论优势⑤。“通过在中层理论的层次上来展开理论研究，历史制度主义就架起了一座重要的分析桥梁：通过观察构造国家与社会关系的制度安排，它就沟

---

① 王逸帅. 美国预算民主的制度变迁研究［D］. 上海：上海交通大学，2009.

② 谷宇，王竞晗. 轴心制度与政治体系：现代国家建设研究新视角［J］. 上海行政学院学报，2008（5）：79-88.

③ 何俊志. 结构历史与行为：历史制度主义对政治科学的重构［M］. 上海：复旦大学出版社，2004：148.

④ 何俊志. 结构历史与行为：历史制度主义对政治科学的重构［M］. 上海：复旦大学出版社，2004：148.

⑤ 何俊志. 结构历史与行为：历史制度主义对政治科学的重构［M］. 上海：复旦大学出版社，2004：154.

通了国家中心和社会中心的分析”①，通过集中阐明“有关同一主题下的变化”来源的中层分析，历史制度主义架起了由进行跨国分析的宏大理论通向在一国内部展开案例分析的微观理论之间的桥梁。

事实上，在宏大与中观甚至微观之间，并没有截然的区分，历史视野中，数十年的社会与政治变迁，只能算作中观的层面，这数十年间某项政策的形成、发展、反复等复杂的变化及其与行为人的互动，则完全是微观层面了。历史制度主义正是用具体的政策分析沟通了国家与社会，宏观与微观，世界与国家，制度是使两个距离很远的层面具有可比性的核心变量，政策是用来沟通的媒介。

历史制度主义重视从制度结构的角度寻找政策差异的分析，擅长在不同国家政策差异的横向比较，亦日益重视相同国家不同时期政策差异的纵向比较。“在制度作用方面研究内容最多的莫过于制度导致政策变化和政策差异方面的研究，尤其是在发达国家的经济和福利政策方面更是如此。研究人员试图通过历史制度主义的中层制度方法和历史追溯的研究来准确把握发达国家经济体系内部各项政策差异的根源。通过这种视角的分析，更加清晰地了解了黑盒子内的过程和错综复杂的关系，透视了黑盒子内各种利益团体在既定制度内互相行动，并互相作用，最终协调平衡建立稳定的制度内结构性关系。从而发现关键变量，了解制度和行动之间的密切互动，了解制度动态性变化和持续性平衡的作用和局限。”② 世界范围内的历史制度主义者给出了许多政策分析的经典案例。罗森斯坦和斯坦莫在《重建福利国家》一书中分析了发达国家福利制度的差异，指出福利制度的不同是由于不同的制度结构影响了福利政策。彼得·霍尔在《治理经济》一书中，对法国和英国经济政策进行了比较，发现两个国家的政策差异源于其制度结构，尤其是宪政体制内组织结构与社会利益集团的互动。在《权力与财富之间》一书中，卡岑斯坦分析了英、德、意、法、日等国“政治网络”的不同，并指出是这些不同导致了该国经济政策的差异。伊格玛特研究西欧各国卫生政策的差异发现，政治制度差异为政治权力转化为具体政策提供了程序意义上的优势和不足，不同的制度导致了不同的政策制定逻辑。除了不同制度结构的国家政策差异之外，还关注稳定制度安排下的政策变迁问题，即“如果制度在一定程度上是稳定的，那么以这一制度作为背景

---

① 何俊志. 结构历史与行为：历史制度主义对政治科学的重构［M］. 上海：复旦大学出版社，2004：148.

② 刘圣中. 历史制度主义：制度变迁的比较历史研究［M］. 上海：上海人民出版社，2010：142.

或环境的政策为何发生变化”①。利亚·哈塔姆的研究中，欧洲法院在《欧洲单一法案》方面起到了举足轻重的作用，改变了以前它无足轻重的地位。

公共政策学（政策科学）将政策看作一种过程，并将宪法、法规均作为政策的形态，以及政府的行为也看作政策过程的一部分，但政策就是政策，政策过程就是政策过程，政策不等于政策过程，更不是政治过程。政治学将政策作为制度的一种形式，它受制度的制约，政策长期调整的结果才可能造成制度的调整，即使长期调整的政策也未必能引起制度的变化，实现这种变化还需要制度下的行为等变量的共同作用（合力），也即历史的“偶然性”。从有人对历史制度主义的批评——它无法实现预测功能——来说，在某一方面是对的，它无法预测具体的历史事件在何时何地以何种形式何种程度发生，但是，没有哪一种社会科学像自然科学那样做出如此准确的预测，即使理性选择、行为主义理论也难以做到，它们的预测只能是建立在假定基础上的推断，实现预测仍无法实现。本书认为，历史制度主义，包括很多社会科学方法可以用来进行预测，它们预测的是在某些条件下某一种事件出现的概率（可能性），通过这种预测，给政策的制定者、法律的设计者提出建议，或者提供一种视角，使之关注某些可能被忽略或者没有引起更高重视的因素，注意那些“历史的偶然性”的事件即将变为“历史的必然”——如果不采取措施的话，而不是精确地预知未来。

历史唯物主义与历史制度主义存在天然的紧密联系。“对人类社会制度变迁做唯物、历史和结构性整合分析的历史唯物主义理念和研究范式，其影响极其深远。它不仅为后来的正统马克思主义及至新马克思主义所继承和发展，而且也被当代西方主流政治学之一的历史制度主义运用”“与历史唯物主义一样，历史制度主义也关注人类社会的制度变迁问题。至于历史制度主义与历史唯物主义之间的内在联系，则可以从方法论属性和结构性关系、历史观、个人作用、制度变迁动力以及方式等理论要素加以比较”②。当然，历史唯物主义与历史制度主义存在差异，比如，相对历史唯物主义，历史制度主义更适于进行中观层面的政策研究和分析，它把个人、利益集团的行为与国家制度联系起来，描绘了更加生动的政治生活。

---

① 马雪松. 政治世界的制度逻辑：新制度主义理论研究［M］. 北京：光明日报出版社，2013：179.

② 杨光斌，高卫民. 历史唯物主义与历史制度主义：范式比较［J］. 马克思主义与现实，2011（2）：142-148.

二、基本框架

本书共分九个部分。第一章对问题的缘起、基本概念、国内外研究现状、研究方法、论文的难点及创新点进行了阐述。

第二章就教育补偿的基本内涵、国际实践及社会意义进行了简要探讨。教育补偿的对象是某方面的弱势群体，补偿的目标是教育，性质是对教育缺失或不足的补充供给。教育补偿更多地与反贫困、教育平等联系起来，美国的教育补偿具有典型意义。在我国对农民工群体开展教育补偿具有重大的社会意义。

第三章对农民工教育补偿政策的变迁进行了追溯与比较。民国时期，工人大多出身于农民，当时低水平的劳工教育和社会教育仍然可资我们借鉴。民国初期，政府推行“学艺的教育”和“通俗的社会教育”并重；其后，在教育机会均等、改良劳动者之生活状况的导向下，识字训练、公民训练及职业补习共同成为劳工教育、社会教育的重要方面。中华人民共和国成立初期，除一部分老工人外，新工人亦大多从农村招工而来。在强大的政治动员力量和特殊的政治要求之下，这一时期的工人教育从识字扫盲、技术学习到政治教育都取得了前所未有的成就。在对农民工教育补偿政策的变迁做出历史比较的基础上，运用历史唯物主义和历史制度主义的方法，我们可以发现，从国家性质、执政者及其理念、法律法规，再到具体的行政管理部门权力结构等因素中某些方面的不同，是相应教育政策出现差异的原因。在历史与现实的比较之下，可以清晰地发现，农民工（进城务工者）的教育政策呈现出明显的由全面教育向单一教育转变的轨迹，这让我们产生疑问，当今的农民工教育补偿政策是否必定由技能培训主导？这一政策是否需要调整？是否可以调整？

第四章、第五章集中分析在城镇化的时代背景下，当前的国家性质、执政理念、法律法规与部门职权的具体情况，并得出初步结论：农民工教育补偿政策应当由增加就业、保障生存向提升生活质量、促进个人发展的方向调整，技能培训导向应向全面教育的导向调整。虽然在农民工收入增长幅度较大、农民工受教育程度普遍提高、执政理念更加科学具体、政治体制改革持续进行、社会力量不断增强等有利条件下，农民工教育补偿政策调整正在变得更加具备可行性。但农民工教育补偿政策调整存在必要性、可行性并不代表调整可以自然进行。农民工教育补偿政策调整仍存在法规建设、行政机构、社会观念等方面的障碍，因此，调整不是简单对农民工教育补偿政策内容的调整，还应当包括对制定、执行政策的部门的调整以及相应法律法规的调整。对农民工教育补偿政策内容的调整也无法通过简单地增加一些教学内容来实现，相对农民工教育补偿政策体系的调整来说，教学内容的调整只是很微观的一个方面。有案例证实农民工教育补偿政策调整并非“空想”，一些省市地方的实践层面已经有多种模式，开始了对农民工教育的探索：如广东省帮助农民工圆大学梦的“圆梦计划”，北京大学基于蔡元培“劳工神圣，人人平等”思想设立的平民学校，成都将农民工培养为新市民的“新市民学校”等。这些实践活动均取得了一定效果，目前欠缺的，是中央层面从国家战略的高度出台的统一政策，社会各方面更加广泛、积极地参与，以及农民工接受教育意识的进一步提高等，地方与高校探索取得的经验可以供中央层面参考。

第六章、第七章在对政策调整的社会背景、可能性、可行性及案例分析的基础上，提出了农民工教育补偿政策的基本内容，即在引导鼓励、物质条件、师资培养、经费保障、组织管理等方面对原有技能培训主导的农民工教育补偿政策进行调整；指出在中国强政府、弱社会的情况下，如学制内的教育一样，农民工教育补偿政策应当由政府主导，调整农民工教育补偿政策的前提是对相关行政机构的权力结构进行适当调整。农民工教育补偿政策调整的方向是法制化，应当以立法的形式规定农民工教育的管理、资金、设施、师资、企业与社会投入的方式途径等多方面的内容。

第八章指出技能培训主导的农民工教育补偿政策已经取得了阶段性成果，虽然技能培训仍将长期存在并发挥重要作用，但农民工教育补偿政策导向由关注生存向关注发展调整，是对执政理念和宪法权利的深入实现，是社会发展的必然趋势和对“人民主权”的进一步呼应。调整农民工教育补偿政策，需要进行法律法规创设、行政机构改革，在政府主导下引导社会转变观念、广泛参与，从而建立体系性的保障机制。通过对受教育权的维护，支持公民提高生存、生活与发展能力，才能最大限度地激发社会权利实现的自然机制，在更长时期内，使社会权利实现在政府与公民、政府与社会的责任分担与协调一致下得到更可持续的保证。一项政策的调整虽不能改变政治发展的方向，但多项政策的科学调整与政策调整的一般规律将共同促进国家政治发展。

第九章重点探讨了农民工教育补偿政策实践的三个特色型具体案例。

第二章　教育补偿政策的历史演变与社会意义

英文“compensatory education”一词，翻译成中文为“补偿教育”。通过梳理相关的中文研究文献发现，我国学者对教育补偿政策的研究始于20世纪八九十年代，在学者们的研究文献中既有“教育补偿”的表述，也有学者将其称为“补偿教育”。本章重点讲述教育补偿政策的起源、产生的历史背景、教育补偿政策的形成与演变、国外政策实践以及教育补偿政策的现实意义等。

第一节　教育补偿政策的含义及理论基础

一、教育补偿的含义

我国一些学者在研究文献中对“补偿教育”这一概念做出了如下几种解释：补偿教育是美国对学前和中小学“处境不利的儿童”（主要是黑人子女）进行的教育。儿童的语言和阅读能力是在3~8岁打下基础的，儿童对政治和职业的态度也往往在小学期间开始形成，“处境不利的儿童”如果在这一时期内没有受到应有的教育，就应对他们进行必要的“补偿”①。补偿教育是二战以后在西方发达国家出现的一种教育制度，旨在对偏僻贫瘠地区或出身于下层阶级的儿童提供特殊照顾，以期实现“教育机会均等”的理想。生活在贫穷落后地区或来自下层阶级、黑人、有色人种或移民家庭的儿童，成为所谓“处境不利儿童”，国家采取措施，对“处境不利儿童”较多的学校拨给更多的经费，并向这些儿童提供更多的学前教育或课外辅导等②。补偿教育泛指国

① 卢乐山，林宗德，王德胜. 中国学前教育百科全书·教育理论卷［M］. 沈阳：沈阳出版社. 1995.

② 汝信. 社会科学新辞典.［M］. 重庆：重庆出版社. 1988.

家或社会为保障处境不利群体接受合格教育所采取的各种补偿措施或行动的总和①。补偿教育是指"为处境不利者或是受正规教育失败者提供的可选择性的、补救的教育计划，以帮助他们获得社会就业能力"②。所谓"教育补偿"，又称"补偿教育"，是指国家或社会为保障处境不利的公民接受教育，而采取的各种补偿措施或行动的总称。教育补偿强调改变弱势群体不平等、落后的现状，并通过教育的方式对其发展提供直接帮助和支持③。

国外学者的解释是：补偿教育项目旨在弥补因社会和经济因素造成的、影响儿童学术和社会发展的教育项目。这些项目主要用于那些来自低收入和贫困地区（包括农村和城市）学业成就较差的儿童④。补偿教育计划不是单一项目或做法，是由不同的项目、实践和服务组成的综合体⑤。补偿教育是促进美国教育机会均等的重要措施，处境不利儿童在教育中处于不利地位，严重影响其全面发展，补偿教育为处境不利儿童提供额外服务，使其更加公平地接受教育⑥。补偿教育是"通过提供精心设计的或附加的教育服务，使残疾儿童、单亲儿童等其他弱势群体恢复正常生活，为那些因处于不利地位而丧失接受良好教育权利的人，提供更多、更优质的受教育机会"⑦。

当前，学者们的研究文献中，无论是称为"补偿教育"或者是"教育补偿"，两种不同的表述在一些地方是可以相互代替的，形式上两种表述虽然不同，但实质上是表达了相同的意思。从以上对补偿教育概念的大杂烩般汇总归纳来看，以一个统一的词条来表述补偿教育，似乎不能准确到放之四海而皆准，对于补偿教育的理解，要从其含义并结合研究调查的实际背景来理解，我们认为，与其说"教育补偿"或者"补偿教育"是一个词条，不如说这更像是一种方法，这种以教育为主要手段的方法，其实施的目的在于改进弱势群体或处境不利群体的状况。

---

① 杨思帆．处境不利儿童教育补偿政策的理论基础、国际经验与本土策略［J］．西南大学学报（社会科学版），2017，(5)：82.

② 顾明远．教育大辞典（上）［M］．上海：上海教育出版社，1990：113-114.

③ 毛尚华．新生代农民工市民化教育补偿研究［J］．职业技术教育，2013（31）：78.

④ DEJNOZKAJ E L, KAPEL D E. American educator's encyclopedia ［M］. New York: Greenwood Press, 1982: 116-117.

⑤ CARTER L F. The sustaining effects study of compensatory and elementary education ［J］. Educational Research, 1984 (13): 4-13.

⑥ National institute of education. Compensatory education study: Executive summary ［R］. Washiongton, D. C: U. S. Governmment Printing Office, 1978: 1.

⑦ HUSENT. The international encyclopedia of education ［M］ Pergamon Press, 1994, 44 (3): 617-630.

二、教育补偿政策的理论基础

教育补偿政策的理论基础或者说理论依据，是政策的合理性、必要性等的理论支撑，是政策实践活动的思想理论基础和起始点。这里，我们以补偿理论、人力资本理论和文化资本理论为重点进行阐述。

（一）补偿理论

关于补偿政策的理论基础，最早要追溯至约翰·罗尔斯在其代表作《正义论》中所论述的公平正义两原则。第一个是平等自由原则，每个人对与所有人所拥有的最广泛的基本自由体系相容的类似自由体系都应有一种平等的权利。第二个就是社会和经济的不平等应该这样安排，使它们有利于最少受惠者的最大利益且职务和地位向所有人开放。第二原则包括两部分，分别被称为差别原则和机会均等原则。罗尔斯提出弱势补偿原则。“由于出身和天赋的不平等是不应得的，这些不平等就多少应给予某种补偿”“社会必须更多地关注那些天赋较低和出生较不利的社会地位的人们”“较大的资源看能要花费在智力较差而非较高的人们身上，至少在某一阶段，比方说早期学校教育期间是这样”①。罗尔斯认为，差别原则和补偿原则都是为了实现社会的公平，要对不利者进行补偿和满足。

（二）人力资本理论

起源于20世纪60年代的人力资本理论，普遍认为，西奥多·W·舒尔茨和加里·S·贝克尔是该理论的奠基者。该理论认为，经济发展中，人具有重要的作用，而不仅是物质资本的多寡，应将人作为资本进行投资管理。传统经济学研究以物为主，忽视了劳动者作为生产要素以及劳动者个体差异对经济的影响。人力资本理论建立在人力资源管理基础之上，人力资源包括劳动者量的要素和质的要素，人力资源是一切资源中最主要的资源。人力资本是劳动者的知识、技术、工作能力、健康等这些方面价值的总和，是体现在劳动者身上的一种资本类型，像土地、资本等要素一样，在经济发展过程中具有重要的作用。人力资本在经济增长中的作用大于物质资本的作用，人力资本投资与国民收入成正比，并且，人力资本增长速度比物质资本增长速度快。在人口教育上的投资是人力资本投资的主要部分，教育是提高人力资本最基本、最主要的手段，人力资本的核心在于提高人口质量。人力资本投资支出与消费支出不同，

---

① 罗尔斯. 正义论［M］. 何怀宏，何包钢，廖申白，译. 北京：中国社会科学出版社，2009（6）：77-83.

在人力资本方面的营养及医疗保健支出、学校教育支出、在职人员培训支出等会形成长期影响，提高劳动者的素质，并对经济增长做出贡献。

（三）文化资本理论

文化资本理论是法国社会学大师布迪厄的重要思想。他这里使用的资本概念不同于经济学意义的资本，他把资本作为工具分析不同场域乃至整个社会，认为资本分为三种类型：经济资本、社会资本、文化资本，文化资本是“一种标志行动者社会身份的，被视为正统的文化趣味、消费方式、文化能力和教育资历等的价值形式”①，文化资本有三种存在形式，即具体的状态、客观的状态、体制的状态。具体的状态称为文化能力，文化能力是内在化的文化资本，是人的素质的一个方面，是人的财富的一部分。文化资本的再生产，不是资本到资本的直接传递，这其中，学校教育起了媒介作用。文化资本再生产重要的两个阶段，一是早期家庭教育，父母对子女的传导，子女获得上辈人的“惯习”；二是学校系统教育，这是文化资本再生产、阶级“惯习”再生产和不平等再生产，是整个社会结构的自我复制，社会纵向流动机会变少。文化资本以文化的形式存在，本质是资本，发挥资本的作用，也是经济利益的主要创造形式之一。

第二节　美国教育补偿政策的历史演变

谈及教育补偿政策，虽然有学者研究了英国、法国等不同国家的教育补偿政策，但最具代表性的是美国的教育补偿政策。美国的教育补偿政策，追溯其产生的历史背景，就要从美国的历史说起。哥伦布发现美洲之后，欧洲殖民主义国家就陆续开始在美洲大陆建立自己的殖民地。1607 年，英国人在北美大西洋沿岸建立第一个殖民地弗吉尼亚，至 1733 年建立佐治亚殖民地之后，英国人先后建立了十三个殖民地，后来，这些殖民地便成为美国独立最初的十三个州。英国殖民统治时期，殖民者依靠掠夺和屠杀印第安人、从非洲贩卖黑人、强迫贫苦白人服苦役等手段来完成资本的原始积累，殖民地人民长期遭受殖民者的剥削和压迫，从社会阶层上看，印第安人、黑人和贫苦白人成为社会的最底层。1861—1865 年南北战争爆发之后，虽然废除了奴隶制度，但是以

① WEBB J，SCHIRATO J，DANAHER G. Understanding bouedieu ［M］. London：Thousand Oaks and New and Delhi：SAGE Publications，2002.

黑人为主的底层人民，在政治、经济、教育、就业等方面仍不能享受与白人同等的待遇，黑人为反对种族歧视和压迫，争取政治经济和社会平等权利，进行了长期而艰苦的斗争。

进入20世纪60年代，源于对教育公平的追求，美国一些学者开始关注补偿教育问题，把补偿教育作为实现教育公平的主要途径，所以，要了解教育补偿政策的历史演变过程，首先就要从教育公平说起。

一、教育公平思想的萌芽与传播

一般而言，一种思想的兴起和发展与所处的社会政治经济状况密切相关。美国的教育公平思想萌芽于殖民地时期。在殖民地时期，受种族歧视、种族压迫、不公平待遇等因素影响，教育公平思想逐渐产生和发展起来。殖民地时期早期，赠地政策吸引了大批移民。这些移民在宗教信仰方面，多数是主张纯洁英国国教的所谓“清教徒”，这些人“最大的贡献就是他们为将来教育的发展带来了意义”①。他们大多受过良好的教育，追求自由平等的社会，为了后代的幸福生活，他们特别关心教育发展问题，重视教育的价值，认为“教育是一个有文化的人接受宗教教诲、实现救赎和自我独立、履行公民职责的必经之路”②。

然而，欧洲教育传统、宗教、社会等级制等的影响依然根深蒂固，教育机会的获取仍要受到性别、社会经济地位等条件的限制。虽然，在部分州内有人提出了普及教育的理想，但是，当时的经济发展水平尚不能满足学校实施免费教育，均等的教育机会还只是一个向往的目标。1634年和1638年的马萨诸塞州法律中规定了“一切财产都要纳税以充公共教育事业的经费”③。1642年和1647年，马萨诸塞州又以立法的形式规定了儿童强制教育、违者罚款等原则，法律规定“每50户以上的村镇必须指定一位居民教授孩子读书写字，每100户以上的城镇必须开办一所学校”④，这些法律所确定的原则为美国普及教育思想的实现奠定了基础。1776年7月4日，北美召开第二届大陆会议通过了《独立宣言》，《独立宣言》在美国教育领域产生了重要影响。正如其中所言：

---

① 韦布．美国教育史：一场伟大的美国实验［M］．陈露茜，李朝阳，译．合肥：安徽教育出版社，2010：69.

② 韦布．美国教育史：一场伟大的美国实验［M］．陈露茜，李朝阳，译．合肥：安徽教育出版社，2010：69.

③ CUBBERLEY. Public education in the United States［M］. Boston：Houghton Mifflin Company，1934：14.

④ 钱满素，张瑞华．美国通史［M］．上海：上海社会科学院出版社，2020：60.

“我们认为下面这些真理是不言而喻的，人人生而平等，造物主赋予他们若干不可剥夺的权利，其中包括生命权、自由权和追求幸福的权利。”① 《独立宣言》颁布后，美国社会中，民主、平等、自由等资产阶级原则渐入人心。这一时期，在以托马斯·杰斐逊为代表的一些政治领袖的极力主张下，倡导公立教育制度、提倡教育公平等思想逐渐生根发芽。部分州制定了教育法，政策法律中也有了更多推动教育的条文。但是，一方面，独立战争使经济遭受重创，另一方面，认为子女教育应由家庭来负责的传统观念没有彻底改变，因此，这时普及教育、追求教育公平还只是少数人的理想。

19 世纪 20 年代，以贺拉斯·曼、詹姆斯·卡特、亨利·巴纳德等人为代表的一批有识之士，发起了著名的公立学校运动。他们提出，国家应建立公立免费学校制度的理念，主张创立师范学校培养师资并进行学校改革，呼吁地方行政当局出资兴办学校、强制施行义务上学等，旨在为美国所有青少年儿童提供免费的国民教育②。公立学校运动，加速了美国近代公共教育制度确立的进程，也推动了教育普及、教育公平的发展，从补偿教育的角度，公立学校运动关注到了贫困儿童的教育机会问题，力图使每个人拥有平等地享有教育资源的机会。

二、种族隔离与教育平等权的争取

平等教育机会的获取并非一蹴而就，美国历史上，从奴隶贸易和奴隶制的确定开始，种族隔离和种族歧视就随之产生了。黑人追求权利平等的斗争一直未间断过。南北战争前，南部和北部在对待黑人的政策上存在差异，尤其在南部，大部分黑人处于受压迫状态，他们被剥夺了自由和受教育机会。在教育方面，1620 年，弗吉尼亚州创立了第一所招收黑人和印第安人的公立学校③。得益于宗教和慈善组织的资助，黑人学校逐渐增多，但在南方各州中仍存在禁止黑人进入公立学校的规定。南北战争结束后，虽然废除了奴隶制，但黑人的地位并未得到根本性改变。在公立学校是否废除种族隔离的问题上，美国各州存在严重分歧。1896 年，普莱西诉弗格森案确立的“隔离但平等”原则使得种族隔离合法化，为种族主义者进一步实施种族隔离提供了法律依据，黑人享受均等教育的机会被剥夺。

20 世纪 50 年代中期至 60 年代中期，反种族歧视、反种族压迫、争取政

---

① 刘杰. 当地美国政治［M］. 北京：社会科学出版社，2001：5.

② 钟晓芸. 十九世纪美国公立学校运动［J］. 教育研究与实验，1985（3）：9-20.

③ 滕大春. 美国教育史［M］. 北京. 人民教育出版社，2001：609.

治、经济和社会平等权利的民权运动蓬勃开展。1910 年成立的全国有色人种协进会，不断用法律手段为黑人争取宪法保障下的权利和平等，后来，他们开始关注到教育中的不公平问题，并把保障黑人儿童在全国学校中获得平等教育权利作为长远的重要任务。为推翻隔离，他们进行了不断的诉讼，1951 年，联邦法院对五个涉及中小学种族隔离的案件一并审理，也即美国教育史上具有里程碑意义的“布朗诉托皮卡教育委员会案”。1955 年，“布朗诉托皮卡教育委员会案”的最终判决加速了取消学校种族隔离的进程，为推进教育公平在全国的实施迈出了关键的第一步。1964 年，美国颁布了《民权法案》，实质性推进了消除教育种族隔离歧视，为黑人和少数民族争取了平等教育权。《民权法案》为后续法律政策的制定奠定了基础，促进了一些向处境不利黑人儿童和贫困家庭儿童等社会弱势群体倾斜的教育政策的制定。

三、反贫困运动与补偿性教育政策

随着二战后国际秩序的基本稳定，美国政府、学者们开始关注到本国的贫困问题。经济学家、社会学家、人类学家、政治活动家都在从各自视角进行了贫困问题的研究，提出了“贫困圈理论”“贫困文化理论”“文化剥夺理论”等，政府也采取公共财政转移支付、教育改革尝试等方式，不断向贫困人口提供援助，但是，十多年过去了，并未见到解决贫困的成效。1964 年，继《民权法案》颁布后，国会通过了《经济机会法》，开启了向贫困开战的序幕。此时，教育被视为解决贫困、化解社会矛盾的有效手段，在教育领域，推进教育民主化改革、实现教育权利平等和教育机会均等的呼声渐起。1965 年 4 月 11 日，约翰逊总统颁布了旨在提升教育质量、促进教育机会均等的《初等和中等教育法》。《初等和中等教育法》规定：扩大和增加贫困儿童、少数民族儿童的受教育机会，对社会弱势群体家庭儿童和有色人种的孩子进行补偿教育和特殊教育。《初等和中等教育法》的颁布标志着美国补偿教育的诞生，《初等和中等教育法》是美国第一部体现补偿性教育政策的联邦法律。

在《初等和中等教育法》颁布后，被约翰逊总统视为实现“伟大的社会”理想基石的补偿教育政策进入了快速发展期。20 世纪六七十年代，美国政府陆续对教育相关法案进行不断修订完善，颁布多项补偿教育相关法案，1966 年、1967 年、1970 年先后对《初等和中等教育法》进行了修订，1972 年连同《高等教育法》《职业教育法》一起又进行了一次修订，合称为 1972 年《教育修正案》，随后，又修订了《双语教育法》和《平等教育法》等。补偿教育政策从最初的目标不明确、资金拨款方向不确定、行政行为不规范等，逐渐更趋完善。从最初针对教育机会均等、废除种族隔离，到对弱势群体界定范围不断扩大，补偿教育逐步完善到涉及儿童教育、成人教育、印第安儿童教育、残疾人教育、特殊教育需求及特殊教育项目等，一系列有关补偿教育的相关法案，通过开展援助计划、教育创新与支持项目等，促进教育机会均等，对美国弱势群体教育的发展产生了深远的影响。

四、美国补偿教育的政策实践

1965 年《初等和中等教育法》、1968 年《残疾儿童早期教育援助法》、1975 年《残疾儿童教育法》、1968 年《双语教育法》等相关的教育法案和条款，明确了支持贫困儿童教育、流动人口教育，为有色人种的孩子提供补偿教育和特殊教育等，政府也相继发起的免费午餐计划、双语教育计划、残疾儿童补偿计划等，这一时期，美国联邦政府政策上积极推进教育公平，力图使公民获得平等教育权利和入学机会的平等。《初等和中等教育法》提出对社会弱势群体家庭儿童和有色人种的孩子进行补偿教育和特殊教育，以此提高国家基础教育的总体水平，是美国第一部体现补偿性教育政策的联邦法律①。《初等和中等教育法》法案颁布后，美国推出了数以万计、形式各异的补偿性教育项目，多数为校本项目，这些项目的性质、策略、活动、方式、目的、关注点各不相同，涉及学前教育、小学和中学教育等领域。美国政府为开发特殊课程，提高学生认知技能，招收特殊学校教师以及提供健康保障和营养服务等提供补偿性教育资金。这一时期，补偿性教育政策的实施途径主要有以下几个方面：一是校外项目，是指在正规课堂教室之外的校外教学项目，其特征是小组教学、师生比高、学生参与性强、氛围轻松等。二是附加项目，是应对课程和教育策略变化，促使相关人员和组织变革，以提高学生学业成绩以及达到特定情感目标为目的。三是班内项目，是部分人认为班内项目可以克服校外项目的不足而提出来的，不是补偿教育实施的主要途径。四是替代项目，是针对特殊补偿政策实践设计的，多数为阅读和数学项目，持续一个学期或学年，也有采取以天为单位计算的替代项目②。梳理来看，近年，美国政府陆续推出了“均衡”教育计划、“卓越”教育计划、提速计划、“亲子读写、共同启航”方案

---

① 张菀洺．刘文．西方教育公平理念与政府制度安排：以美英教育制度为例［J］．学习与探索，2012（10）：77-82.

② 薛二勇，方展画．美国教育公平发展中的补偿性政策［J］．教育发展研究，2007（10）：27-31.

等，包括《不让一个孩子掉队法》的教育《改革蓝图》等①，整体上看，美国的教育补偿政策相对比较完善，法律法规保障渐成体系，这是值得我们借鉴的。

第三节　农民工群体实施教育补偿政策的社会意义

一、社会参与的价值

现代国家的政府应当是有限政府。“有限政府是相对于无限政府、全能政府而言的，指政府的职能、权力、规模、行为都有一定限度，都要受到宪法和法律的明确限制，需要公开接受社会监督与制约，并且有纠正其偏差的相应机制”。“就有限政府理念的具体内涵而言，如果我们从现代自由主义出发，就决不能把它等同于‘小政府’或‘无政府主义’。不可否认政府规模的大小是有限政府理念的重要一维，但是把有限政府理念仅仅等同于政府规模的‘小’又是粗糙的，现在看来，有限政府理念更多反映的是政府权力受限制，政府规模与职能相匹配，以及政府治理意识、思维上的创新”。改革开放以来，中国经济问题持续增加，人口持续增加，各种利益关系日趋复杂，同时，在资源配置权力上的保持意识，使很多问题都延续了政府管理的传统，行政管理工作量巨大，政府部门的工作人员压力很大，经常处于加班加点、放弃双休与节假日的状况。这种情况下，更需要深化有限政府的理念，将一些能够由社会机制自行解决的问题，引导社会力量予以解决。

西方发达社会有强大的社会组织甚至无所不在的宗教组织，这一点，中国有所不同，各级政府及其附属机构（如事业单位、街道社区）承担了很多相应的职责，政府的行政力量提供了强大的干预力，很好地解决了一些社会问题，但政府的力量并非无限的，仍有广阔的社会空间政府无力顾及，在对待农民工教育的问题上，本书研究中调查了教育行政管理部门的数十名公务人员，在提高农民工素质（文明素质、不仅仅包含技能）的问题上，大多持赞成态度，但在政府是否能够做到针对 2.6 亿农民工的全面教育提升行动的问题上，大部分人认为很难，原因有多方面。显然，政府不是没必要管农民工教育，而是缺少足够的能力和动力。经济发展需要大量技术工作，城市化代表了消费力

① 胡梅．杨思帆．美国有关特殊儿童教育补偿政策的文献综述［J］．商丘师范学院学报，2017（1）：101-106.

量以及经济发展潜力，其本身只是表象，在直接为经济发展服务的农民工技能培训与为城镇化服务的农民工教育实际上出现了让政府顾此失彼的矛盾，同样，这也是公共政策的当前目标与长远目标之间的矛盾，两者难以完美调和，这种情况下，应寻求公共政策设计上的突破，突破政府包办的惯常思路，改变政府“负全责”的观念，突出导向作用，将城镇化的一部分教育需求交由社会满足。现行农民工教育补偿政策之下，农民工及有关各方的观念与行为强化了现有的政策、观念与行为，如：社会对农民工形成了文化素质低、廉价劳动力、不稳定因素、为工业发展服务的观念，短视的培训政策使农民工被定位或无奈之下自定位成为“世界工厂”的“工蚁”，综合素质提升困难，从而影响了国家经济转型政策的深入推行。

中国社会一向有扶贫济弱的传统，提供受教育机会是扶弱的一种重要方式。中华人民共和国成立之前，举办农民工教育事业的主体主要是较大规模的工厂及一些社会团体。这是由于农民工具有较集中的特点，或集中在工厂厂矿及其他企业中工作，或集中居住在一定区域内。此外，举办该项事业也需要集中的人力、物力等资源。因此这些主体成为“天然的”举办者。

目前，即使没有政府的直接参与，社会一些力量也开始自发地组织一些零星的农民工教育活动，“针对现状，用工企业、社会组织已经开始参与农民工文化教育工作，采用多种形式为农民工提供文化服务，例如，北京的‘工友之家’、杭州的‘草根之家’等社会组织，以外来打工者为服务对象，多次组织公益性大型文化教育活动；许多企业也逐渐把丰富农民工文化生活作为提升职工素质、健全企业文化、增强企业凝聚力的重要手段，如北京市建工集团在工地开设‘职工夜校’，配套建设图书室、文化活动室等设施，为农民工提供素质培训、专题讲座、文化娱乐活动”。

在农民工走入第二、第三产业之后，企业、农村社会、城市社会均成为受益者。城市社会作为农民工的需求者、使用者、吸纳者，社区作为城市农民工最基本的生活区域，其应为帮助农民工尽快适应、热爱城市生活，真正成为新市民创造必要的氛围和物质条件。媒体应在全社会营造有利于农民工接受适应城市工作生活的全面教育的舆论环境。无疑企业对农民工教育的投入是具有外部性的，企业因此缺乏积极性。显然，这样的外部性在多大程度上存在，是现在的企业间的“制度”决定的，并且，它能在多大程度上得到控制，以减少企业的利益外流风险，是由是否有良好的“制度”调适决定的，政策恰恰应该在这方面体现调适能力。用工企业和城市社会对农民工教育负有很大责任和义务，首先应该改变自身观念，把农民工视作平等的群体，并落实到操作层面。高校是开展教育活动的重要基地，社会第三方组织拥有非政府手段调配资源的能力，它们都是重要的社会力量，农民工教育补偿政策应有针对性地充分发挥社会力量的作用。但在中国政策制定方面，权力分配事实上倾向于行政机构，社会力量的主动性和组织能力都尚有欠缺，因此，政府在制定农民工教育补偿政策过程中，应该充分考虑到城市社会、企业等方面在农民工教育中的责任和义务，通过政策设计调动其积极性。

有人从法学意义上探讨政府与社会的关系，“根据公民利益需要，根据企业、社会中介组织、国家等不同的性质以及它们之间职能分工的调整，公民通过国家立法，把一部分权利分别委托企业、社会中介组织或国家行使”，在本书看来，政府既没有能力全盘担起农民工教育的责任，在发挥社会的作用上，也不是简单地将农民工教育或者一部分教育活动交由社会承担，而是要充分发挥鼓励、引导的作用，尤其要充分发挥政策工具的作用。

政府应引导舆论导向，通过新闻媒体的呼吁、报道、赞扬引起全社会对农民工教育的重视，引起农民工对自身教育的重视，形成一种全社会热心帮助农民工接受教育、农民工接受教育是一种积极人生态度的氛围。农民工教育的过程，不仅是一个单边指向的教育过程，同时还是对城市市民的教育过程，是城市老市民与新市民的相互沟通、了解、理解、关心的整合过程。政府可以通过给予精神和物质上的奖励，发挥榜样的示范作用，鼓励社会各界投入农民工教育活动中去。引导社会力量参与农民工教育活动，更重要的是出台鼓励政策，政府可以投入一定的资金，作为社会力量开展农民工教育活动的补助，或者提供社区场所供农民工教育活动使用。“学习型社区建设模式与其他社区建设模式相比，不仅让人认识到了社区建设的最终目标就是要建立一个具有共同利益和归属感的现代文明社区，更重要的是它以社区教育为主导，有效地增强人们的共同利益意识和归属感，这正是目前国内社区建设所缺乏的。”目前，很多社区拥有自己的活动室，但大多数时间内处于关闭闲置状态，造成了资源浪费，降低了社区的凝聚力。这些社区活动空间对农民工的有组织开放的过程本身，就是对农民工融入城市的重要教育方式，开放说明了城市社区开始接纳农民工，将农民工视为社区的一分子，从而影响农民工的奉献意识、责任意识和归属感。

从史料可以看出，近代以来，企业曾在农民向工人转化过程中的教育问题上发挥了重要的作用。在这一点上，目前的企业除在技能培训和管理培训上有所投入以外，对于农民工城市生活、社会公德、法律意识、心理安全等所需的教育十分匮乏。大量吸收农民工工作的企业，大多都同时给农民工提供基本居住的生活场所，农民工工作之余的生活很多在企业的宿舍区进行，一些大型企业甚至形成了自己的工人社区。这为企业投入农民工教育活动创造了条件，但企业对此重视十分不足。台资超大型企业富士康，雇用了数以十万计的农民工，近年来其员工连续的跳楼事件，以及工人保安群体性冲突、劳资纠纷引起的工厂停工等突发事件，不仅使富士康备受争议，而且引起了社会的广泛讨论和深刻反思。显然，除劳资双方沟通上的问题以外，是否保护了农民工的尊严，农民工是否接受了必要的社会生活教育也是事件发生的重要原因。

中国拥有两千余所本专科院校和上万所中等职业学校，是全国教育活动的重要资源。国家对这些院校进行了大量投入，却难以使他们在 2.6 亿农民工的教育中发挥关键性的作用。一些大学已经开始自发进行农民工教育尝试，但大多数学校对农民工教育还处在漠视状态，这在很大程度上并不是院校的责任。政府有责任有意识地加强对院校开展农民工教育的组织协调，动员、鼓励、引导院校利用教室、师资、设备、课余时间开展农民工教育，院校的专业性将在农民工教育中发挥重要作用。社会团体、志愿者组织在中国已有多年的发展，但仍不发达。有些具备条件的城市已经开始了对社会团体的“孵化”工作，对尚未成规模、有待正式批准的准社会团体，给予一定的场所和资金支持，鼓励其参与社会活动，适时通过法定程序予以批准。政府可以有意识地引导建立一些热心于农民工教育的社会团体和志愿者组织，创造条件支持其致力于开展农民工教育工作。

对农民工群体实施教育补偿政策的目的，归根结底在于更好地保障农民工受教育权的实现，为农民工接受教育提供物质保障和法律保障等。西方在工业化时期的“工业训练者”与“旧人文主义者”“公共教育者”在教育意识形态上的争锋表现在：前者认为“教育培养适应社会所需的性格——规则、自律、服从以及勤劳的习惯”，后两者则认为“人的精神健康依赖于一种教育，这种教育不仅仅是培养专门的职业技能”，以及“受教育是天赋人权，任何好的社会都取决于其政府将恪守此法则视为自身的义务”①。在对中国普遍意义的社会权利实现的政策路径展开探讨之前，首先以对农民工受教育权实现进行的分析，作为对农民工教育补偿政策实践层面分析的总结。分别以提高生存能力和促进社会和谐、维护社会公平和促进社会稳定、促进公民发展和社会发展为主要目的的受教育权，在不同时期、不同经济社会发展阶段，其教育内容、方式

① 鲍尔. 政治与教育政策制定：政策社会学探索［M］. 王玉秋，孙益，译. 上海：华东师范大学出版社，2011：2.

的要求是不同的，相似教育政策对全民的不同群体来说有着不同的目标指向。同样，不同时期的相似政策对同一群体亦有着不同的意义。

二、社会参与的意义

受教育权本身首先是一项提高个体生存能力的社会权利。在法律意义上，受教育权一度带有强烈的“政府消极义务”色彩，随着时代的发展，尤其在福利国家的影响下，受教育权及其他一些社会权利日益带有“政府积极义务”的倾向。各国政府大多由不反对公民接受教育或者口头上支持公民接受教育向主动、积极向公民提供教育服务的行动转变。

不同历史时期，提高公民生存能力的基本教育权实现内容是不同的。1949年中华人民共和国成立时，全国5.5亿人口中80%是文盲，给国家建设和发展带来巨大障碍，政府因此组织开展了广泛而深入的扫盲运动。这一时期的扫盲运动虽然带有强烈的政治色彩，采用了有力的政治动员的方法，客观上仍起到了实现公民基本教育权的作用。到1964年，15岁以上人口的文盲率，由中华人民共和国成立初期的80%下降到52%，一亿多人摘除了文盲的帽子①。虽然之后的很长一段时间，中国仍然持续开展扫盲运动，但其从对大部分人的基本教育权的实现已经转变为极少数人群的保障，相应地，更具现代基本教育权意义的义务教育保障成为这一时期的主体政策。1986年，我国颁布《中华人民共和国义务教育法》，2006年予以修订。该法总则第一条即规定立法是“为了保障适龄儿童、少年接受义务教育的权利，保证义务教育的实施，提高全民族素质”，第二条则规定了该法强制实施的对象，“义务教育是国家统一实施的所有适龄儿童、少年必须接受的教育，是国家必须予以保障的公益性事业”。据此，国家建立了相应的义务教育保障机制，在义务教育阶段不收取学费、杂费。义务教育保障是具有全民意义的社会权利实现机制，所有群体均从中受益，但也应看到，不同群体的受益程度显然是不同的，相对教育基础好、生活水准高的地区与群体来说，教育基础薄弱、生活水平低的地区与群体受益更大，真正起到了“保障”作用。

数十年来，随着义务教育保障水平的大幅提高，职业教育迅猛发展。如果说第一代农民工大部分为小学文化程度、初中以上文化程度较少，整体受教育程度还相当低，那么到了以初、高中文化程度为主的第二代农民工，其文化程度已经上了一个“台阶”。从经验上来看，拥有初、高中文化程度的农民工在

---

① 林木. 20世纪50年代的扫盲运动［J］. 党史博览，2009（2）：57-58.

阅读、获取信息以及接受再教育方面都已经具备了较强的能力。也就是说，目前，农村户籍的学生在离开学校进入“农民工群体”之前，大部分已经获得符合时代特点的基本教育权，具备了基本的社会生存能力。服务于经济建设和就业需要，国家实行了大力发展职业技术教育的政策，开展了大量农民工技能培训，同样提高了对农民工群体生存能力的保障水平。当然，随着经济社会发展水平的提高，在农民工群体仍客观存在的时间范围内，对提高生存能力的基本教育权的实现需求会不断提高，相应的政策调整亦将是一个持续的过程。

对于农民工群体而言，受教育权的实现与劳动权利的获取密切相关，劳动权利最直接表现为劳动就业权，这是具有劳动能力的人在法定劳动年龄内，从事获取劳动报酬或经营收入的社会职业权利。农民工群体只有实现充分就业，才能实现劳动权，也就是在充分就业下，才能获得劳动报酬，而这是农民工生存的最根本物质保证。人非生而具备获取报酬的劳动能力，只有在具有获取报酬的劳动能力下，才能真正享有劳动就业权，而教育是培养人的劳动能力的最有效途径，因而，农民工群体只有在实现受教育权下，才能通过教育而不断学习到知识、经验和技能，具备工作能力和劳动能力。在经济社会不断发展的进程中，农民工要适应社会发展需求，首先要获得受教育权，通过教育和培训成为适应社会、适应变革的新技术掌握者，否则必将因无法适应新兴事物而被淘汰，更谈不上就业了，这样，势必给其生存和发展带来不利影响。农民工就业是其生存和发展的前提，一旦失业，其本应获取的很多权利都将受到极大的限制，社会不和谐因素也会因此产生。如果不能实现受教育权，农民工自身的综合素质处于比较低下的水平，处于文盲和半文盲状态，缺乏必要的知识和判断力，宪法和法律赋予公民的一系列基本权利对于未受教育的农民工来说，也将形同虚设或大打折扣。

“为了平等地对待所有人，提供真正的同等的机会，社会必须更多地注意那些天赋较低的和出生较不利的社会地位的人们。这个观念就是要按平等的方面补偿由偶然性因素造成的倾斜。[①]”毫无疑问，农民工正是“处于出生较不利的社会地位的人们”，对其进行相应的教育补偿是维护政治平等的重要方面，“只有当教育为核心的社会权利内化为公民权的基本内容，阶级差异和社会不平等才可能借由公民权的主张得到实质的改善”[②]。有人把平等分为“生命权的平等、人格的平等、获得基本自由的权利的平等、政治的平等、实质性

① 罗尔斯. 正义论［M］. 何怀宏，何包钢，廖申白，译. 北京：中国社会科学出版社，1988：101.

② 吴强. 社会权利的由来［N］. 21 世纪经济报道，2007-4-16（035）.

的机会平等、精神和文化能力的平等”六个层次[①]。在维护多层次的平等方面，公共政策应充分发挥自身作用。农民工教育补偿政策从以下几个方面使农民工处于公平社会的环境下，对于促进社会稳定具有重要意义。

一是引导社会态度，实现观念平等。“外来流动人口还面临着城市居民文化上的排斥。”[②] 农民工在城市，能否得到自身及社会观念上的认可，是平等工作生活的前提。农民工教育补偿政策对农民工自身平等观念的培育具有积极意义。由于农民工多从事餐饮、商贩、回收、运输等城市基本服务行业，居住及生活条件较差，不仅城市居民将农民工看作外地人，作为脏、乱、差的代名词，农民工自己也容易从思想上把自己作为“外地人”，缺少对所在城市的归属感。实现观念上的平等，帮助农民工树立自信，昂首挺胸地加入城市生活中，不自认为低人一等，从思想上自我认可，或者要求社会给予平等看待。教育补偿政策能够实现通过内容合理、方法得当的教育，提升农民工受教育水平，改变农民工不适应城市生活的习惯，从“气质”上变成城市居民。最理想、最和谐的状态，莫过于人们不会刻意对待他们，他们亦认为自己和其他人没有什么不同，当他们站在人群中时，大家无法发现他们，没有任何特意做出的举动，他们也没有任何感觉上的不适。农民工教育补偿政策应做出积极引导和鼓励，通过教育组织体系、针对性的课程设计、借用社会力量等方式不仅改变农民工观念，也改变社会观念，使农民工处于平等的社会态度之中。

二是给予制度认可，实现身份平等。农民工的身份始终处于“农民”与“工人”之间的尴尬境地，身份上的模糊使身份平等难以实现。农民工身份不清晰的背后是现有的制度障碍。农民工教育补偿政策政出多门，正体现出农民工身份的不确定性。由于缺少制度上的约束，农民工教育补偿政策还存在临时性的问题，往往难以收到长效。推动实现农民工身份平等，农民工教育补偿政策的制定与执行首先要有明确的主体，使农民工教育可以纳入职工教育而不是处于农民教育与工人教育两可之间。政府相关部门的职责应有统有分，而不是只分不统或全统全分。推动实现农民工身份平等，农民工教育补偿政策还应明确建立农民工教育的执行体系，这一执行体系应上下贯通。目前很多城市街道居委会、社区服务站挂上外来务工人员活动中心的牌子，却长年不见开展农民工教育活动甚至任何农民工活动，亦从操作层面说明农民工身份平等在教育政策中缺少制度性的体现。明确农民工受教育的主体地位，需要从制度上进行，

---

① 何怀宏. 平等二十讲（序言）[M]. 天津：天津人民出版社，2008：5.

② 宋艳. 进城农民工弱势地位改变研究：政府人力资源管理的视角 [M]. 长春：吉林大学出版社，2010：21.

这不仅是教育平等，而且是在政治平等的基础上对该群体社会身份的认可。

三是调整资源配置，实现权利平等。“对较贫困的个体进行资源再分配的政策是很重要的。这样，尽管效率会要求稀缺的资源被用在它们能产生最大净收益的地方，但公平目标会调和这一目的，而其结果是为特别贫困的群体提供物质帮助。”① 农民工受教育的权利平等，归根结底需要物质条件的保障。农民工教育本身就是一种补偿教育，是对多种原因引起的农民工教育不足的后期弥补。“掌握经济资源和经济权力的社会集团，可以用经济资源去接受教育，增强自身的能力”②，农民工接受教育受到工作时间、生活条件、学习场所、学习费用的限制，依靠自身的力量往往难以克服。有人认为，“需要加强城市教育体系的开放程度，把农民工公平地纳入城市继续教育体系中，目前来看，建立针对性强的社区继续教育体制是值得提倡的方式”③。公共政策有配置资源的功能，农民工教育补偿政策应为农民工接受教育提供充分的物质条件，从具体层面实现农民工权利平等。“社会必须为所有人建立平等的受教育机会，使越来越多的人能够得到更好的教育和培训，通过缩小人们把握机会的能力的差异，缩小他们之间在社会财富和政治资源分享份额方面的差距。”④

“现代公共政策具有多种规定性，而在这些规定性中起决定性作用的则是，公共政策是公共权力机关为着一定的目标而进行的社会资源的配置和社会价值的分配。”⑤

分配不可避免地带有偏好性与自利性，但公共性仍然是其最核心的特征，维护政治平等是公共性的应有之意。平等、社会平等、政治平等在政治学中常被用作近似的概念。卢梭对人类不平等的起源论述，皮埃尔·勒鲁“平等是社会的基础”的体系性观点以及罗伯特·A. 达尔通过对“政治平等”的集中研究，将政治平等的观念层层推进。通过对平等思想的梳理和对社会实践的考察，可以将平等具体化为附着在人身上的身份平等、权利平等和观念平等。身份平等是最基础的平等，也是宪政体制下最易于赋予的平等，起码从形式上看是如此。贵族与平民身份早已消亡，宪法确定了公民身份的概念，不同职业的

---

① 萨巴蒂尔. 政策过程理论［M］. 彭宗超，钟开斌，等译. 北京：生活·读书·新知三联书店，2004：65.

② 曾水英. 理解政治权力：权力问题的西方政治思想史考察［M］. 北京：中央编译出版社，2013：10.

③ 宋艳. 进城农民工弱势地位改变研究：政府人力资源管理的视角［M］. 长春：吉林大学出版社，2010：108.

④ 赵苑达. 西方主要公平与正义理论研究［M］. 北京：经济管理出版社，2011：93.

⑤ 宁骚. 公共政策学［M］. 北京：高等教育出版社，2011：161.

人都属于同一个公民的概念之下，从法律的意义上来说，社会基本实现了人与人之间的身份平等。与身份平等相比，权利平等包含了更多现实利益。所有这些现实利益，更易于具体化，更易于量化，并且衡量标准的不同及心理预期的不同，使它的实现和维护变得困难。相对于身份平等与权利平等来说，观念平等不属于传统的平等范畴。观念已经成为新制度主义者考察政治经济的重要变量，他们将观念看作一种不成文的社会规范或者制度。与将观念放置在思想文化层面相比，政治学上的这种变化反映了政治生活的现实，人从未在政治生活中脱离过观念的影响，固化了的社会观念对一个群体资源获得可能的影响，已经通过政策制定者和执行者渗透到公共政策当中。因此，观念上的平等已经可以清晰地判断为政治平等的重要方面。

政治平等的实现程度既决定了公共决策的出发点是否能够遵循平等的原则，在不同群体的利益维护上保持更全面的平衡，决定了公共政策的内容能否符合目标群体的利益又尽可能不损害其他群体的利益，又决定了公共政策的执行能否减少效率损耗，从而真正使目标群体最大程度上受益。因此，政治平等对公共政策的论证、制定、执行、监督与评估都提出了很高要求，但在政策执行过程中，平等的问题往往在某一环节上或某一点上被重视，其广度和深度则被普遍忽视。

公民的概念起源于古希腊，发展于西方社会和政治生活当中。亚里士多德在《政治学》中对“公民”一词有较为明确的阐述，是指在民主政体中，“凡得参加司法事务和治权机构的人们”①。虽然发展过程中，公民的含义不断变化，但其将权力和权利作为核心内容的方向未变。《中华人民共和国宪法》规定：凡具有中华人民共和国国籍的人都是中华人民共和国公民。中华人民共和国公民在法律面前一律平等。国家尊重和保障人权。任何公民享有宪法和法律规定的权利，同时必须履行宪法和法律规定的义务。该规定虽不能被看作公民的定义，却清晰明确地界定了公民的身份。

近代以前的西方政治思想中，公民教育的内容是宽泛的，比如洛克认为公民教育的内容包括三个方面：公民道德教育、公民知识教育和公民健康教育。而近代以来，自由主义、共和主义、社群主义等西方政治思想潮流，则更多从权利、利益以及相关社会关系的处理方式等方面对公民教育提出自己的观点。最直接意义上的公民教育是从政治性的角度出发的，指培养良好公民的教育。良好公民教育既包括了培养公民有能力使用权利、维护权利，也有意识履行义

---

① 亚里士多德. 政治学［M］. 吴寿彭，译. 北京：商务印书馆，2008：114.

务、承担责任。不同的思想潮流只是从自己的角度看待维护权利、履行义务的环境和方式。也有人从更广意义上看待公民教育，“公民教育不再停留于从个人与国家、政府的关系出发进行的关于国家、政府及其运行、个人的权利与义务、国民意识等的教育，还关联到道德、伦理、社会、经济、政治生活等各个生活层面的内容”①。我国香港学者曾荣光认为，“公民教育是一个社会培养新加入者成为政治、经济及社会生活中有效的成员的教育过程”②。这种观点特别强调了“新加入者”，是对处于快速发展、变革社会现实情况的认识。当今世界，很多国家重视公民教育，其在内容和方式上各有侧重。如德国公民教育“从教育内容上看也是全方位的，包括政治教育、道德教育、人文教育、环保教育、公民修养、公民性格养成教育等各个方面，涉及政治、经济、社会、道德、文化和环境保护等各个领域”③，学校教育是重要形式，当然，社会、家庭和企业也都是其公民教育的培养环境。美国、澳大利亚、加拿大等多元文化国家公民教育中既在每个组成的民族群体内部培养一种以共同语言和历史为特点的民族认同，并且还谋求培养一种能把国家中的各个民族群体结合在一起的超民族认同。但是，实际上学校在如何培养这种认同这样一个问题上也无计可施④。因此，这些国家在社会层面上开展公民教育的力度更大。

公民作为社会政治、经济生活最基本的元素，是国家和社会存在的基础，是推动国家和社会发展的主体，也是历史发展的基本推动力量。一个国家对发展的追求能否持续、稳定、健康地推进下去，有没有数量众多具备相应能力的公民至关重要。无论是从广义上说，还是从狭义上说，良好的公民教育都是使公民具备能够发挥主体作用的重要手段。因此，国家能否承载个体发展的期望，个体能否聚合成国家发展的整体力量，一定程度上受制于国民所接受的公民教育。很难期望公民无力行使权利承担义务的国家拥有一个繁荣和谐的社会。因此，如果说公民是一个国家政治、经济、社会发展的基础，那么公民教育则是事关这个国家稳定和发展的重要基础工程，是公民个人全面发展和社会整体全面进步的必要条件。

在中国古代政治发展中，没有西方所谓“公民”的概念，因此，公民教

---

① 顾成敏．公民社会与公民教育［M］．北京：知识产权出版社，2007：90.

② 李锦旭．从社会学看公民教育：曾荣光有关研究述评［J］．教育研究双月刊，1998（61）：47-50.

③ 孙梓毓．德国的公民教育及对我国的启示［J］．成功（教育），2013（4）：8-9.

④ 金里卡．少数的权利：民族主义、多元文化主义和公民［M］．邓红凤，译．上海：上海世纪出版集团，2005：348.

育亦无从谈起。康有为在1902年发表《公民自治篇》，配合清政府推行新政，提出朝廷要树立“公民”。这里的“公民”是指在君主立宪政体下的有选举权和被选举权的国民。他在文中讲到“人人有议政之权，人人有忧国之责，故命之曰公民”①。1919年中国教育联合会决议编订公民教材案，主张由各省区教育会聘请专家精选教材，编制资料。江浙两省教育会即按此意编定公民教育专册，分为卫生、道德、法制、经济四编②。之后，公共教育的内容也逐渐纳入学校教材。

中华人民共和国成立后，中国公民教育的发展进入了一个新的阶段，社会主义公有制的建立和社会主义民主法制建设为人民真正实现当家作主、拥有真正的公民权利提供了前提条件，1954年宪法体现了人民意志和利益，赋予了公民以广泛的权利和自由。但随后，在当时复杂的社会经济政治现实影响下，公民教育的发展并不顺利，甚至一度连基本公民权利亦未得到完整实现。1982年宪法使公民权利重新受到根本保障。1985年，中共中央颁布了《关于改革学校思想品德和政治理论课教学的通知》，决定在初中开设公民课程，并组织编写公民教育教学大纲和教材。从1986年开始，中国进行了三次全民普及法律知识教育活动。党的十二届六中全会提出了培养“有理想、有道德、有文化、有纪律”的社会主义“四有公民”概念。

2001年，中共中央印发的《公民道德建设实施纲要》（以下简称《纲要》）提出：从中国历史和现实的国情出发，社会主义道德建设要坚持以为人民服务为核心，以集体主义为原则，以爱祖国、爱人民、爱劳动、爱科学、爱社会主义为基本要求，以社会公德、职业道德、家庭美德、个人品德为着力点。在公民道德建设中，应当把这些主要内容具体化、规范化，使之成为全体公民普遍认同和自觉遵守的行为准则。该《纲要》从公民道德的角度强调了公民教育的重要性，并提出了具体要求。自此，中国关于公民教育的研究和实践均日渐丰富起来，但仍存在理论研究偏多，实践及其总结偏少的情况。有人对近年来在公民教育研究领域发表的论文、出版的著作进行了统计，发现实施研究（包括公民教育的内容、课程、实施途径研究），占20%；会议综述（对学术交流和研讨会的观点述评）占4%。理论研究、历史研究、必要性研究以及比较研究加在一起，则达到了75%。从广义上看，这些主题可以看作理论研究。这些数据显示，中国公民教育研究总体上还处于理论分析和比较借鉴阶

① 张枬，王忍之. 辛亥革命前十年间时论选集：第一卷（上）[M]. 北京：生活·读书·新知三联书店，1960：173.

② 舒新城. 近代中国教育思想史 [M]. 福州：福建教育出版社，2007：252.

段，同时也有走向实践的趋势。有人将中华人民共和国成立以来的公民教育分为三个阶段，第一阶段指“以政治为中心”的历史时期，大致从中华人民共和国成立后到1978年前后，这一时期由于意识形态限制，公民教育受到排斥；第二阶段是指“以经济为中心”的时期，中国社会的现代转型扩展了公民教育的空间；第三阶段是指进入21世纪之后，国家确立了“以人为本”的教育思路，树立了全面、协调、可持续的发展观，以促进经济、社会和人的全面发展，构建社会主义和谐社会，对中国的公民教育提出了新要求①。

公民教育是农民工教育补偿政策尤其应当重视的内容。“在阿尔弗雷德·马歇尔看来，问题不在于能否最终实现平等，而是进步是否坚定不移；而且，这种进步应当体现为工人阶级得到的教育和休闲价值，而不仅仅是工资的提高和物质的改善；他相信，通过公民教育每个人都可能培养独立性和互相的尊重，接受一个公民应当具备的私的和公的责任，成为一个真正的人、绅士，而不是生产机器。”② 在城市从事二、三产业的农民工，往往缺少对政治生活的参与，缺少公民的主体意识，这种缺失并不完全由农民工自身原因造成。缺少归属感的生活在其思想上形成了精神真空，这种真空易于被非主流的精神产品填入，比如，有些人接触到宗教，逐渐远离了社会主义主流意识形态，但我们在这方面却缺少行动。相较于一些发达国家无孔不入的公民教育，我们在农民工群体接受公民教育方面显然做得相当不够，中国的公民教育多在学校进行，学校的场所局限性决定了离开学校的人群周围很少有公民教育的氛围，而学校之外的公民教育行动又多流于形式，或者仅见诸报端荧屏，缺少与基本群体的交流和对话。农民工受自身综合条件的限制，能够接受到的公民教育自然少之又少。

当然，有些地方和机构已经在农民工教育中开展对农民工教育的探索，客观上为农民工教育补偿政策提供了现实参照。有人从地区新生代农民工的现实问题出发，提出对其开展公民教育，并提出了具体的操作方式：新生代农民工的公民意识教育既是加快建设公民社会和法治社会的重要推动力，也是农民工实现自身事业发展的需要，其主要内容是主体意识教育、权利义务意识教育、公德意识和规则意识的教育，可由一个以政府为主导、企业为主体、社会力量

---

① 江国华. 宪法与公民教育：公民教育与中国宪政的未来［M］. 武汉：武汉大学出版社，2010：443-444.

② 吴强. 社会权利的由来［N］. 21世纪经济报道，2007-4-16（035）.

为补充的上下贯通、配套联动的教育培训体系来实现[①]。对此，区域层面的微观探索是十分必要的，如果国家更高层面从更具战略意义的高度出发，对农民工的公民教育进行规划，规范行为，制定标准，全方位予以鼓励支持，更有助于其取得成效。

有人把农民工教育分为三个层次的核心内容：一是提升受教育水平和职业技能素质；二是普及城市生活常识和法律法规知识，引导其对城市文明的认同感和对城市生活的责任感；三是法制观念教育，帮助其树立现代公民意识、权利意识、平等意识，培养其在多元化利益分配格局中的话语能力、依法维权能力[②]。其中，第二、第三个方面显然更多地倾向于公民教育的内容。有学者运用马克思主义政治学的思想方法提出了公民的民主政治教育的内容[③]，对中国农民工教育补充政策建设具有参考价值：第一，提高社会教育水平。通过社会教育水平的提高，提高公民文化素养，进而提高公民理性认识能力和政治认识能力，从而为公民参与政治生活，实现政治权利准备必要的文化素养。第二，对公民进行民主政治与法治的意识和公民意识的教育，培养其在社会公共生活和政治生活中的平等、权利、参与、自主、宽容和理性的公民意识和公民精神。第三，对公民进行特定的政治知识和政治技能的传授和训练，使公民认识民主政治生活，熟悉民主政治规则和程序，掌握民主生活技能，从而有效顺利地参与民主政治过程。第四，使公民政治权利的实现具有实现其自身利益的有效性，从而使得民主政治的公共生活与公民的共同利益和个人利益紧密相关，使公民感受到民主政治的运行对于其利益实现的重要意义，进而认识到参与政治生活、实现政治权利的重要价值。

“政治过程能够产生用以提高社会下层人民技能的教育机构，并使之能向政治体系提出要求，从而改变自己的处境。”[④] 经济发展可以引发政治过程的嬗变，亨廷顿认为，“社会动员与经济发展之间的差距，使现代化对政治稳定产生一定的冲击，社会动员通常以广泛的公民教育和宣传为核心”[⑤]。农民工教育补充政策的建设应尽快从技能教育为主体的生存权实现转向社会教育、公民教育等全面教育为主体的发展权实现上来，尤其应重视上述公民教育的内

---

① 唐文. 探析深圳新生代农民工市民化过程中的公民意识教育 [J]. 中共桂林市委党校学报，2012，12 (1)：69-72.

② 谢建社，黎明泽. 农民工教育研究综述 [J]. 学习与实践，2007 (4)：121-130.

③ 王浦劬，等. 政治学基础 [M]. 2版. 北京：北京大学出版社，2006：340-341.

④ 阿尔蒙德，鲍威尔. 比较政治学：体系、过程和政策 [M]. 曹沛霖，郑世平，公婷，等译. 北京：东方出版社，2007：338.

⑤ 燕继荣. 发展政治学：政治发展研究的概念与理论 [M]. 北京大学出版社，2006：240.

容，从资金、人员、组织机构、协调机制等多方面调整政策方向，为农民工群体全面深入地融入城市政治、经济和社会生活创造条件，解决社会发展可能面临的深层次问题。

就人类社会发展的历史来看，任何一个社会发展阶段，任何一个国家的任何一个时期，社会上都存在一些弱势群体。弱势群体的形成有多种原因，从个人与社会的关系来看，有些弱势群体的形成首先是由个体的、先天的、生理上的某些不足所导致的，其次是由家庭的、后天的、社会机制的某些不足所导致的。前者的弱势特征如果与后者叠加，则更加严重。后者的弱势一定程度上也可以通过个人的觉悟与努力来改变。长期以来，农村存在一定数量的贫困家庭、贫困人口，其贫困很多并非主观上的懒惰、消极导致的，而是由灾害、疾病、残疾等原因造成的。生活在中国中西部山区的一些居民，他们辛勤劳作但生活艰苦，交通不便是导致其集体弱势的主要原因，另外还有一些与地处偏远、生活贫困有关的其他次级原因，如教育水平低下、思想闭塞保守等。当然，城市居民中也有一些群体因疾病、残疾、失业、教育程度较低导致社会权利事实上缺失的情况。还有一些群体弱势且相应社会权利得不到较好实现的原因是社会机制不完善、落后于社会现实与群体需求。

农民工除在受教育权方面的弱势以外，还有农村居民医疗、养老等方面社会权利实现不力等。相比因病、因灾致贫，这些问题是对社会影响深远的大问题。有人把农民工市民化看作农民工社会权利实现的必然过程，“农民工市民化主要是指农民工获得与城镇居民一样的身份和权利，与城镇户籍居民一样平等地享受政府所提供的福利待遇的过程。这些福利待遇包括政府为城镇户籍居民提供的教育、公共卫生、就业扶持、社会保障和住房等方面的公共服务”①。

弱势群体往往具有相似的特征，即身心承受压力大、资源获取能力弱、利益表达能力弱。长期居于弱势地位使他们在面对持续存在、反复出现以及新出现的困难时，即使主观上、心理上有着强烈的抗压、抗挫能力，客观上其身心所承受的压力仍然十分巨大，无论是从人本主义角度还是从社会正义角度来看，其弱势特征都更加明显。弱势群体的“弱势”还表现在其资源获取能力弱，难以通过正常的社会竞争获取改善个体状况的资源与条件，加剧了其群体弱势性。弱势群体由于受教育程度、社会地位与影响、弱势心理等原因，利益表达能力很弱，他们很难通过影响社会、影响政策的利益表达方式反映群体诉求，获得群体状况的改善，即使通过政府官员、知识分子、社会组织、新闻媒

① 曹兵，郭玉辉．论农民工市民化的社会成本构成［J］．经济论坛，2012（8）：116-118.

体的呼吁，其利益诉求得到实质上的回应仍需较长周期。

“社会公正是经济改革和经济转型的一个重要社会目标，无论是温和的渐进经济改革还是激进的经济转型，分配和再分配都是其中一项重要内容，分配和再分配是为实现社会公正而在社会范围内调整利益关系的一个重要过程。”① 事实上，经济增长的同时，稳定的政府大多关注弱势群体社会权利的实现，通过分配与再分配调节社会利益。但除前述原因外，由于整体社会经济状况较差、制度机制的不完备、执行层面的责任感与执行力的不足等综合因素的存在，某一弱势群体一旦形成，很有可能长期存在，其社会权利的实现也成为一个长期需要被关注的问题。例如贫困导致诸多社会权利的行使困难，尤其是疾病、残疾所导致的贫困，政府采取的救助措施往往难以从根本上解决问题，需要反复、持续救助的情况很多。再如农村留守儿童问题，媒体、社会、政府都给予了广泛、深切的关注，各界也提出了多种解决思路，政府亦努力倡导、推动该问题的解决，但这一问题的现状并未取得决定性的改变。如“多数农民工对政府的政策知之甚少，甚至从未想过要政府为自己做些什么，普遍过着一种‘缺乏政府支持’的生活”②。因此，弱势群体社会权利的实现是一个复杂、艰难的社会问题，还需要各方持续不断地给予多方面的帮助和支持，对此，政府尤其责无旁贷。

弱势群体社会权利需要予以实现已是普遍共识，无论是从西方政治学理论还是从中国政治传统来看，这一点都没有疑问，改革开放以来中国在实践层面已有许多操作经验，并且在一些领域取得了较大进展。一般公民的社会权利及其实现则有很多方面有待认识、实践和总结。首先，在认识上，公民是否享有明确的社会权利，对于全体公民是否享受一些普遍性的社会权利，公民享有哪些社会权利，社会权利是否应当得到政府的良好实现等，有一系列的观念问题需要明确澄清。可以看到的是，上述问题已经在学术领域引发了广泛的讨论，并且取得了一定成果，社会对社会权利及其实现问题认识日益趋于明确和一致。其次，在实践领域，实现社会权利的行动事实上一直在进行，但实现内容及实现程度的发展经历了复杂、艰难、漫长的过程，公民社会权利实现仍将是政府长期面临的问题。

观察中国宪法的修订过程，可以较为清晰地看到中国社会权利实现的发展

---

① 王丽萍. 寻求繁荣与秩序：当代世界经济与政治的政治学观察［M］. 北京：北京大学出版社，2006：134.

② 刘电芝，疏德明，等. 走进幸福：农民工城市融入与主观幸福感研究［M］. 苏州：苏州大学出版社，2012：140.

路径。中华人民共和国成立初期中国制订的第一部宪法对公民的劳动权、受教育权、获得物质帮助权、休息权等进行了详细规定，公民拥有劳动权，但对其他社会权利却未做规定；1975 年宪法因在当时的时代背景下修订而颇具争议，但在公民社会权利方面基本保留了 1954 年宪法的内容，“公民有劳动的权利，有受教育的权利。劳动者有休息的权利，在年老、疾病或者丧失劳动能力的时候，有获得物质帮助的权利”，只是显然有所压缩。1978 年宪法在社会权利方面的规定又有进步，如对休息权的保护由 1954 年宪法规定“国家规定工人和职员的工作时间和休假制度”，修改为“国家规定劳动时间和休假制度”，保障范围扩大到全体劳动者。1982 年宪法又增加了对公民退休的规定，使社会权利实现的内容更加丰富。

宪法的规定属于国家法律与政策的最顶层设计，也可以看作一种基本追求，但宪法的实施程度却并非条文本身能够完全保障的。经济社会体制、思想文化观念等因素仍然对社会权利实现有诸多客观限制。计划经济体制下，城乡严重分割，二元结构明显，很多社会权利的实现力度在不同群体间分布极不平衡，居住、养老、医疗等在城市与农村居民之间存在巨大差异，不平等现象的存在长期处于被默认状态。改革开放以后，尤其是 21 世纪以来，国家对社会权利实质上的实现越来越重视，投入越来越大，保障面越来越广，并且仍在不断向前发展之中。从现实来看，社会权利需要实现且政府已经开展了大量工作已是不争事实。

第三章　农民工教育补偿的历史演变与历史比较

第一节　民国时期的相关教育补偿

早期的中国产业工人大多数来源于破产的农民和手工业者①。当然，在民国时期并没有农民工的称谓，对于进城务工的农民，民国政府的称谓是“劳工”，作为工人阶级先锋队和领导者的中国共产党则将从事工业生产的群体视作工人阶级。1946 年“中华民国宪法”规定，“人民受教育之机会一律平等”“已逾学龄未受基本教育之国民，一律受实习教育，免纳学费”“国家应普及并提高一般人民之文化水准，实行教育机会均等”②，这时，虽然已有关于教育补偿的政策表述，但这些政策的执行却受制于当时国家性质。民国时期，对进城从事二、三产业的农民的教育可以从劳工教育、社会教育和共产党领导下的工人教育等若干角度来考察。

一、民国时期的劳工教育

近代中国面临民族存亡问题，要想挽救危局，“不外增进国民的民族意识，发展生产建设事业。提高民族意识，须有健全的国民，发展生产事业，须有健全的生产劳工；而观中国工业工人，约在二百万人左右，关于工人教育程度，中国向无精确统计，如以中国整个民族教育程度作比，相信中国不识字工人最低也占全数工人二分之一以上，即识字工人若与欧美工人教育程度相比

① 王建初，孙茂生. 中国工人运动史 [M]. 沈阳：辽宁人民出版社，1978：16.
② 熊明安. 中华民国教育史 [M]. 重庆：重庆出版社，1990：318-319.

较，亦相差甚远，以中国工人教育程度如此，而欲谈发展生产事业，为不可能”①。民国时期的劳工教育深受当时经济社会发展状况及各种教育思潮的影响，尤其是清末民初，国家破败，国力衰弱，军国民思想与实用主义思潮可以看作其起点，其后，实用主义思潮在对日、美等列强教育经验的学习下，形成了职业教育的思想，以中华职业教育社的成立与发展为标志事件。起初，号召在国民中及各行各业中开展解决个人生计问题的教育活动，同时突出职业教育在解决社会问题中的社会功用。之后，职业教育思想泛化，“强调职业教育为社会服务，强调职业教育在人的发展方面应发挥的作用；以自求知识之能力、巩固之意志、优美之感情，能应用于职业而自谋其生活，同时能进而协助国家之幸福”②。陈振鹭在其所著《劳工教育》一书中“将劳工教育的历史演变划分为徒弟教育时期、劳工教育孕育时期、劳工教育发展时期三个阶段；并指出，中国工业，由手工业演进到工厂工业，所以中国劳工教育也由手工业时期的徒弟教育演进到工厂工业时期的劳工教育了。徒弟教育虽可以视为劳工教育的一种，然劳工教育则不仅教工人以谋生的技艺，而且亦教工人如何读书、识字，如何做一个现代式的公民”③。

民国时期的劳工教育起始于北洋政府时期，“在全国性的工商会议、经济会议、教育会议中，职工、实业练习生、学徒等的教育问题被不断提出。如1912年全国工商会议上，有《推广模范工厂及养成职工案》《请选派海外实业练习生案》等。1920年，当时的交通总长叶恭绰为增进职工的知识技能、培养职工的道德、提高职工的人格，设立铁路职工教育筹备处，在津浦、京汉、京奉、京绥四路各设职工学校三所，在工人较多路段创办演讲所四十所，并招收具有师范或专门学校毕业者96人入职工教育讲习会，以培养职工教育师资。逐渐形成包括劳工子弟教育、劳工教育、劳工师范教育、派出留学等劳工教育体系，同时还编教材、制图表、编辑出版《铁路职工教育旬刊》等事务”④。叶恭绰认为，劳工问题宜从根本上主张教育主义，起意固不仅在铁路职工应以相当之教育，即对于全国劳工亦冀以教育之方法加以陶冶，使成为健全之国民，并希望世界劳动程度幼稚之各国，咸以劳工教育为培植劳工生活之基

① 何晓坚. 农民工待遇问题的历史考察［D］. 苏州：苏州大学，2010.

② 田正平. 中国教育通史·中华民国卷（上）［M］. 北京：北京师范大学出版社，2013：123.

③ 何晓坚. 农民工待遇问题的历史考察［D］. 苏州：苏州大学，2010.

④ 李忠. 民国时期劳工教育制度建设及其影响［J］. 职教论坛，2010（4）：89-96.

础[1]。铁路交通系统的职工教育在北洋政府时期具有典范作用。

与民间劳工教育的呼声、实践遥相呼应，北洋政府开始出台劳工教育制度。“1913 年 8 月 4 日教育部公布的《实业学校规程》指出，实业补习学校分为农、工、商等种类，‘为已有职业或志愿从事实业者授以应用之知识技能，并使补习普通学科’，实业补习学校教授时间，不拘寒暑昼夜，以便捷学生教育为原则。”[2] 此后的劳工教育开始缓慢发展，“1912—1916 年，广东省公众补习学校 1 所、3 班，学生 90 人；半日学堂 53 所，每校 3 班，每班 40 人；简易识字学校 54 所，每校 3 班，每班 40 人，其中有大部分设在广州”[3]。“1923 年，北京政府颁布《暂行工厂通则》，将‘男子未满 17 岁、女子未满 18 岁者’定为幼年工，要求使用工人在 100 人以上工厂主对于幼年工在‘本厂内予以补习相当教育并负担其费用’，每周至少应有 10 小时以上的教育时间。”[4] 这些规定虽然因为缺少具体措施多流于形式，但是对学徒教育的近代改造提出了一些可供参考的思路。

这一时期，各种教育思潮并立，为中国教育发展进行了多方面的思想准备。“1918 年 11 月，蔡元培发表《劳工神圣》的著名演说，高呼‘此后的世界，全是劳工的世界呵’‘劳工神圣’‘与劳工为伍’的口号加强了工读主义、平民教育等在知识界、教育界中的实践。”[5] 北洋政府时期开展了一定程度的劳工教育，国家与地方层面也出台了一些关于劳工教育的法令，使一些劳工（包括学徒、童工）接触到一定教育，有的工厂与商行在劳工教育方面采取了一些行动。但总起来看，显然只能是小范围内、极少数人的行为，不可能形成大规模的劳工教育局面。并且其教育目的仅出于国家经济力量积弱，难以为统治阶层提供政治、外交、社会诸方面的腾挪空间，以及工厂主、商人满足扩大生产，攫取利润的需要，既不是为社会发展、民生事业，也不是为了人的解放与发展，因此带有极强的历史局限性。

南京国民政府之前的一段时间，工业相对发达的地区劳工教育发展已经很快，“1926 年，广东省的宣传学校、工人补习学校纷纷成立，仅全国总工会与

---

① 李忠. 近代中国劳工教育的历史变迁［J］. 河北师范大学学报（教育科学版），2010，12（5）：26-34.

② 李忠. 近代中国劳工教育的历史变迁［J］. 河北师范大学学报（教育科学版），2010，12（5）：26-34.

③ 郭海清. 民国时期的广州教育［M］. 广州：广东科技出版社，2013：160.

④ 李忠. 近代中国劳工教育的历史变迁［J］. 河北师范大学学报（教育科学版），2010，12（5）：26-34.

⑤ 田正平. 中国教育通史·中华民国卷（上）［M］. 北京：北京师范大学出版社，2013：123.

教育宣传委员会举办的工人补习学校就有5所，全国总工会与省港罢工委员会举办的工人补习学校有5所，国民党宣传委员会举办的工人补习学校就有11所”①。民国时期的劳工教育在南京国民政府期间得到了发展，组织机构亦几经更迭。南京政府1927年颁布了《国民政府劳工局组织法》，组建了劳工局，设行政处负责管理劳工教育事项。1931年在此基础上成立了劳工教育设计委员会，由实业部和教育部组成，负责全国劳工教育统筹规划与管理。1935年教育部与实业部公布了《各市县劳工教育委员会组织规程》，相应地，各地方组成了劳工教育委员会。

“1928年，实业部与教育部以‘改良劳动者之生活状况’‘教育机会均等’为宗旨，联合发布了《工人教育计划纲要》，规定：凡中国成年男女劳工及未成年之男女学徒、幼年工等都须接受基本教育、实习教育、劳工教育或工人子弟教育，并在上海、南京、天津、汉口、北京、青岛等工业发达地区，开始大批成立劳工学校。”②“1930年北平市《北平特别市教育局某某公司、局、工厂工人实习学校简单草案》说明各单位建立工人实习学校是使本单位工人得到识字机会，借以养成健全公民为目的；工人要学习三民主义浅说、平民千字课、注音、算术、工业常识、工人须知和科学常识。”③

1932年两部公布的《劳工教育实施办法大纲》对劳工教育的目的做了明确规定“增进工人的知识、技能及其工作效率，并谋工人生活之改进”④。“劳工教育分识字训练、公民训练及职业补习三种，各地方应于最短时间内按工人教育程度分别实施；由各地方教育行政机关督促当地农工商及其他各业之厂、场、公司、商店负责完成之；各厂、场、公司、商店等雇佣工人在五十人以上二百人以下者，应设立一个学校或劳工班，工人每增加二百人应即递增一班，其不满五十人者得与附近之厂、场、公司、商店联合办理之；劳工学校或劳工班之教学须在工作时间以外，每班每周至少八小时，教育时间最长不超过两年；劳工学校或劳工班之费用由原设立机关担负，其联合办理者应共同担负之；劳工学校或劳工班不收学费及其他费用，所有书籍文具等均由学校供给之；各厂、场、公司、商店等于本办法大纲公布后六个月内不遵照设置劳工学

① 郭海清. 民国时期的广州教育［M］. 广州：广东科技出版社，2013：161.

② 李忠. 近代中国劳工教育的历史变迁［J］. 河北师范大学学报（教育科学版），2010，12（5）：26-34.

③ 刘晓云. 近代北京社会教育发展研究（1895—1949）［M］. 北京：知识产权出版社，2013：146.

④ 刘晓云. 近代北京社会教育发展研究（1895—1949）［M］. 北京：知识产权出版社，2013：146.

校或劳工班者，除依《工厂法》第七十一条之规定办理外，仍限令两个月内筹设成立；设立劳工学校或劳工班要报当地主管机关，并由省主管部门报实业教育两部备案，对于成效卓著、成绩优秀的劳工学校、主办者及主管者，予以奖励之。”① 一些工厂据此举办了实习学校，为本厂工人提供符合当局要求的课程，并且免费提供课本。“如当时申新第三纺织公司建立的实习学校规定，‘本校为普及工人教育，增加工人智识，提高工人道德起见，特设男女工晨、夜校’‘本校纯粹义务性质，凡系本厂工人均得入校上课，不收学费，并供给书籍’‘本校按照学生之程度分识字训练班、公民训练班、技术训练班三级，每级分早晚两班，每班人数以八十人为限’；‘识字训练班课程分下列六种：①国语，②算术，③体育，④音乐，⑤公民，⑥艺术’；‘公民训练班课程分下列七种：①国语，②珠算，③尺牍，④体育，⑤音乐，⑥公民，⑦艺术’‘技能训练班课程分下列四种：①缝纫，②造花，③刺绣，④机械学’‘各班每日授课一时至二时，每逢星期日休课’。”② 当时有人提议将劳工学校纳入教育体制内，在“正常教育”中分“三段五级”，第一段为民族基本教育，包括幼稚园和小学；第二段为劳动职业教育，分为初级和高级，初级为师范学校、农村劳工学校、都市劳工学校，高级为三者的延伸；第三段为学术教育，设研究院，为专门研究学术的机关。并对劳工学校的课程进行了设计：公共科设公民、常识、国语及算术，占20%；分修科占70%，除职业技能教育外，还包括了都市生活的一切知识，选科按特殊需要提高其人生的领域③。

北京市在其“二十二年度教育行政实施计划大纲”中提出要注重劳工教育，“一般工人教育及其思想，已成为现代社会之一重要问题，推广劳工教育，亦为主要之图，现拟与各业工会及各工厂公司接洽添设职工学校，或于工人业余时间举行通俗讲演，及举办夜校，俾提高工人之智识，及导正一般劳动阶级之思想”④。民国时期的劳工教育取得了一定效果，“据 1936 年 5 月《国际劳工通讯》对上海从 1935 年 8 月到 1936 年 2 月的补充统计，上海有 400 多个劳工学校，分 742 班，学生人数 35 116 人”⑤。但鉴于民国时期的经济、政治条件，劳工教育不可能实现对其工作环境、生活条件及其社会地位的根本改变，大多数劳工仍然得不到基本的教育，得到一些教育的劳工只是成为资本家

---

① 李忠. 民国时期劳工教育制度建设及其影响［J］. 职教论坛，2010（4）：89-96.

② 何晓坚. 农民工待遇问题的历史考察［D］. 苏州：苏州大学，2010.

③ 陈青之. 中国教育史（下）［M］. 长沙：岳麓书社，2010：773.

④ 刘晓云. 近代北京社会教育史料汇编［M］. 石家庄：河北科学技术出版社，2011：175.

⑤ 李忠. 民国时期劳工教育制度建设及其影响［J］. 职教论坛，2010（4）：89-96.

获取更大利润的工具。

二、民国时期的社会教育

通常认为，民国时期的社会教育概念最初自日本或者德国传入。当时，马宗荣对社会教育的界定是：国家、公共团体、私人，为民众资质的向上，以社会全体为客体，使影响及于社会全体的教育叫作社会教育①。也有人认为，别管它的名称怎样，完全是一种深入民间，接近民众，领导民众，把民众造成适于现代生存、合于现代需要的教育，凡是其他教育所不及的，所不能的，全都属于社会教育②。民国时期很多社会教育学者采用这一观点：社会教育是家庭教育、学校教育以外一切教育活动的通称。从受教对象上看，主要为文盲和知识技能较低者，进而为全民，具有全民性；从受教时期看，为整个人生阶段，已具备现代终身教育的理念；从施教内容上看，其内容是充实人生的，具有全面教育的趋向；从施教设施和场所看，种类繁多；从施教时间上看，主要利用余暇，缺乏严密的连续性③。

社会教育政府机构在北洋政府和南京政府时期几乎始终存在。蔡元培旅居欧洲期间，特别感受到欧洲教育体系的成熟完善，当时的中国绝大多数人还处于文盲状态，没有接受过系统教育，因此，他较之儿童教育更特别从社会教育的角度重视成年人的教育，在他担任教育总长时，民国教育部设置了社会教育司，和普通教育司、专门教育司并列存在，之后在民国期间几乎始终沿袭下去。蔡元培的教育思想虽属他个人的教育主张，但民国时代教育界莫不受这种主张的影响，如公民道德教育、军国民教育及实利教育，在当时即被采纳；美感教育及世界观教育到民国八年（1919 年）以后确已大受其影响④。“1927 年，国民政府决定将教育行政委员会改为中华民国大学院，蔡元培任大学院院长。大学院设高等教育、普通教育、社会教育等六处。社会教育处主管博物馆、民众剧场、公民教育、平民教育、公共体育及特殊教育等。1929 年，大学院改为教育部，设总务司、高等教育司、普通教育司、社会教育司等机构，社会教育司主管家庭教育、学校兼办社教，低能及残废者的教育、民众教育

---

① 张佳余，杨才林. 民国时期的社会教育与民众教育概念辨析［J］. 社会科学辑刊，2009（1）：143-146.

② 杨才林. 民国社会教育研究［M］. 北京：社会科学文献出版社，2011：20.

③ 张佳余，杨才林. 民国时期的社会教育与民众教育概念辨析［J］. 社会科学辑刊，2009（1）：143-146.

④ 陈青之. 中国教育史（下）［M］. 长沙：岳麓书社，2010：623.

馆、体育、音乐、电影及其他美化教育等工作。”① 各省也设置相应机构。

民国时期的社会教育根据不同的时期一般分为通俗教育、平民教育和民众教育以及战时社会教育几个阶段②。其中最为活跃的、内容最丰富的是平民教育和民众教育阶段。平民教育的内容，最初围绕识字教育，后来确立三大教育，即文字教育、生计教育、公民教育，分别培植“民智、民生、民德”。再后来从调查研究、实验中发现中国人的四大问题——愚、穷、弱、私，所以确定四大教育：文字教育、生计教育、卫生教育、公民教育。晏阳初深信知识就是力量、生产就是力量、健康就是力量、团结就是力量，“四大教育是连锁的，不是孤立的，要培养人民的知识力，就不能不培植其生产力、健康力和团结力，这四种东西是相依为命，不是单刀直入所能达到目的”③。平民教育依赖三种教育组织：平民学校、平民读书处、平民问字处。平民学校采取班次制度，大班一二百人以上用幻灯教授，小班三四十人以上用挂图教授。平民读书处主要为一部分因职务或其他关系不能按时到校上课者而设，以一家、一店、一机关为单位，由家内、店内或机关内识字者教不识字者。因社会上还有一部分人不但不能按时上学，且家中又无人教导，此类人大半属于流动性质，如在街头叫卖的小本生意人或车夫之类。所以，不适用平民学校及平民读书处的地方，则在有人教字的商店、家庭或机关内设平民问字处，凡愿担任教字的店铺、家庭、机关，无论何人欲问千字课中的字，均可随时前往请教④。抗战时期，在民国教育部规定的各级各类教育的目标和对象中，界定“社会教育以增进全民的知识道德与健康，使成为新时代需要的良好公民。教育对象为全体国民，教育方式应充分扩展科学馆、图书馆、民教馆等社会机构”⑤。

20 世纪 30 年代北平市（今北京市）《社会教育推行状况与改进计划》中确定了社会教育实施的目标⑥：

（1）公民教育：公民教育主要目的在于使民众明了孙中山先生的三民主义；增加民众的政治能力，使其运用四权；使民众了解新生活运动并力行新生

---

① 熊明安. 中华民国教育史［M］. 重庆：重庆出版社，1990：131-132.

② 张佳余，杨才林. 民国时期的社会教育与民众教育概念辨析［J］. 社会科学辑刊，2009（1）：143-146.

③ 晏阳初. 滚教育运动的回顾与前瞻［M］//宋恩荣. 晏阳初文集. 北京：教育科学出版社，1989：222-223.

④ 陶行知. 平民教育概论［M］//董宝良，喻本伐，周洪宇. 陶行知教育论著选. 北京：人民教育出版社，1991：147-148.

⑤ 熊明安. 中华民国教育史［M］. 重庆：重庆出版社，1990：208.

⑥ 刘晓云. 近代北京社会教育史料汇编［M］. 石家庄：河北科学技术出版社，2011：156.

活；训练民众以忠孝仁爱信义和平为美德及习惯；训导民众须了解民族危险，铲除恶习以复兴民族；训导民众与政府合作使其了解教育子女、纳税、当兵等为国民应尽之义务。

（2）生计教育：生计教育主要是指导民众的生产技能；提出并行节约；训导民众组织生产消费信用等合作社；指导民众择业、专业、乐业等方法；指导民众日常度量衡的运用及记账的能力与习惯。

（3）文字教育：文字教育主要是训导民众学习使其了解不识字的害处；指导民众阅读书报以养成其每日读书一小时的习惯；训导民众有记账写信的能力；指导民众有运用符号的能力；指导民众能当众做系统演说；指导民众有检查地图、字典及参考书的能力；养成民众的“学而不足”的优良习尚。

（4）健康教育：健康教育总体上是提倡关于健身的设施；督促民众对于身体之锻炼及养成其健康活泼的体格；训导民众的卫生习惯；指导民众的医药救急等常识；督促民众改除不良嗜好；训导民众讲求公共卫生，倡导民众业余团体运动；提倡国术。

（5）休闲教育：休闲教育主要是纠正现存的不正当的各种娱乐；提倡并改进固有的优良娱乐及各种有益社会的娱乐设施。

南京政府时期，以“民众教育”为主题的社会教育得到较大发展，主要有八个方面的内容：颁布民众教育各项法令，仅教育部就先后公布 39 种；完善各级社会教育行政，各级政府均设立社会教育机构；确定民众教育实施目标及方针，使民众教育与国家政治建设相配合；增加社会教育经费，1929 年社会教育经费预算占全教育经费的 10%～20%；训练教育从业人员，成立教育学院、民众教育讲习会等机构；设立社会教育实验区，1935 年达 139 处；成立中国社会教育社，研究社会教育学术①。

据当时北平市“二十二年度教育行政实施计划大纲”关于“变更社会教育组织及促其发展方案”提出，“变更现行行政组织，将全市划为四区，每区各设民众教育馆一处，由其附设工读学校、阅书报处、民众茶社、补习学校若干处；增置必要设备，推广民众学校及补习学校，厘定课程教材，注重劳工教育，增设民众阅报牌，推广民众问字处，举行学术讲演会，组织社会教育研究会，举办社会教育人才训练班，筹设民众简易体育场，改良社会风俗及习惯”等②。当时江苏南部由于工业、商贸发展较快，城市劳工大量聚集，民众教育

---

① 杨才林. 民国社会教育研究［M］. 北京：社会科学文献出版社，2011：87-112.

② 刘晓云. 近代北京社会教育史料汇编［M］. 石家庄：河北科学技术出版社，2011：174-175.

馆在其社会教育开展中发挥了较大作用，“省立镇江民教馆于1931年10月成立职工实习学校，科目分国语、算术、三民主义、服务常识、职业常识等，修业期限六个月，讲义及课业用品由学校提供，每日晚间上课；无锡县市民教育馆于1932年秋曾办女子星期职业补习学校，星期日上课；1933年3月，该馆续办女子职业实习学校，应学员要求，改为每日上课，科目包括国语、尺牍、应用文、珠算、簿记、职业指导等”①。

1928年10月，国民政府规定从1929年始，社会教育经费应占教育经费的10%~20%。事实上，北平市从1929至1932年社会教育经费在6%以上，虽未达到标准，但呈缓慢增长趋势，具体项目细化到民众学校、阅书报处、民众教育馆、民众识字班、普通图书馆、民众图书馆、戏曲改良辅助费等②。“1935年中央执行委员会启动强迫识字运动，加强对民众学校的经费投入、师资培训，极大地推动了民众学校的发展，民众学校数目突破了10万校所，民众受教人数骤增，总数达16 555 550人，远远超过了前8年受教人数的总和，各级政府成为办理民众学校的主体。”③

这一时期，民众教育运动基于国民党“训政”，推行“党化教育”“三民主义教育”，规定民众教育的目标是“养成三民主义下的公民”④。虽然民国时期的社会教育是针对“学校教育、家庭教育以外的所有教育”，在当时历史条件下，客观上对从事工商业的平民群众起到了一定的教育作用，但仍在很大程度上存在着政治不稳定、经费不足、人才不足以及难以满足民众的真正需要等问题。

三、共产党领导的工人教育

辛亥革命后，资产阶级、小资产阶级中的另一些人，利用“临时约法”颁布的有利条件，也乘机打出工人的旗号，纷纷宣布成立所谓工人的政党和工会组织。其中较有影响的为中华民国工党和中国社会党……中华民国工党成立后……在调解劳资纠纷、举办工人夜校和福利等方面，也做了一些有益工

---

① 朱煜．民众教育馆与基层社会现代改造（1928—1937）：以江苏为中心［M］．北京：社会科学文献出版社，2012：222.

② 刘晓云．近代北京社会教育发展研究（1895—1949）［M］．北京：知识产权出版社，2013：145.

③ 周慧梅．“新国民”的想象：民国时期民众学校研究［M］．北京：北京师范大学出版社，2013：129.

④ 杨才林．民国社会教育研究［M］．北京：社会科学文献出版社，2011：77-79.

作[①]。但在民国时期，最富有成效的是中国共产党领导下的工人教育。

“受俄国十月革命的影响，早期马克思主义者发出‘庶民的胜利’‘布尔什维主义的胜利’的呼声，开始通过举办工农夜校等形式，发动工农运动，实现进步知识分子与工农群众的初步结合。”[②] 1920 年 8 月以后，各地成立的共产主义小组纷纷举办工人夜校，通过工人夜校，广泛地把马克思主义灌输到工人群众中去。工人的政治觉悟有了显著提高，要求组织起来进行斗争的愿望更加强烈[③]。“中国共产党的诞生为平民教育注入了新的动力和内涵，工农平民是中国共产党的阶级基础，工农解放是中国共产党的奋斗目标，工农革命是中国共产党的斗争形式，工农平民教育是中国共产党觉醒工农群众、组织工农力量、发动工农斗争的重要途径。”[④]

1921 年 5 月 1 日邓中夏领导成立了“长辛店铁路工人工会”，拟定了《京汉铁路长辛店铁路工人会简章草案》，规定会内设置“书记、会计、庶务、娱乐、教育、调查、交际七个部”，说明它很注重教育工人，提高阶级自觉，谋阶级的共同利益[⑤]。1921 年 7 月中国共产党第一次代表大会通过的《中国共产党的第一个决议》指出，党在当前的基本任务是：加强党对工人运动的领导，大力发展工会组织。……其步骤与方法是：先建立工人夜校或劳动实习学校，使夜校逐步成为工人组织的中心，唤醒工人的觉悟，使他们感到有成立工会的必要[⑥]。

1921 年 8 月，中国劳动组合书记部成立，领导工人运动，开展工人教育。这时工人教育的机构主要是劳动补习学校，其中最早、最典型的是北京长辛店和上海小沙渡的劳动补习学校。天津也于中国共产党成立两个月后在党的领导下建立了“天津工余补习学校”[⑦]。除此之外，共产党武汉支部、湖南支部、济南支部、广东支部也都办了工人劳动补习学校。开展工人教育运动，成为第一次国内革命战争时期工人运动兴起的先声[⑧]。湖南分部派毛泽东、刘少奇、

---

① 王建初，孙茂生. 中国工人运动史［M］. 沈阳：辽宁人民出版社，1978：28.

② 李剑萍，杨旭. 中国现代教育史：中国早期教育现代化研究［M］. 北京：人民教育出版社，2011：196.

③ 王建初，孙茂生. 中国工人运动史［M］. 沈阳：辽宁人民出版社，1978：56.

④ 李剑萍，杨旭. 中国现代教育史：中国早期教育现代化研究［M］. 北京：人民教育出版社，2011：321.

⑤ 王建初，孙茂生. 中国工人运动史［M］. 沈阳：辽宁人民出版社，1978：62.

⑥ 王建初，孙茂生. 中国工人运动史［M］. 沈阳：辽宁人民出版社，1978：58.

⑦ 赖志奎. 安源工人教育的特点和历史意义［J］. 江西教育学院学刊，1980（1）：2-7.

⑧ 王凌皓. 中国教育史纲要［M］. 北京：人民教育出版社，2013：379.

蒋先云、郭亮等，先后到安源、粤汉路、水口山铅矿，长沙的产业工人、手工业工人和苦力工人中，创办工人夜校。著名的安源工人补习学校即在1922年初由李立三创立的。通过补习学校讲述劳动创造世界和资本家如何剥削工人的道理，耐心地启发工人群众的觉悟①。“安源工人教育一开始就注意了教育为党的政治路线服务。创办工人教育是为了开展工人运动，使教育紧密地与革命斗争结合起来。”②

第一次国共合作之后，1923年春，邓中夏任上海大学校务长，利用国民党上海执行部合法性增设平民义务学校执行委员，开办平民夜校，迈出了教育和发动工人的重要一步。同年5月，在共产党的建议下，国民党上海执行部决定成立工人运动委员会，李立三、杨之华等为委员，依托委员身份，派出大批共产党员到工人集中的地方办平民学校和工人补习夜校，来组织和教育工人③。

1928年，中共六大通过了《职工运动决议案》，提出：注意原始团体工作，同时要想法创造出某种合法半合法的组织来，例如体育会、运动会、自修社、丝竹社、戏剧社等④。

1930年9月，在湘鄂赣苏区有工会414个，会员44 774人；赣东北有8个县总工会，有会员4 270人。各地工会建立后，加强了对工人群众的宣传教育和组织工作⑤。

“1931年，中华苏维埃召开第一次全国工农兵代表大会，宣告一切工农劳苦群众及其子弟，有享受国家免费教育之权，教育事业之权归苏维埃掌管，取消一切麻醉人民的封建的、宗教的和国民党的三民主义的教育。”⑥ 1933年，中华苏维埃第一次全国代表大会通过了《中华苏维埃共和国劳动法》，规定“努力改善工人一切经济及文化的条件”是苏维埃的主要任务之一⑦。

抗战期间，“各抗日民主根据地从建立时起，就继承第二次国内革命战争时期苏区的传统，根据工农群众，特别是农民群众的经济条件和接受能力，积

---

① 王建初，孙茂生. 中国工人运动史［M］. 沈阳：辽宁人民出版社，1978：68.

② 赖志奎，安源工人教育的特点及其历史意义［J］. 江西教育学院学刊，1980（1）：2-7.

③ 王建初，孙茂生. 中国工人运动史［M］. 沈阳：辽宁人民出版社，1978：97.

④ 王建初，孙茂生. 中国工人运动史［M］. 沈阳：辽宁人民出版社，1978：153.

⑤ 王建初，孙茂生. 中国工人运动史［M］. 沈阳：辽宁人民出版社，1978：181.

⑥ 董宝良，陈桂生，熊贤君. 中国教育通史·中华民国卷（中）［M］. 北京：北京师范大学出版社，2013：342.

⑦ 王建初，孙茂生. 中国工人运动史［M］. 沈阳：辽宁人民出版社，1978：188.

极地开展群众业余教育，以提高群众的民族意识与政治文化水平”①。“由于根据地工人的文化水平很低，所以，各级工会都很重视组织工人学习文化，开展扫盲运动。公营工厂的工人，一般每天都有一小时的文化学习。工会把不识字的工人，分别送进夜校或识字组学习。在工会的组织下，陕甘宁边区工厂中80%的青年人和40%的成年人，都投入了识字扫盲运动。不少工厂消灭了文盲。在有条件的地方，工会还建立了工人俱乐部，在艰苦的战争环境中积极开展工人的文化体育活动。”② 1940 年，毛泽东发表了《新民主主义论》，指出在新民主主义教育中“当作国民文化的方针来说，居于指导地位的是共产主义的实现，并且我们应当努力在工人阶级中宣传社会主义，教育农民及其他群众”③，开始了新民主主义教育的先声。

综上所述，民国时期的劳工教育体现了鲜明的社会教育特点，包括共产党领导下的工人教育，都不是技能教育主导下的教育，因此可以得到一个结论：由农村进入城市的新工人的教育并非一开始就是技能主导型的，也并非这一群体只需要技能培训。

第二节　新中国成立初期的相关教育补偿

新中国成立之后，中国的教育事业发生了根本性的转变。教育向工农开门，为工农兵服务。研究者较为详细地研究了当时教育为工农开门的实践。首先，为了提高工农干部和工农群众的文化水平，从学制上确定工农成人教育在人民教育中的地位。针对工农群众，开展扫盲识字教育，举办工农业余学校，创办工农速成中学和大学预科班、干部文化补习班。其次，工农子弟享有受教育优先权，中小学采取放宽入学年龄、降低分数等多种措施，优先吸收工农子弟入学。

新中国成立初期，除了民国时期的老工人以外，新进入城市的工人很多原本是农民。一些史料提供了证据，“国家公路总局设计局第三分局的许多测量工人，是从农村招来的农民。刚来时，不认识桩号，出了不少差错。经过一年多时间的文化学习，全部扫除了文盲，有些人学会了绘制横断面图，计算土石

① 王凌皓. 中国教育史纲要［M］. 北京：人民教育出版社，2013：392.
② 王建初，孙茂生. 中国工人运动史［M］. 沈阳：辽宁人民出版社，1978：244-245.
③ 毛泽东. 毛泽东选集：第 2 卷［M］. 北京：人民出版社，1991：759.

方，有的还能够担任地形测量、水平测量等实级技术员的工作”①。“中国的产业职工已从1952年的七百余万人增加到现在的一千三百万人……在约占百分之六十八的新工人中，农民、学生、城市贫民出身的占一半以上。”② 因此，新中国成立初期的工人教育很大程度上是对刚转变为工人的农民的教育，在“提高工人认识世界和改造世界的能力的同时，不断清除他们身上的农民意识，改掉农民习气，以适应社会主义发展的新形势”③。

改革开放以前，除去“文化大革命”特殊时期以外，我国开展了富有成效的继续教育，而且大量的教育工作都属于继续教育的范畴。新中国成立以后相当长一段时间，国家教育工作的内容主要有三种，一是扫除文盲，二是文化补习，三是政治教育。1949年教育部发布《关于1949年冬学工作的指示》，1950年，中央人民政府政务院在全国各地建立职工业余教育委员会，负责计划推行职工业余教育④。中央人民政府政务院《关于开展职工业余教育的指示》中规定了“识字、文化补习和政治教育”的内容。可以说，这些教育活动大多是针对成人的非学校的继续教育活动，这一时期的教育政策，也分明体现出这种特征。各地按照中央的指示，深入开展职工教育活动。如浙江省湖州市“1951年起，工会组织和教育行政部门整顿并创办新型的职工业余学校。是年，创办的湖州第一职工业余学校，设普通、中级、簿记共10个班，学员316人，年龄最大的58岁，纺织工人、手工业工人、店员占50%以上。厂办学校有承昌、永昌、达昌、湖丰绸厂业余学校4所10个班级。镇、街道办的市民夜校322所，共1 098人”⑤。

《中国人民政治协商会议共同纲领》规定了中国教育工作的总方针：“中华人民共和国的文化教育为新民主主义的，即民族的、科学的、大众的文化教育。人民政府的文化教育工作，应以提高人民文化水平，培养国家建设人才，肃清封建的、买办的、法西斯主义的思想，发展为人民服务的思想为主要任务。”⑥ 1950年，国家发布了《关于举办工农速成中学和工农干部文化实习学校的指示》《各级职工业余教育委员会条例》《关于开展农民业余教育的指示》等。同年5月，时任教育部副部长钱俊瑞根据在教育工作会议上的讲话而写的

---

① 王建初，孙茂生. 中国工人运动史［M］. 沈阳：辽宁人民出版社，1978：412.
② “中国工人”编辑部. 工人社会主义教育提纲［M］. 北京：中国工人出版社，1958：12.
③ 吴晓林. 现代化进程中的阶层分化与政治整合［M］. 天津：天津人民出版社，2012：152.
④ 王凌皓. 中国教育史纲要［M］. 北京：人民教育出版社，2013：416.
⑤ 陈连根. 湖州教育史［M］. 杭州：浙江古籍出版社，2011：153.
⑥ 何东昌. 中华人民共和国重要教育文献［M］. 海口：海南出版社，1998：1.

《当前教育建设的方针》一文中提出了“为工农服务，为生产建设服务，这就是当前实行新民主主义教育的中心方针”。同年9月，召开了第一次全国工农教育会议，毛泽东、周恩来亲自到会。时任教育部部长马叙伦指出“我们所指的工农教育，主要是指在生产战线上的广大青年、成年男女工人和农民的教育问题以及培训工农知识分子的问题”①。1951年，周恩来总理在政务院第97次政务会议讨论《关于改革学制的决定》讲话中指出：“成年人的教育，包括工农的教育，失业人员的教育，老知识分子的教育，老干部的再教育，都需要在我们的学制中占有一定的地位”“我们必须在教育观念上来一个转变。过去的传统只为青年人办学，只讲正规化……现在这种观念要改变过来，我们的学制也要适应成年人的学习要求，给他们受教育的机会。”②“新学制就反映了我们政权的这种特点。在新学制中就有关于工农速成教育和各级各类业余教育的规定，而且这两种教育不是占次要的地位，而是与其他各种教育占同样的重要的地位。”③ 1951年10月1日，政务院公布了《关于改革学制的决定》（以下简称《决定》），《决定》指出：“中国原有学制（即各级各类学校系统）有许多缺点，其中最重要的，是工人、农民的干部学校，各级实习学校和训练班，在学校系统中没有应有的地位。”

临近1949年新中国成立时的《中国人民政治协商会议共同纲领》中规定教育的方针是“教育为工农服务、为生产服务”，详细地规定了应“注重技术教育加强劳动者的业务教育和在职干部教育，给青年知识分子以革命的政治教育，以适应革命工作和国家建设工作的广泛需要”。新中国成立后，成人教育（当时称为工农教育、社会教育）取得了很大的发展，但由于当时人们文化素质普遍偏低，成人教育更多地体现为补偿教育。1953年到1956年共出现了三次大的扫盲高潮，当时中国比较注重发展补偿教育和普及提高④。1954年，政务院文化教育委员会副主任习仲勋在《1954年文化教育工作的方针和任务》中指出，“有计划、有步骤地组织还没有具备一定文化的工农干部学习文化，采取以业余学习为主并积极举办工农速成学校等项办法，以逐步提高他们到小学、中学以至大学的文化水平，使他们有可能不断提高政治和业务水平，成为各项建设事业的骨干，是一项重大的政治任务”“要重视工农业余文化教育和

---

① 董明传，毕诚，张世平. 成人教育史［M］. 海口：海南出版社，2002：64.

② 周恩来. 周恩来教育文选［M］. 北京：教育科学出版社，1984：35-36.

③ 何东昌. 中华人民共和国重要教育文献［M］. 海口：海南出版社，1998：107.

④ 李晓琳. 我国继续教育政策演变及发展趋势［J］. 社会科学管理与评论，2005（3）：64-71.

扫除文盲工作"[①]。这一时期的工人教育中政治教育占有极其重要的地位，"要把工厂搞好，就必须在不妨碍生产的前提下加强工人阶级马列主义的教育，提高其觉悟程度与政治水平。因为他们是生产大军的主力，只有他们成为有觉悟的生产大军，才会进一步提高生产力，在战线上打胜仗"[②]。

1956年，中国生产资料私有制的社会主义改造基本完成，成人高等教育成人教育系统初步形成并获得一定发展，由于当时中国劳动力素质低，成人教育发挥的作用也只是对劳动力素质的普遍提高。"文化大革命"时期教育系统陷入混乱和停顿，中国教育事业遭到严重摧残，当时已经在西方发达国家方兴未艾的继续教育在中国未被提及和认识[③]。

1957年2月，毛泽东在《关于正确处理人民内部矛盾的问题》一文中指出："我们的教育方针，应该使受教育者在德育、智育、体育几方面都得到发展，成为有社会主义觉悟的有文化的劳动者。"这个提法的内涵包括了培养目标和教育目的。同年9月，《人民教育》发表社论，把毛泽东的这一表述视为教育方针。这个教育方针在中国教育史上影响较大。

新中国成立后到改革开放初期以前这一时期，农民工群体并未形成，亦没有专门的农民工教育补偿政策。总起来看，这一时期相关的教育政策呈现这样几个特点：一是分别开展农村教育和城市教育；二是由农民向城市工人的流动较少而且方式固定，招工、升学、参军是主要途径；三是所开展的教育活动大多以扫盲、补习等补偿教育为主；四是这一阶段的教育政策主要由教育部负责，出台了一些促进工业和农业发展的教育政策；五是政治教育占很重要的地位。新中国成立初期的教育文献如1950年《马叙伦部长在第一次全国工农教育会议上的开幕词》、1955年中华人民共和国国务院《关于加强农民业余文化教育的指示》、1957年教育部《关于扫除文盲工作的通知》中有直接的体现。这一时期的政治教育始终十分重要，政治教育与其他工作一样"以阶级斗争为纲"，在各行各业中均有深刻的表现。时传祥在他的《让无产阶级的革命精神代代相传》中写道："我们不但开展了业余文娱活动，还发动全班青年参加了文化学习……通过这些教育，不少青年认识到'什么阶级有什么作风'，开始自觉地改造旧作风，继承无产阶级的好传统。"[④]

---

① 何东昌. 中华人民共和国重要教育文献［M］. 海口：海南出版社，1998：189，294.

② 孙定国. 对工人进行政治教育的经验［M］. 北京：生活、读书、新知三联书店，1950：39.

③ 李晓琳. 我国继续教育政策演变及发展趋势［J］. 社会科学管理与评论，2005（3）：64-71.

④ 时传祥. 让无产阶级的革命精神代代相传：我们是怎样向青年工人进行阶级教育的［M］. 北京：中国工人出版社，1965：28.

这一时期虽然没有农民工及其教育政策，但其后逐渐形成的农民工教育补偿政策仍然有这些政策某种程度、某些方面的延续。对照农民工教育补偿政策和之前的一般教育政策，可以发现一些历史与现实的联系。一是农村与城市两个环境下的教育政策仍然分立，并且其结构内缺少稳定的沟通交流机制。二是服务经济社会发展的功能未变。三是政府仍然是主导者，受教育者在政策制定上相对弱势。

总之，新中国成立初期的农村进城工人的教育政策包含在工人教育之中，并且“新工人”与“老工人”之间并没有“群体”意义上的划分，其教育都包含了技能、文化、生活与政治教育在内的全面教育，政治教育在这一时期占有中心地位。

第三节　改革开放以来的农民工教育补偿

新中国成立至今，农民工教育补偿政策仍然体现出很大的变迁性特征，一是教育政策的重点有所变化，由补偿向提高转变，由政治向经济转变。速成班、补习班、夜校班都体现了新中国成立后一个时期内对全民受教育饥渴的补偿。同时，由政治内容占相当比例向科学技术占更多比例转变，由政治动员、政治运动式的继续教育政策向财政、经济导向性的教育政策转变，由原来的个人受教育对集体做贡献的目的向个人受教育个人首先受益的目的转变，农民工教育尤其体现了这些特点。二是由教育部主管变为多头主管。新中国成立后至改革开放前的教育政策基本由教育部制定或执行，正是由于农民工身份的多重性，进入新世纪之后的农民工教育补偿政策出现了多头主管的趋势，而且，似乎多个部门对此都在不断加强，如教育部、人力资源和社会保障部、农业农村部、科学技术部等。这一方面说明农民工教育补偿政策日趋受到重视，另一方面也直接导致了多头主管、职责不清的问题，如数据重复计算，缺少整体性、统筹性安排等。三是针对农民工这一群体的专门政策的比重增加。四是社会的影响力开始增强。五是教育与政治参与的关系转变。

自 1980 年教育部《关于印发〈全国农民教育座谈会纪要〉的通知》中要求，“社队企业，特别是城镇的社队企业，应创造条件，发展多种工业、副业方面的专业技术教育，以满足群众的需要”，以及 1985 年《中共中央、国务院关于进一步活跃农村经济的十项政策》中涉及对从事工业生产的农民工教育以来，农民工教育补偿政策经过了几十年的发展，中央政府、有关部门、地方政府出台了大量的政策文本。从历史与现实看，农民工教育补偿政策发挥了结构性作用，也就是说，它在推动经济发展的过程中发挥了重要作用，同时，也确实对解决大量农村富余劳动力的就业问题很有帮助。但农民工继续教育政策仍然存在很多不足之处。

综上所述，农民工教育补偿政策的形成有着特有的历史过程，历史的形成是时间延续的过程。对历史因素作用的总结，可以通过事物的发展变化过程进行，但我们在深刻地感知到历史的作用的同时，却难以完全将它从其他因素中剥离，或者说，其他任何因素都无法离开历史的维度，但这并不影响我们突出显示历史的视角，或者其他因素的视角。因此，我们仍然可以在历史的过程和背景下对其他因素进行分析。例如，制度中的正式规则与非正式规则，两者都在历史中展开，但相对独立地影响着政策过程和政治行为。

一、政策的形成与迟滞

改革开放以后，农民工的群体形态开始萌芽，国家教育政策中逐渐出现关于对从事工业生产的农民进行教育的内容。尤其值得一提的是1980年教育部《关于印发〈全国农民教育座谈会纪要〉的通知》要求，农民教育在“继续扫除文盲”“广泛开展农业技术教育”的同时，“社队企业，特别是城镇的社队企业，应创造条件，发展多种工业、副业方面的专业技术教育，以满足群众的需要”。虽然仅简单地针对“社队企业”，却在改革开放的大背景下包含了对务工农民教育政策的重大变化，也第一次出现了农民工教育补偿政策的萌芽。

1985年《中共中央、国务院关于进一步活跃农村经济的十项政策》提出，“鼓励集体或个人办好中小学校，特别是中等职业技术学校和专科学校……各大专院校要继续为农村举办各种专业班，定向培养科技人才”。显而易见，当时培养农村人才的政策是为了“活跃”和“发展”农村经济。

改革开放十余年后，1990年7月1日施行的《中华人民共和国乡村集体所有制企业条例》规定，乡村集体所有制企业的主要任务是：……调整农村产业结构，合理利用农村劳动力；政府有关部门为企业培训、招用专业技术人才和引进先进技术创造条件。针对乡镇集体所有制企业，该条例明确提出了政府有帮助提供培训专业技术人员的责任，由于当时乡镇集体所有制企业工人大多来自本地农民，虽然，农民工的称谓尚未普遍化，农民工身份尚未明确、群体亦尚未成型，但仍可以认为，这是国家政策上第一次出现农民工培训的内容。但总体来看，当时在农村开展的教育活动，仍以服务农村经济发展为主。

1993年，《中共中央、国务院关于当前农业和农村经济发展的若干政策措施》提出，“农村在普及基础教育的同时，要依靠社会力量，采取多种形式，加强农民职业教育和技术培训，不断提高农业劳动者的素质”。时至今日，即使专门针对农村开展的对农民的教育活动，也不得不考虑农民进城就业的客观需求，其意义已远远超越了二十年前的农民教育。

20世纪90年代，是中国农民工群体发展的“过渡时期”。这一时期，对进城务工的农民工各项政策均不够明确和稳定，一方面，城市及其工业发展需要大量的农民工；另一方面，农民工的大量涌入，不仅给城市公用设施带来巨大挑战，还给传统的城市观念带来巨大冲击，因此，限制与吸收并存成为这一时期的主要特征。该时期曾在北京、上海、广州三个城市大量进行的“收容遣送”活动能够为此提供充分证据。农民工教育补偿政策在这一时期没有明显的发展，农村与城市的相关教育仍然体现出特别鲜明的“二元”特征，直至进入21世纪以后，中共中央、国务院关于农民、农村问题的文件中开始越来越多地出现对农民工教育培训的要求。

二、政策的成熟与固化

进入21世纪以来，尤其是2003年以来，农民工教育补偿政策进入成熟阶段，其最大的特点是内容上以技能培训为主导，管理方式上多部门多头管理。这一时期，农民工教育补偿政策不仅趋于稳定，而且呈现出固化的迹象，即技能培训导向日益强烈。同一时期，国家对学制内的职业技术教育的重视也达到了前所未有的程度。

《国务院办公厅关于做好农民进城务工就业管理和服务工作的通知》一开始便指出，“党中央、国务院高度重视农民进城务工就业问题，各地区、各有关部门也为促进农民工的合理流动，采取了多种措施，做了大量工作。但是当前在一些地方，农民进城务工就业仍然受到一些不合理限制……”，说明在此之前，政府已经对农民工流动进行了总体肯定，但显然对各地、各有关部门的工作还不十分满意，因此要求：“各地区、各有关部门应把农民工的培训工作作为一项重要任务来抓，结合实际，制定专门的培训计划，提高农民工素质。流出地政府在组织劳务输出时，要搞好农民工外出前的基本权益保护、法律知识、城市生活常识、寻找就业岗位等方面的培训，提高农民工遵守法律法规和依法维护权益的意识。流出地和流入地政府要充分利用全社会现有的教育资源，委托具备一定资格条件的各类职业培训机构为农民工提供形式多样的培训。为农民工提供的劳动技能性培训服务，应坚持自愿原则，由农民工自行选择并承担费用，政府可给予适当补贴。用人单位应对所招用的农民工进行必要的岗位技能和生产安全培训。劳动保障、教育等有关部门要对各类培训机构加强监督和规范，防止借培训之名，对农民工乱收费。”这是中央一级的文件中第一次对农民工培训进行较为系统、全面的规定。

2003 年农业部等部委制定了《2003—2010 年全国农民工培训规划》，提出了庞大的农民工培训计划，成为一篇被广为引用的政策文本。正是在此规划的基础上，有关政府部门在自己的职责范围内启动开展了大规模的农民工培训工作。如 2004 年 3 月，农业部等六部委启动实施了农村劳动力转移培训阳光工程，对农村劳动力转移前的非农技能培训予以补助。国务院扶贫办实施了农村劳动力转移培训雨露计划、劳动和社会保障部实施了农村劳动力技能就业计划、教育部实施了农村劳动力培训计划、科技部实施了星火计划、中华全国总工会实施了“千万农民工援助行动”等。

这些培训计划不仅通过对农民工本人直接开展培训，还组织和带动了一批与农民工教育有关的图书陆续出版，如星火计划支持下的《农民工宝典》(2004)，对农民工“务工准备、求职、工作、人际交往、求知培训、权益维护、社会保障、生活常识、创业发展”等方面的内容进行了比较详尽的介绍，中华全国总工会编写了《农民工进城务工百问百答》(2009)，“阳光工程”带动下的哈尔滨工程大学出版社出版了“农民工进城务工素质培养丛书”(2010)，对农民工“健康、礼仪、维权、安全、职业道德与经济法、务工教育”分别做了介绍。

2005 年 11 月国务院下发《关于进一步加强就业再就业工作的通知》，要求“大力开展职业培训，提升进城务工农村劳动者的就业能力。根据他们的特点和就业需求，开展有较强针对性、实用性的培训并提供职业技能鉴定服务。充分利用电视远程培训等手段，将技能知识和就业信息送到农户。在吸纳进城务工农村劳动者较多的重点行业和组织劳务输出的贫困地区，组织实施国家培训项目”。

2006 年国家“十一五”规划规定，“实施农村劳动力转移培训工程，增强农村劳动力的就业能力”。同时规定，“对在城市已有稳定职业和住所的进城务工人员，要创造条件使之逐步转为城市居民，依法享有当地居民应有的权利，承担应尽的义务；对因城市建设承包地被征用、完全失去土地的农村人口，要转为城市居民，城市政府要负责提供就业援助、技能培训、失业保险和最低生活保障等”。

2006 年 3 月《国务院关于解决农民工问题的若干意见》指出：“农民工是中国改革开放和工业化、城镇化进程中涌现的一支新型劳动大军。他们户籍仍在农村，主要从事非农产业，有的在农闲季节外出务工、亦工亦农，流动性强，有的长期在城市就业，已成为产业工人的重要组成部分。”并对加强农民工培训的方式、经费、项目、质量、部门职责、手段与途径进行了详细规定。它是改革开放以来，对农民工问题以及农民工教育问题进行规定的级别最高、内容最丰富、体系性最强的一份文件。

2007 年 3 月《国务院关于加快发展服务业的若干意见》提出：“加强农村基础教育、职业教育和继续教育，搞好农民和农民工培训，提高农民素质，结合城镇化建设，积极推进农村富余劳动力实现转移就业。”这是政府在专门产业政策中，尤其是在重点扶持发展的服务业之中，强调农民工教育对于发展服务业的重要性，但其政策文本的落脚点放在了“积极推进农村富余劳动力实现转移就业”上，出现了政策目标的模糊与矛盾。

2008 年 3 月教育部办公厅发布《关于中等职业学校面向返乡农民工开展职业教育培训工作的紧急通知》。2008 年 12 月，国务院办公厅《关于切实做好当前农民工工作的通知》，提出加强农民工技能培训和职业教育，“加大对农民工培训的投入，改进培训方式，扩大培训效果。各有关部门和教育培训机构要继续做好农村劳动力技能就业计划、阳光工程、农村劳动力转移培训计划、星火科技培训、雨露计划等培训项目的实施工作。要围绕市场需求开展订单培训和定向培训，提高农民工择业竞争能力；围绕产业结构调整和企业技术改造新开工项目开展职业技能培训，提高农民工就业的适应能力……在中等职业学校开展面向返乡农民工的职业教育培训，根据返乡农民工的特点开设专业和课程，采取灵活多样的学习方式，突出培训的针对性和实用性”。

2009 年 3 月教育部下发《关于切实做好返乡农民工职业教育和培训等工作的通知》要求各级教育行政部门在当地政府的领导下，“精心组织实施农民工的教育培训工作”。

2010 年《中共中央国务院关于加大统筹城乡发展力度 进一步夯实农业农村发展基础的若干意见》中规定“积极开展农业生产技术和农民务工技能培训，整合培训资源，规范培训工作……”“大力发展中等职业教育，继续推进农村中等职业教育免费进程”。同年，国务院办公厅专门下发《关于进一步做好农民工培训工作的指导意见》，对农民工教育培训提出了系统的解决方案，对农民工教育培训的原则、目标、规划、资金管理、企业作用、质量、能力、组织进行了详细规定。这是中国第一份专门针对农民工教育出台的中央级文件。说明到此时为止，农民工教育已经提高到十分重要的政策层面，也已经成为国家必须统筹解决的现实问题。

2010 年 7 月发布的《国家中长期教育发展和改革规划纲要 2010—2020》（以下简称《纲要》）指出，继续教育是面向学校教育之后所有社会成员的教育活动，特别是成人教育活动，是终身学习体系的重要组成部分。《纲要》提出“更新继续教育观念，加大投入力度，以加强人力资源能力建设为核心，大力发展非学历继续教育，稳步发展学历继续教育……倡导全民阅读。广泛开展城乡社区教育，加快各类学习型组织建设，基本形成全民学习、终身学习的学习型社会”。《纲要》还提出“调动企业行业的积极性；加快发展面向农村的职业教育；逐步实行中等职业教育免费制度”等。

2010 年 10 月发布的《中共中央关于制定国民经济和社会发展第十二个五年规划的建议》在指导思想中提出“劳动者素质提高”“全民受教育程度稳步提升”。在“推进农业现代化”中提出“提高农村义务教育质量和均衡发展水平，推进农村中等职业教育免费进程”。在“加快教育改革发展”中指出，巩固提高义务教育质量和水平，加快普及高中阶段教育，大力发展职业教育，全面提高高等教育质量，加快发展继续教育……建设全民学习、终身学习的学习型社会。

2011 年国资委关于印发《关于中央企业做好农民工工作的指导意见》的通知要求中央企业“不断丰富精神文化生活。要结合企业的实际情况和农民工的自身特点和需求，因地制宜组织开展各类文体活动，不断丰富农民工特别是处于生产一线农民工的精神文化生活。要加强对农民工的人文关怀和心理辅导，健全文化生活设施，为农民工通过书籍、报刊、电视和网络获取文化知识和信息创造条件”“建立健全培训机制。要根据国家和地方人民政府的有关法规、政策，进一步建立健全农民工培训制度，把农民工技能培训纳入企业职工教育培训体系。要充分保障农民工培训资金投入，努力创造培训所需的各项条件。鼓励有条件的中央企业设立农民工培训奖励基金，建立农民工学习培训的长效机制”。

近年来，伴随社会经济发展和社会稳定的需要，在中央政策的基础上，各地出台了很多与农民工有关的政策，其中很多包含了农民工教育的内容。部分政策有结合本地特点的创新之处，由于政策文件众多，无法尽述，本书选取了若干具有一般意义的政策文本进行分析。

《陕西省人民政府办公厅关于进一步做好农民工工作的通知》（陕政办发〔2008〕132 号）规定：

加强农民工技能培训和职业教育。继续做好农村劳动力技能就业计划、阳光工程、农村劳动力转移培训计划、科技培训计划、雨露计划等培训项目的实施工作，在中等职业学校开展面向返乡农民工的职业教育培训，将返乡农民工纳入“人人技能工程”，适当延长青年农民工劳动预备制培训的期限，加强农民工技能培训和职业教育。加大对农民工培训的资金支持，农民工培训补贴专项资金占就业专项资金的比例不得低于15%。坚持培训和就业市场紧密结合，全面推行定向培训、订单培训等行之有效的培训模式，突出培训的针对性和实用性，提高农民工择业竞争能力。

江苏省《农民工工作领导小组2010年工作要点》规定了2010年江苏农民工教育工作的内容：

统筹开展农民工职业技能培训。贯彻实施《国务院办公厅关于进一步做好农民工培训工作的指导意见》（国办发〔2010〕11号），制定实施意见和配套政策措施。对进城务工的农村劳动力开展职业技能培训；对在岗农民工开展岗位培训和技能提升培训；对农村“两后生”[①] 等新成长劳动力开展劳动预备制培训；对具有创业愿望和条件的农民工开展创业培训；对就地转移的农民工开展农村实用技术培训；对进城务工经商人员开展公共教育培训。实施建筑业农民工技能培训示范工程，设立建筑工地农民工业余学校。充分发挥各级工会、共青团、妇联组织的作用，开展农民工公共文化教育和技能培训。组织外派劳务人员开展培训。发挥企业和各类院校技能培训的主渠道作用，整合培训资源，规范培训管理，提高培训质量和实效。组织开展具有特色的农民工技能竞赛活动。

加强对农民工培训的资金支持。落实职业培训补贴和职业鉴定补贴政策，按照同一地区、同一工种给予同一补贴，对农村贫困劳动力给予重点倾斜的原则，建立培训补贴基本标准制度。完善培训券制度，提高培训资金使用效益。推进职业技能实训基地建设，健全县域职业技能培训网络。落实中等职业学校农村家庭经济困难学生和涉农专业学生免学费政策。积极探索培训资金直补用人单位和外派劳务培训补贴办法，支持企业开展岗位培训，实现培训与就业一体化。逐步建立统一的农民工培训项目和资金统筹管理体制。

2019年，人社部印发《新生代农民工职业技能提升计划（2019—2022）》，提出努力实现新生代农民工职业技能培训“普遍、普及、普惠”的目标，针对培训提出：

广泛开展就业技能培训，促进转移就业。对在公共就业服务平台登记培训愿望的农民工，在1个月内提供相应的培训信息或统筹组织参加培训，实现转

---

① 指初中、高中毕业后未考取大中专院校又不愿再复读的学生。

移就业前掌握就业基本常识并至少掌握一项职业技能。对初次到城镇就业的新生代农民工开展必要的引导性培训。对失业和转岗人员，引导并组织参加新技能培训，帮助其尽快返岗转岗。重点根据企业岗位实际需求开展订单定岗培训，结合产业发展需求开展定向培训。

大力推进岗位技能提升培训，支持岗位成才。支持企业对农民工广泛开展技能培训，重点对新生代农民工开展岗前培训、企业新型学徒制培训、岗位技能提升培训、高技能人才培训等，进一步提高其就业稳定性。围绕提高产品质量和促进安全生产，经常性开展安全知识、操作规程、规章制度培训。对具备较高职业技能和自主创新意愿的人员，特别是企业拔尖技能人才，开展岗位创新创效培训。加强劳模精神和工匠精神培育，引导新生代农民工爱岗敬业，追求精益求精。

精准开展技能扶贫培训，助力脱贫攻坚。精准掌握建档立卡贫困劳动力、低保家庭劳动力、特困救助供养人员和残疾人等就业困难人员中新生代农民工的基本情况，结合扶贫项目和用工需求，优先为有培训意愿的人员提供精准技能培训服务，优先为有就读技工院校意愿的人员提供技工教育，帮助他们实现技能就业脱贫。

积极开展创业创新培训，培养创业带头人。将有意愿开展创业活动和处于创业初期的农民工全部纳入创业培训服务范围，开展创业培训服务。重点对新生代农民工积极开展电子商务培训。对具备一定条件的人员开展以创办个体工商户和创办小微企业为中心的创业技能培训，提供开业指导和创业孵化、创业政策支持，提高创业成功率。对已创业人员，持续开展改善或扩大企业经营的创业能力提升培训和企业经营指导，加强创业公共服务，提升经营管理能力。

综合来看，上述农民工教育补偿政策有如下特点：首先，政府重视农民工问题，诸多关于“三农”问题的中央级文件显示，国家认为农民工在二、三产业发展中的重要性日趋突出。2006 年《国务院关于解决农民工问题的若干意见》肯定了农民工的作用，“大量农民进城务工或在乡镇企业就业，对中国现代化建设做出了重大贡献”。其次，政府重视农民教育，中央政府与农业农村部、劳动人力资源和社会保障部、科学技术部、教育部等部委出台了不少政策措施。改革开放以来，针对农村外出务工人员开展培训的政策措施逐渐增多，尤其是进入 21 世纪以来，部委以上文件多达数十份，更有中央级专门针对农民工培训的指导意见出台。最后，农民工教育补偿政策取得了一定效果。正如 2010 年出台的《国务院办公厅关于进一步做好农民工培训工作的指导意见》提到的，“农民工培训工作取得显著成效，政策措施逐步完善，培训力度不断加大，农民工职业技能明显提高”。一些部门也对农民工培训工作进行了总结，每年由数百万到数千万的农民接受了不同层次的培训。

农民工教育补偿政策仍然存在很多不足之处，如《国务院办公厅关于进一步做好农民工培训工作的指导意见》指出了农民工教育补偿政策中存在的某些问题，如“农民工培训工作仍然存在着培训项目缺乏统筹规划、资金使用效益和培训质量不高、监督制约机制不够完善等”，这样的问题到今天依然以不同表现形式存在着。现实中，农民工教育补偿政策过程中存在的问题远不止这些。例如有的研究人员指出“继续教育仅停留在解决农村转移劳动力的生存问题，政府补贴的培训项目难以满足现阶段农村转移劳动力就业需要，现有教育无法满足农村转移劳动力多样化学习需求”“中国农村转移劳动力教育与培训的具体开展并没有对受教育者的学习需要进行区分，而是笼统地对其开展职业技能培训”①。再看今天的情况，《新生代农民工职业技能提升计划》提出“落实相关补贴政策，减少参训人员‘先垫后支’情况，探索培训券补贴方式”。总的来看，政策导向及政策内容趋于固化，对经济政策过度依附，调整缓慢而困难；农民工政治参与有限，农民工政治身份模糊，群体权利不平衡；政策过程缺少制度式的规范，过程控制不严，执行不力；社会对政策价值的认识不明确等，下文将进行更为详细的论述。

三、政策中存在的问题

“在制度如何影响政策选择方面，新制度主义者把制度当作行为的限制和机会，一方面制度限制了行为的方向、通道和选择，另一方面，制度为所有参与政治活动的行动者提供了运用权力、建立联盟、发挥组织优势、实现政治目的的机会”②，同时，历史制度主义认为，制度对行为究竟有怎样的作用，应当放置在特定的历史事件中进行分析。彼得·豪尔认为，制度塑造政治行为者追求特定目标的方式和在行为者之中构造结构性权力关系的方式，是通过赋予某些人以特权而将另外一些人置于不利地位的③。在历史与制度的双重因素作用之下，我们可以在农民工教育补偿政策过程中观察各方是如何行动的，这些行动者包括中央政府、地方政府、企业、社会组织、农民工个人、农民工家庭、社区等。有人认为，关于农民工的政策“大多数是补偿性社会政策，缺

---

① 郝克明. 跨进学习社会的重要支柱：中国继续教育的发展［M］. 北京：高等教育出版社，2011：148-150.

② 刘圣中. 历史制度主义：制度变迁的比较历史研究［M］. 上海：上海人民出版社，2010：8.

③ 何俊志. 新制度主义政治学译文精选［M］. 天津：天津人民出版社，2007：143.

乏教育与培训等发展性社会政策"①，事实上，政府已经出台了一些教育、培训的政策，只是在政策的制定、内容与执行上仍存在很多不足。

第一，农民工教育补偿政策制定机制下的权利不平衡。与其他很多政策类似，当代中国农民工教育补偿政策的制定是在现有的行政管理体制之下完成的，其中，政府的强势表现得十分显著。中央政府及其所属部门是农民工教育补偿政策的主导者，它们通过固有的调研、舆论等信息渠道获取决策依据，其中有决策权的主要管理者对政治方向的把握、对社会问题的理解、处理问题的思路等特征对政策的制定有很大影响。目前，政府已经更多地使用"科学决策""民主决策"这样的词语，教育、政治、经济、社会领域的学者、专家在制定教育政策过程中开始发挥一种既靠近主流决策思想，又力图表达自己观点的作用，企业则通过与政府部门及官员接触，借助中国现阶段的政治家对经济发展的敏感性来影响政策的制定。与这些比较畅通的途径相比，农民工的群体虽然庞大，但在表达诉求和维护权益，尤其是政策制定之前和制定过程中影响政策的能力相当分散和弱小。如上所述，农民工教育补偿政策的制定大多是基于经济发展、维护稳定的需要制定的，而不是基于农民工这一群体的学习与发展需要，或者说对农民工群体的学习发展需要与国家经济发展需要之间难以找到平衡的机制。

第二，农民工影响教育政策的方式被动消极。基于人的自利性，农民工对教育政策中有利于生活水平提高的部分是愿意接受的，甚至对政策的制定和执行有主动性，但对那些有利于社会环境的部分，如文明素质、生活方式等方面缺少明确的动力，如果政府无法成功引导，那么农民工教育补偿政策将继续固化下去，社会需要始终无法得到满足。同时，这种需求在国家经济制度的导向中，与经济建设为中心的策略形成一致，迅速形成了当前的农民工教育补偿政策现状。从目前的数据来看，政府所制定政策的实施效果仍不令人满意。农民工大多在政策出台后用自发的形式表达对政策的认可或不认可，如对政府规定的培训、政府倡导的素质提高，他们用消极的态度对待或者干脆就不参加，更不用说那些仅仅为了填充总结数字或给新闻媒体提供素材的形式化的教育项目了。

第三，农民工代际更替中的教育方式固化。农民工受教育程度低，新生代农民工受教育程度亦低，新生代农民工由于像其父辈一样缺少家庭教育经验和

---

① 李迎生，刘艳霞．社会政策与农民工群体的社会保护［J］．社会科学研究，2006（6）：100-105.

接受教育的机会、能力，其子女有可能成为“后新生代农民工”，仍然会给整个社会的文明进步、平稳发展造成客观上的阻碍，除非他们重回农村，重回农业时代，否则教育的作用必须得到更大发挥。拉丁美洲的贫富分化、城市贫民窟和近年来欧洲一些国家的移民后代的街头骚乱都给我们城市化进程中处理好农民工问题以强烈的提示：他们很难永远满足基本的生存保障，融入社会的诉求和行动将日趋强烈，面对这样的问题，教育应该走在前面。在各国的教育体制中，重视对儿童、青少年的教育是通常的做法，并且也是政治行动中无法忽视的方面，中国历史上一向非常重视教育，“读书人”有很高的社会地位（除了极个别的特殊时期外），但是，平等视角下的教育不足仍在代际传递，目前，解决农民工子女教育问题的呼声甚高，事实上，农民工子女教育问题与农民工教育问题无法截然分开。

第四，企业在农民工教育补偿政策中的自利行为。城乡二元的户籍制度使农民工始终带有“农民”的身份，这使企业用工出现了“不稳定”性，农民工在面临工资、福利甚至情绪上的问题时，首先想到的并非如何与企业“谈判”，而是选择“回家”。同时，也使企业在为农民工提供教育支持时，一方面难以衡量投入与产出，另一方面更加担心培养的员工会被竞争对手高薪诱惑，从而形成双重损失。相对社会责任来说，企业更关心利润，尤其是新兴经济下的新兴企业往往处在快速扩张期，而不是成熟稳定发展期，使之较少关心员工技术之外的其他培训，充其量会关注员工的集体意识、团队合作精神、敬业精神等，但这些仍然必须建立在本企业的框架下。不可否认，对企业来说，农民工教育有极强的“溢出”效应，也就是外部性。显然，这样的外部性在多大程度上存在，是现存的政府与企业之间、企业与企业之间，以及企业与社会之间的“制度”决定的，并且，它能在多大程度上得到控制，以减少企业的利益外流风险，是由是否有良好的“制度”调适决定的。

第五，政府对政策执行监控不实。基于政府部门可能存在的“自利”，农业农村部、人力资源和社会保障部、教育部、共青团、妇联等部门各自做出有利于自身政绩的行为，但同时，在解决系统性、全面性的问题时，其职能上的限制又无法给予足够的支持，造成了每个部门都在关注农民工教育，但每个部门都只能做到一些“点”上的示范性工作。教育部门大量的精力放在学制教育的“改革和发展”上，难以主动顾及农民工这一松散群体的非学校教育问题，并且，在政策绩效上来看，发展农民工教育与做好基础、中等、高等教育相比，显得不那么紧急和重要，这里应该强调的是，目前的职业技术教育政策体系与农民工教育还是有着本质的区别，但职业技术教育的成果某种程度上常被有意无意误解成农民工教育成果。

农民工技能培训是一种使之成为“工人”（工作机器）而不是完善的“人”的教育。城镇化要求农民工不仅仅会工作，还要会生活，平等的政治价值观需要农民工享受“补偿教育”，终身学习的教育理念和全球范围内的终身学习运动要求农民工学习并能够开展学习。但工人、技术、产业都有重视农民工技能培训的需要，由此，政策更多地指向了农民工技能培训。从而使2.6亿人的生活方式，甚至是生存方式、平等的权利、理想和感情，这样一个巨大群体的诸多利益的重要方面服从了经济发展的需要，公共政策是被动地适应这种情境，还是政府主动寻得某种路径？政府是否有充分自由的选择权，是否完全按自己的意志选择公共政策，现有的政策是否恰恰是政府想要的？这些问题单纯从政策分析本身，按照政策制定—执行—评估—反馈的过程难以得到解答，这种过程假定了现行政策是一种“必需”，是为了解决某一“既定”的问题，但问题之外的问题如何得到解决，往往取决于复杂的部门间关系、利益分配甚至领导人的智慧。

改革开放首先是经济上的改革，经济体制改革先于政治体制改革，其原因是显而易见的。经济体制改革的惯性作用使经济力量在社会上的作用（影响公共政策以及在公共政策制定者心中的地位、重要性）较国家权力更为直接，以至于在未出现可以影响政治稳定的因素及现象的情况下，经济力量可以依靠固有的制度环境做出更有利于自己的政策决定。在农民工教育的经济属性与社会属性、政治属性之间，政策制定者很容易地选择前者，同时也会很自然地选择有利于经济发展的决策，这样的决策能够显示充分的理由、负责任的态度，并有效降低可能错误的担责风险。政策具有制度的属性，其变迁需要充分的理由以及影响其变迁的“关键节点”，上述的政府政策路径显然可能忽视了社会新的变化以及逐渐膨胀、尚未达到“质变”临界点的社会政治、文化等其他方面的需求。

第四节　农民工教育补偿的历史比较

如前所述，民国时期与1949年至“文化大革命”前的时期，并没有“农民工”的概念，但史料证实，民国时期的工人大多出身于农民，新中国成立初期的新工人也有很多是从农村招工而来。而政府对这部分人的教育活动各个时期从来没有停止过，每个时期都有特定的教育政策。本节通过列表形式

（见表 3-1）将各时期进城务工人员的教育政策及其产生的制度背景做一简单比较，从中可以看出相关教育政策形成与变化的逻辑。

表 3-1　农民工教育补偿政策变迁的历史与制度比较

时期	中华民国		中华人民共和国	
	北京政府时期	南京政府时期	新中国成立初期	“文化大革命”以后
性质	封建军阀专制	资产阶级专制	人民主权	人民主权
执政理念	不明确，不统一	“三民主义”	阶级斗争为纲	经济建设为中心
党政地位及关系	军阀统治，军政，北洋政府	国民党独裁，“训政”，行政居于附属地位	党的权威领导，党政不分情况严重，政治协商会议	党的民主领导，党政分开，政治协商会议
立法、行政、司法地位及关系	立法不独立，行政严重附属（精英政权），割裂	立法日渐成熟，行政渐成体系，配合及附属	人民代表大会，高度政治化的行政体制，配合及矛盾	人民代表大会，法治化，行政体制改革，配合改进
有关行政机构及关系	教育部、实业部（实业部 1912 年为工商、农林部；1914 年为农商部；1927 年为农工部；1928 年为实业部、农业部）。教育部社会教育司承担大部分工作，工厂、商人承担一部分责任	1927 年开始为劳工局，后改为劳工教育设计委员会，由教育部（大学院）、实业部组成；其中前者的社会教育组（处）承担大部分工作。劳工教育实施办法大纲规定“各地方教育行政机关督促当地农工商及其他之厂、场、公司、商店联合办理之”	党组织、教育部、工会	人社部、教育部、科技部、农业部、妇联、工会、团委，农民工工作委员会；教育部职业与成人教育司，学制化的成人教育、继续教育
利益主体参与情况	资产阶级：积极进城 农民：跟随 社会：积极	国民党：积极 劳工：排斥 社会：积极	共产党：积极 工人：积极 社会：积极	共产党：积极 农民工：积极 社会：平淡

表3-1（续）

时期	中华民国		中华人民共和国	
	北京政府时期	南京政府时期	新中国成立初期	“文化大革命”以后
教育内容	本业、普通知识。教育部提出“学艺的社会教育”和“通俗社会教育”	改良劳动者之生活状况、教育机会均等，识字训练、公民训练及职业补习，后增加文化体育等	政治教育、文化教育、技能教育	技能教育主导

从表3-1中可以看出，不同的时期，相关教育政策的侧重点也有所不同。从民国初期到新中国成立初期这段时间，对农村进城务工人员的教育既有相似之处，也有不同之处。总体上这一时期技能、文化、政治与生活并重，政府政策倾向于在提高人的生产技能的同时，改造人的生活方式、文化程度及政治参与的方式，但即便如此，各个具体阶段教育的侧重也有所不同，背后有复杂而又具体的历史原因。满清末期至民国初建，西方列强的坚船利炮之下，国民深知工业不发达因而受制于人，因此开始努力学习西方技术，政府及知识分子都希望国民提高技术能力。但技术能力的提高亦非一朝一夕之功，因此，民国早期很多知识分子对学习西方技术进行了反思，认为仅有技术亦不够，还需要人格健全，能够追求自尊、自强、自由与发展的完全国民，才能逐步实现国家的强大，于是这一时期的政府与知识分子除仍旧教人谋生之外，还出现了大量的文化教育、生活教育的行动与政策。民国南京政府初期，一度政治相对稳定，国家集权力加强，教育中便大量加入了政治因素，即将培养“遵纪守法”、政治上配合的公民作为教育的重要内容。中华人民共和国成立初期，政治稳定、经济增长、社会发展都面临迫切需求，三者都在教育中得到体现，但分裂与战乱初止，建立高效稳定的政治体制是当务之急，工人阶级、工农联盟的社会地位以及人民主权的国家性质都促进了前所未有的政治解放，公民参与政治的热情高涨，偏重于政治内容的教育自然成为这一时期的特点。技能、文化与生活等方面的教育都要围绕政治进行，为政治服务，服从政治需要。与民国至新中国成立之初不同，改革开放以来的农民工教育补偿政策体现了极其鲜明的“技能主导”特点，这符合社会发展的阶段性要求，在保障就业、提高人民生活水平方面发挥了不可替代的作用。

民国时期大部分时间内采取的是全面教育的政策，当然，这种全面教育的政策是低水平的，不能改变其为封建军阀、资产阶级服务的本质。北洋政府时期，国内政治混乱，一些知识分子大声疾呼教育的重要性，西方工业国家的强大与侵略让统治者认识到工业的不发达导致即使战争的必需品都难以满足，但苦于工人文化水平极其落后，也就乐于采用精英知识分子的建议并任其开展相应的教育活动。南京国民政府前期，政治相对稳定，通过劳工教育、社会教育进行的民众控制日渐加强。正因为政策并未根本反映民众的内心需求，其取得的政策效果也就不够理想。新中国成立初期，由于特殊的政治社会环境，“政治挂帅”理念的引导，中国共产党强大的政治动员能力与党对各个领域强大的管理能力等作用的共同发挥，使相关教育政策体现出鲜明的“政治性”特点，工人技能教育、文化教育与生活教育都离不开政治色彩，整个教育政策亦体现出全面教育的特点，并未因新中国成立初期生产力发展水平较低而采取更具针对性的以技能教育为主的政策。这说明相关教育政策的制定并非单纯由经济因素决定，而是多因素共同作用的结果，尤其是政治制度及其代表的利益关系、利益冲突在政策形成中发挥了相当重要的作用。改革开放以后，农民工教育补偿政策倾向于技能培训为主，这同样是社会利益关系的体现，是中国共产党对不同历史阶段人民利益理解上的变化改变了相关教育政策的方向，相应行政部门的权力分配决定了政策的最终出台与不断强化。与此同时，社会发展对农民工教育补偿政策调整提出越来越迫切的需要，提供越来越明确的可能。

第四章 农民工教育补偿的当代机遇

农民工是我国改革开放和工业化、城镇化进程中涌现的一支新型劳动大军，已成为我国产业工人的重要组成部分，对我国现代化建设做出了重大贡献。农民工工作直接关系农村经济发展和农民增收，关系经济社会发展全局，必须予以高度重视。

——《国务院办公厅关于切实做好当前农民工工作的通知》

第一节 城镇化与经济转型

一、中国的城镇化之路

很多研究者使用了“城市化”的概念，使用“城市化”而不是“城镇化”的目的在于刻意强调“城市”与“城镇”的区别，尤其强调城市的规模、人口、集聚度都较高，城镇则相反。城市化代表了大量农业人口远离本土本乡，大量集中到少数较大城市的过程。城镇化这一概念的内涵代表了大部分农业人口就近在较小的城镇就业、生活，是与很多国家城市化过程不同的路径，这一路径更多考虑了中国人口与城市分布情况，具有典型的中国特色。最初，学界更多是使用城市化的概念，而后出现城市化与城镇化并用和争论的情况。近年来，城镇化的概念得到越来越多人的认可。在政府高层的主流言论里，城镇化已经逐渐成为一个有着固定内涵的概念。即使城镇化与城市化的概念有一定区别，但在人类文明史中，它们都是工业化的产物，是工业化发展到一定程度后人口沿着生产力聚集的方向聚集的结果。因此，作为人类社会或者国家发展的一个阶段，作为一种社会背景，我们可以把城市化与城镇化作为近似的过程来看待。

世界主要发达国家基本都经历了城市化的过程。城市化开始最早的是工业革命的发起地英国。英国的城市化是在一系列的矛盾冲突中进行的，例如工业与农业的冲突、城市与乡村的冲突、污染与环境的冲突以及经济与社会的冲突等，多个层面的冲突存在复杂的交叉重叠，在矛盾冲突的产生、发展和治理的过程中，由工业化的单一进程进入城市化的复杂进程，以至于城市化上升为社会进程的主体，曾经占主导地位的工业化终于还是成为社会发展的一个侧面和一种技术手段，从“圈地运动”到“伦敦雾”，工业化的力量虽然强大，但机器大生产仍然无法取代人对政治、文化、社会生活的需要，最终退回到它应有的地位。美国的工业化和城市化过程是伴随着欧洲经济落后地区大量的移民涌入和黑人奴隶的解放进行的，这一时期，美国重工业和轻工业、采掘业等产业都得到迅猛发展，工人一方面得到了生存的基本保证，另一方面生活在超时劳动、居住拥挤、缺少尊严的环境当中，他们仍然十分贫困。与之相反，在工业化过程中获取了大量财富的富有阶层麻木不仁、贪糜奢华，他们一方面从工人身上取得尽可能最大化的利润，另一方面利用经济上的优势，将影响力输入政治层面，收买和控制政客，游说政府出台有利于自己获取更大利益的政策。在这一时期，很难确定美国是一个以信仰基督教为主的国家，在金钱和贪欲的作用下，基督教的基本教义在很多人的心里已经微不足道。这一时期，经济和政治的发展在某种程度上来讲是匹配的，但这种匹配是一种反社会、反文明的匹配。事实上，以更多的人的发展为目的的社会力量从未停止过对经济和政治的影响，思想领域最早开始了对工业化、城市化带来的社会问题的思考，自由、平等观念再次渗透到政治中，促使政治加大了对经济发展方式的控制力和对社会问题的关注，毕竟，政府始终存在合法性的需要，缺少大多数民众认可的政府存在失去一切政治权力的风险。日本在第二次世界大战结束时，其城市化率约为 33%，1956 年以前，日本用“黄金十年”迅速完成了工业化和城市化的进程，城市化率达 56%，1970 年，城市化率达到 70%，基本完成城市化。这一人口密度极大的国家的城市化进程十分值得我们观察、思考和借鉴。与美国的大城市圈、工业带与小城镇共同发展的模式不同，日本由于自然条件的限制，主要形成了大城市模式。日本的迅速城市化也带来了大量的社会问题，居住、公共交通、城市污染都是日本政府曾经着力解决的问题，农业人口变成工业人口后，为解决其在城市生活中可能遇到的一系列问题也逐渐形成了自己的模式。

发达国家城市化的过程，表面上看是工业化、人口向城市集聚的过程，内在看却是政治、文化和社会城市化的过程，工业化、人口的城市集聚要求采取与之相适应的政治、文化和社会生活方式，也必须反映人类文明的进程。与欧美国家尤其是美国城镇化相比，中国在城镇化方面具有自身优势。第一，语言方面，中国新进入城镇的人口多能使用普通话，不存在语言融合的问题，国家已经不需要投入大量人力、物力来解决语言沟通的问题；第二，宗教方面，新进入城镇的人口之间及其与城市原住居民之间不存在宗教冲突，即使有宗教信仰的人群也大多内敛、宽容；第三，中国人际交往的方式在城乡之间并没有截然的差异，新进入城镇的人口与原住居民的沟通方式可以融合。第四，中国农民身上体现的一些优点在农民工身上得到延续，即坚忍、吃苦耐劳、自谦、内敛等，这些优点使他们忍受了暂时的不平等，提供了城镇化在经济上的必要积累，为社会发展赢得了时间，等等。中国应当珍惜这些优势，发挥这些优势，走出一条中国式的城镇化道路。

二、中国城镇化水平快速提升

1949 年新中国成立之后，仅能看作城镇化自然发展的初始时期。1950 年，中国城镇化率为 10.6%，1978 年改革开放前为 17.9%，在近三十年的时间里只增长约 10%。改革开放至今，中国城镇化率已超过 50%（按常住人口口径计算）。中国社科院发布的《2020 年社会蓝皮书》指出：2019 年，中国国民经济保持稳健发展，就业形势总体平稳；城乡居民收入增长与经济增长同步，居民消费结构趋向合理化；乡村振兴规划落地见效，城镇化水平跨过 60%的门槛。去除人口增长因素，城镇化的速度提升了数倍。2002 年以来，中国城镇化率以平均每年 1.3~1.4 个百分点的速度增长，一些省份，如广东、江苏、浙江等已超过 60%。改革开放以来，已有 5 亿~6 亿的人口从农村来到城市，由从事农业生产转变为从事工业和服务业，并成为城镇常住人口。城镇化水平与农民工收入增长显著相关。《2020 年农民工监测调查报告》显示，2020 年全国农民工月均收入 4 072 元，比上年增加 110 元，增长 2.8%。其中，外出农民工月均收入 4 549 元，比上年增加 122 元，增长 2.7%；本地农民工月均收入 3 606 元，比上年增加 106 元，增长 3.0%，增速快于外出农民工。外出农民工的收入依然高于本地农民工，这从地区收入差距中也可以见到：东部地区就业的农民工月均收入 4 351 元，中部地区就业的农民工月均收入 3 866 元，西部地区就业的农民工月均收入 3 808 元，东北地区就业的农民工月均收入 3 574 元。东部地区农民工收入高，而东部地区城镇化水平高于其他地区。

中国的城镇化一直是大城市集聚和中小城市群、小城镇发展同时进行的。如果按照我国的城市化水平达到了 60%多来看，可以说，当前的城市化水平符合我国的社会经济发展水平，两者是相适应、相互促进的，一方面社会经济的发展推动了城市化的进程，另一方面城市化进程中的诸多因素又推动了社会经济的持续发展。虽然我国城市化水平比较高，但有一个基本的现实是：国家幅员辽阔，存在着地区间的社会经济发展不平衡现象，城市化水平是对地区差异进行平均之后的一个水平，现实是我国城市化水平东部高西部低。比如长三角地区的浙江省，其城市化水平显著高于位于西南地区的贵州省，差距十分明显。以北京、上海、广州为代表的特大城市，吸收了数以千万计的农村人口。以北京为例，能够看出特大城市对农业人口的集聚效应。北京市统计局、国家统计局北京调查总队发布的《北京市 2019 年国民经济和社会发展统计公报》显示，2019 年年末北京市常住人口 2 153. 6 万人。城镇人口1 865万人，占常住人口的比重为 86. 6%；常住外来人口 745. 6 万人，占常住人口的比重为 34. 6%。

江苏省苏州市是苏南城镇化的代表。苏州市统计局公布的数据显示：2019 年，苏州市有常住人口 1 075 万人，其中城镇人口 815. 39 万人。2010—2020 年，苏州常住人口的年平均增长率为 2. 0%，远远高于全省的年平均增长率，其下辖的十个市（区）城镇化水平均达到 70%以上。近些年间，苏州同深圳等城市一样，成为外来人口流入的大城市。在农村人口大量向特大城市、经济较发达地区的中小城市集聚的同时，中西部地区县城、较大的镇也开始吸引周边农村人口工作、生活、定居。

无论是特大城市、中小城市还是县镇，吸引农业人口进入从而推进城镇化的同时，都面临着一些深层次的社会问题。2011 年《瞭望》新闻周刊谈到的本地与外来人口冲突问题非常具有代表性：“近来，在一些东南沿海乡镇，外来工与本地人发生群体性摩擦、冲突的频率明显加快。在这些发达乡镇，外地人与本地人之间的收入差距、公共福利差距，一些地方政府和本地居民对外来工的制度歧视、意识歧视、管理歧视和生活歧视，使一些‘外地人’开始萌发群体性对立情绪。这种对立情绪，不是简单地用一句‘加强外来人口管理’可以对付的。全面给予外来工‘国民待遇’，消除滋生‘族群冲突’的土壤，已不仅仅是关爱外来工的问题，更是事关本地人能否幸福安居的大事。”实质上，城镇化中的问题还远不止于此，一些社会之中潜在的问题，如财富两极分化、阶层流动固化、城市内部新老市民的冲突，影响更为深远，也更加需要系统、科学地解决。

三、经济转型发展

目前，中国处在经济转型的重要阶段。经济深度转型需要高素质的劳动者。

古典政治经济学创始人配第在17世纪发现，国民收入水平存在差异和经济发展存在不同阶段的关键原因是产业结构不同。魁奈在18世纪创立了他的“纯产品”学说，并提出了关于社会阶级结构的划分。这些都可以看作产业结构理论的重要思想来源。20世纪三四十年代，克拉克、库兹涅茨、里昂惕夫、赤松要等学者对三次产业结构的理论形成做出了重要贡献。20世纪五六十年代，钱纳里、霍夫曼、刘易斯等人则对产业结构理论进行了重要的发展与完善。传统的经济增长理论很长时期内忽略了产业结构演进与经济增长的内在联系，上述学者的研究则从不同角度表明了产业结构演进与经济增长具有内在联系，世界各国实证的数据资料也表明，从产业结构的角度观察经济增长具有重要意义。中国的产业结构演进过程中，在最直观的意义上，农民工以其参与数量和劳动力的低成本特点取得了无法替代的地位。农民工正是中国产业结构发展特定阶段的主要参与者和促进者。

人是影响产业结构变动的重要因素。人力资源的多寡和劳动力素质的高低，在很大程度上影响着产业结构优化升级的方向。人所掌握的技术，人表现出的消费需求，都是影响产业结构变动的因素①。一定数量与质量的人口是产业结构变动的必要条件，产业结构与人口质量或劳动力素质之间存在高度的正相关关系。在资本存量既定的条件下，不同素质的社会劳动力有着不同的边际资本——产出比率。产量提高，可能导致供给结构的变化，供给结构的变化又会促进产业结构的调整②。人口因素是产业结构变化的主要决定因素之一③，已经成为产业结构演进理论的共识。

克拉克认为，劳动力分布结构变化的动因是在经济发展中产生的各产业之间相对收入的差异。他把第二、第三产业发展的过程看作劳动力转移的过程。而在时间和空间两个维度上，劳动力的转移无论主动或被动都不可避免地伴随着劳动力受教育程度、劳动技能或者两者的双重提高。日本经济学家盐野谷裕一对“产业结构正由第二产业主导转向第三产业主导”的霍夫曼比例进行了重新修订，其中一点是重工业发展达到一个饱和点后其发展速度会放慢，产业结构高级化将出现新特征，即服务业、信息技术、知识密集型产业获得更大发展。而这一过程的实现，尤其是信息技术、知识密集型产业的发展与劳动者素质提高有着天然难分的联系。库兹涅茨的产业结构演进理论将国民收入与劳动

---

① 杨德勇，张宏艳. 产业结构研究导论［M］. 北京：知识产权出版社，2008：19-22.

② 李金华，等. 中国产业：结构、增长及效益［M］. 北京：清华大学出版社，2007：6.

③ 原毅军，董琨. 产业结构的变动与优化：理论解释和定量分析［M］. 大连：大连理工大学出版社，2008：64.

力比重共同作为研究产业结构演进的重要变量，钱纳里对产业结构转变过程中需求因素的作用进行了考察，劳动力素质的提高对于需求的演变有着重要的作用。罗斯托在他的主导产业理论中指出主导产业的主要特点之一是“具有高创新率，即能迅速地引入技术创新或制度创新”①；筱原三代平认为产业结构优化必须考虑到“生产率上升”；高创新率与生产率上升都与技术进步密切相关，缺少了素质不断提高的劳动者，显然这两者都难以实现。2.8亿农民工这一庞大的群体，以及其在中国第二、第三产业的发展中发挥的有目共睹的作用，使我们无法不将他们的素质提升与中国经济长期稳定的增长联系起来。

农民工与中国产业结构演进具有因果关系与正相关关系。农民工素质是中国的产业结构演进的重要变量，农民工素质的提升对于中国产业结构演进具有十分重要的推动作用。然而，农民工在社会上属于相对的弱势群体，无论是教育资源与环境、家庭背景、个人自我学习自我提高能力，还是经济条件、时间闲暇都难以保证其完全通过自身努力提高知识与技能素质，因此，农民工素质的提高很大程度上应依赖于国家教育政策的倾斜。

当前的农民工教育补偿政策在前一时期的产业结构演进和经济转型中发挥了重要作用，却难以为经济进一步深度转型提供充足的动力。中国经济深度转型的方向是走新型工业化的道路，促进经济增长由主要依靠消费、投资、出口拉动向构筑“双循环”转变，由主要依靠第二产业带动向依靠第一、二、三产业协同带动转变，由主要依靠增加物质资源消耗向主要依靠科技进步、劳动者素质提高、管理创新转变。教育发挥着助推生产力增长的特殊功能，对于我国庞大的农民工群体，若实施有效的大规模的教育提升，那么，未来中国将会获得巨大的人力资源财富。数字经济、信息化、高新技术、发达的现代服务业等是新型工业化的具体内容，实现这些目标，没有2.8亿农民工综合素质的提升是无法做到的。一项对欧洲移民问题的研究认为，20世纪60年代至70年代，去北方的移民往往被认为是制造业的代表，他们不能够承受国际竞争和随后的去工业化，科技的改变和重建最终导致了移民工人中出现了比普通人更高的失业率；移民族裔的问题还可能引发极端行为，导致街头暴力、政治谋杀或者恐怖主义②。虽然这是对西方社会的判断，但亦应引起我们的警醒。

---

① 原毅军，董琨. 产业结构的变动与优化：理论解释和定量分析［M］. 大连：大连理工大学出版社，2008：50.

② 弗兰克迪韦尔. 移民、少数群体和边缘化：欧洲移民研究的新方向［M］//李路曲. 比较政治学研究第2辑. 北京：中央编译出版社，2011：208.

第二节　社会发展与深化改革

虽说有法律与观念的存在，但直接、真正对行为施加影响的是政策。政策始终作为一种更直接的力量对行为进行塑造。政府在选择政策时已经附加了利益与观念，同时还体现了法律的意志，但这些政策都是有选择性的，未必是各方利益最合理的配置，各方在这种政策选择之下，会开始强化自身利益，或者做出适应性的行为选择。事实上，本章以及下一章分析的内在线索就在于技能培训为主的农民工教育补偿政策之下，有关各方如何选择自己的行为策略以维护自己的利益。这些行为体现在各方如何做决策，如何开展行动，开展怎样的行动以及农民工教育补偿政策变化之后，相关方的观念与行为变化。斯坦莫认为：第一，制度决定着谁能够参与某种政治活动的政治场所；第二，制度塑造着各个政治行动者的政治策略；第三，制度影响着行动者目标的确立和偏好的形成①。另外，进一步分析政策目标与群体行为之间有何距离，如同观念与政策之间存在“裂隙”一样，政策与行为间同样存在“裂隙”，这种裂隙会否弥补？如何弥补？这种“裂隙”也正是目标与现实之间的距离。

我们国家从来没有出现过这么多农民工，世界任何一个国家也没出现过这么多农民工，农民工的数量与中国“世界工厂”的称号是对应的，但这部分人的教育却是整个国家教育体系中最缺少体系性、完整性的。国家经济发展方式转型，受过良好教育的城市工人、干部、知识分子以及即将经过高等教育阶段进入城市生活体系的大学生群体不存在太大问题，真正有问题的是2.8亿农民工，但恰恰是这部分最需要通过教育提高整体技能与素质的群体很多正处于教育的自生自灭状态。这种结论可以来自多方面的比较：一是农民工教育的法律层面的权力实现缺乏；二是农民工教育补偿政策状况存在政出多门、多头管理、数据重复且质量差、缺少标准（时间、技术水准）和缺少绩效评估等情况；三是农民工接受何种教育的意愿；四是农民工现有的受教育条件等。

2.8亿农民工教育的重要意义不仅体现在中国当下社会背景的平面比较之中，更为重要的是，在全球化时代，一国工人的受教育程度直接决定了该国全球范围内的比较地位——在全球工业生产链中所处的地位。放在全球化的空间

---

① 刘圣中．历史制度主义：制度变迁的比较历史研究［M］．上海：上海人民出版社，2010：139.

背景下考察农民工教育问题，可以看出中国目前经济转型的重要关头，提高农民工受教育水平对于国家社会发展的重要意义。

一、城镇化中的农民工问题

中国的城镇化率大幅提升的同时，有人也进行了质疑，认为城镇化率将在城镇居住半年以上的农民工都计算在内，具有很大的不确定性和不科学性，真正的城镇化率应当采取具有城镇户口的人数为基础计算。这种争议，正体现了中国城镇化中复杂的深层矛盾，而农民工问题正是这一矛盾的中心和焦点。通过计算可以知道，中国城镇化人口与真正的城市人口之间的差额为 2 亿多人，这一数字几乎正是中国目前的农民工数量，也就是说，农民工能否转变成真正意义上的工人，并成为名副其实的城镇居民，决定着中国城镇化的矛盾能否解决，城镇化水平是否真实有效。以目前人口水平，按照城镇化率达到70%算作基本完成城镇化、每年提升城镇化率一个百分点计算，未来近二十年，还将有约 2.5 亿农村人口转变为城镇人口，届时，农民工问题将更加复杂严重。并且农民工越来越“离不开”城市，越来越多的农民工表示“不打算回乡就业”，城市社会已经无法忽视或者搁置农民工问题，城镇化首先应当重视对农民工问题的思考。

城市农民工问题非常复杂，一度出现的“民工潮”“民工荒”都只是问题的表象，即便如此，这些农民工迁移造成的问题已经给经济社会发展带来了很大压力。追溯这些问题产生的原因最有概括力的表述是“城乡二元结构”。在农民工群体不断壮大的过程中，城乡二元结构显得更加深刻和无解。很多研究者只是无奈地列举出这种结构之下农民工面临的问题，并建议改变城乡二元结构，却无法产生实质上的效果。

农民工究竟是工人还是农民的说法众说纷纭。有人认为，他们是工人，因为他们从事的是第二、第三产业；有人认为，他们是农民，因为他们的家在农村，每年春节，他们都会进行举世瞩目的返乡大迁移。新生代农民工群体的出现更加剧了这种争论，他们身份上仍然是农民，但他们已忘记了农村生活，习惯了城市生活。除了身份定位以外，户籍制度是困扰农民工的重大问题。城市户口与农村户口在很多城市仍然是农民工真正进入城市的障碍，虽然有些城市曾通过购房等途径解决过农村人口进城的问题，但大多数城市仍然存在户口限制，或者有较为严格的户口准入条件。与户口相联系的，是社会保障问题，具备城市户口的居民仍然享受着与农村户口不同的社会保障待遇，农民工似乎总是有“退路”的，没有社会保障，他们可以回到农村，继续依靠土地和传统的家庭赡养方式得到保障。长期坚持在城市生活的农民工则面临着更为现实的问题，如居住条件、子女教育，尤其是子女教育问题，与高考制度相联系，已经成为一个矛盾激烈的社会问题。

二元结构的形成有时间、制度的多重作用，改变它并非一朝一夕可以完成。以上所述问题都关系到城镇化中的农民工切身利益，这些问题能否顺利解决，关系到农民工能否更好地融入城镇，实现真正意义上的城镇化。如果说，这些问题可以通过制度的创设解决的话，农民工的城市融入仅有新的制度创设仍然不够，它不仅需要解除这些“硬”约束，还需要解除“软”约束，那就是农民工作为城市市民与城市原住居民之间难以顺利融合的问题。农民工的生活方式、习惯、观念尚未适应城市环境，城市原住居民也难以从心理上完全接受农民工，于是外地人和城里人之间的距离并不是一些简单的“规定”能够缩小的，农民工融入城市，或者说新的社会背景下城市社会的融合需要改变人们的文化观念和心理认知，而这种改变离不开教育的介入。

二、农民工的新市民融入

城镇化需要和谐的城市环境。城镇化过程中，最重要的是新市民的融入问题，中国城镇化的过程伴随着农民工市民化或者说农民工的城市融入。里纳斯·潘尼克斯认为融合有三个层次：“个体层次，这同移民能够在迁入国获得住房，得到雇佣，接受教育以及社会文化的接纳相联系。集体层次，同移民群体的共同追求和共有资源的表达方式相联系。最后是制度层次，同两个主要的制度类型相联系：接纳社会的基本公共制度，如法律、规则、组织以及未写明的规则和习惯做法，以及移民群体的制度（宗教和文化）。”① 中国的农民工市民化过程“注定要经历一个人口从‘离土不离乡’到最终‘离土又离乡’，完全成为市民的转变过程”②。新老市民相处融洽，平等互助，各得其所，是城镇化道路走向深入的必要条件。融入问题不解决，城市发展与长治久安均存在较大隐患。而“原有经济发展方式不平衡、不协调、不可持续、缺乏包容性的问题对农民工产生了最为不利的影响，并被各种体制机制等因素放大，使其经济利益和劳动权益受到极大损害，制约了他们通过自身努力获得经济境况的改善和向上流动的机会，难以获得融入城市的必要经济能力和社会地位”③。

① 许赟. 荷兰移民融合政策变迁［D］. 上海：华东师范大学，2010.

② 钱文荣，黄祖辉. 转型时期的中国农民工［M］. 北京：中国社会科学出版社，2007：18.

③ 国务院发展研究中心课题组. 农民工市民化：制度创新与顶层政策设计［M］. 北京：中国发展出版社，2011：279.

国内开展了很多对农民工市民化和城市融入问题的研究。有人认为，“农民工市民化是工业化、城市化和现代化发展的必然趋势”，但农民工市民化面临“制度安排的惯性使他们在城市的工作和生活游离于城市体制之外，他们在就业、社会保障、子女教育等方面无法与城市居民享受同等待遇，城市居民也对他们普遍地存在着偏见和歧视，他们无法得到城市社会和居民对其社会身份的认同”①。有人认为，“农民工接受教育培训是农民工市民化的关键。农民工要转化为市民，其就业观念，生活方式、居住方式等都要向市民转化，而这些转化都需要有相应的文化知识和职业技能作支撑。但是目前，中国的教育培训制度还不够完善，还存在很多问题，制约着农民工市民化”②。有人专门对新生代农民工融入城市的需求进行了分析，认为“新生代农民工所接受的教育仍然是低水平的，需要学习更多科学文化知识，提高他们的学习能力。新生代农民工在生活方式和观念方面与城市人有很大差异，不能很好地融入城市生活，所以他们渴望得到城市生活规则、城市文明生活教育，以及培养良好的生活方式；新生代农民工与第一代农民工相比维权意识增强，但法律知识相对匮乏，所以需要接受普法宣传教育，以知法守法，增强用法律维护自身权益的能力……”③。城市原住居民对农民工的排斥和偏见固然存在，解决农民工市民化难题需要一系列的制度创新和观念转变，但首先仍应从农民工自身入手，农民工自身的文化素质、心理适应能力、学习能力等都需要提高，教育是最值得依赖的方法和途径。

当前的农民工教育补偿政策以技能培训为主导，并且已经形成了路径依赖，社会与企业都在想方设法提高农民工技能水平，政府仍在继续投入资金，但技能培训自身的缺陷难以培育真正的城市市民。从农民工市民化的社会整体发展需要来看，农民工群体融入城市是一项系统工程，农民工市民化不是单一地在城市工作、居住，更重要的是在城市生活，并且是稳定持续地生活，其中包括了稳定的心理预期。有学者指出，在农民工教育与培训过程中“不仅涉及劳动力就业需要，也包括作为新市民融入城市生活相关的社会知识、规范与价值”④。有人从政治参与的角度分析了新生代农民工市民化的教育需要，“对

---

① 钱正武. 农民工问题事关社会稳定 [J]. 前沿，2006 (2)：219-222.

② 马桂萍. 农民工市民化制度演进与创新 [D]. 大连：辽宁师范大学，2008.

③ 孙陈艳. 新生代农民工融入城市生活的教育需求与应对策略 [J]. 职教通讯，2011 (13)：39-42.

④ 关信平. 从平等权利到社会融入 [M] //游均. 2006—2007 年：中国就业报告——探索素质就业. 北京：中国劳动社会保障出版社，2007：359.

于已经在城市就业的农民工，国家有关部门和用人单位应建立一套完善的培训机制，培训内容不仅要包括职业技能和基础文化方面的教育，而且还应包括提高法制意识、主体意识、社会责任意识等现代公民意识教育，培养农民工在政治生活中所必需的政治知识和技能，使其逐步融入现代经济和政治生活之中"①。

"20世纪50年代之后，波多黎各移民主要是没有技术的农村移民，占到加勒比地区移民的79%，但满足的是同一工业需求。20世纪70年代之后，波多黎各移民显著减少，只占加勒比地区移民的7%，他们的位置为其他加勒比国家及世界其他地方的移民所取代。由于他们的出身（特别是社会阶层）、招工模式、目的社区对他们整体公众印象等原因，波多黎各人通常成为美国制造业的劳工。在制造业繁荣期结束之后，他们一直处于被边缘化的地位。20世纪90年代，50%以上的波多黎各人失业或离开了劳动力队伍。"② 泰勒的社会心理学发现了一些消弭群体之间刻板印象、促成不同群体融合的路径，第一个办法就是由有远见卓识的社会精英阶层推动社会宽容，具体做法是通过学校教育和媒体塑造出不同族群之间的认同氛围，让那些保持并表现刻板印象的人们有一种负疚感，从而约束自己的行为。阿马蒂亚·森认为，社会整合需要社会政策来改善能力，保护合法人权，确保所有人均有机会和能力被融合。杰克逊和斯科特认为，社会融合视角要求社会有义务确保让每一个公民意识到他们自己的潜能条件，真正的融合社会应该在物质环境和发展结果上有更高的平等地位③。因此，从人的全面发展、经济深度转型、城市融入多个角度的分析可以得出结论，有必要对当前的农民工教育补偿政策的重点及途径进行调整，以适应社会发展状况新的需要。

三、改革的稳步推进

中国的改革一直是政治体制改革与经济体制改革并重，虽然经济体制改革的成效更为突出，但政治体制改革仍在不断推进之中。政治体制改革之中，政府职能、机构与机制的改革较为频繁和灵活。新中国成立至改革开放以前，为

---

① 赵排风. 城市化进程中新生代农民工有序政治参与问题研究［J］. 河南社会科学，2008（4）：106-108.

② 埃杰. 语言规划与语言政策的驱动过程［M］. 吴志杰，译. 北京：外语教学与研究出版社，2012：109-110.

③ 国务院发展研究中心课题组. 农民工市民化：制度创新与顶层政策设计［M］. 北京：中国发展出版社，2011：282.

适应形势发展进行的大的政府机构调整有多次。改革开放以后，调整同样频繁。近年来，政府机构内部的微调从未停止过。我们也看到，无论是政治体制改革的整体推进还是政府机构的调整，相对于经济社会情况的变化来说，都略显滞后。改革的滞后并未影响到改革的可能和意愿，政治体制改革尤其是政府机构调整的通道仍然顺畅。

政策调整是改革推进的重要手段。中国改革有一个显著的特点，即很多改革是首先通过政策层面的微调、试点进行的，有些政策试行长达若干年，既没有向法律上升，也没有终止。正是这种特点，适应了中国经济社会处于快速发展变化当中的现实状况。改革开放过程中，经济社会各个领域的新情况、新问题层出不穷，很多是发展过程中从未遇到过的问题，农民工问题的发展变化过程充分体现了这种特点。农民工从无到有、从少到多，农民工问题从简单的“进城”和“离城”，发展到容留还是遣返的争论，甚至引起突发事件，从政策不变之下各地执行方式的变化到全国范围内政策的较大变化。政策而非立法的形式，在存在政策执行的非延续性的同时，也获得了“效率”的优势。政策制定与调整的灵活性，给了政府尝试解决新问题很大的空间。

农民工教育补偿政策调整具备现实的政治条件。农民工教育补偿政策直接涉及的有教育部、科技部、农业农村部、文化部、人力资源和社会保障部等，间接涉及的有财政部、国资委等，另外还有全国总工会、团中央、妇联等机构。这些机构之间职能存在交叉重叠，影响了开展农民工教育的效率，增大了抢成绩、推工作的可能，甚至可能出现工作上的“真空”，即每个部门都在潜意识里规避某一难点问题，而这些问题恰恰就是现实中矛盾最激烈、最难解决、涉及当下多部门职能的问题。因此，农民工教育补偿政策涉及的政府机构及其职能有进一步调整整合的需要、可能和空间。农民工教育补偿政策从改革开放前的政治、文化教育并重，到目前的主要开展技能培训，已经走入专门、精深却不够宽阔的境地。事实上，社会各界早已做出重视农民工教育问题的呼吁，全国和地方人大代表、政协委员会议上，常有代表、委员提出重视农民工文化教育的建议、提案，法律界人士指出较低的农民工教育水平往往与较高的犯罪率呈正相关关系。2012 年 7 月北京致诚农民工法律援助与研究中心和中国政法大学刑事法律援助研究中心联合发布的一份《农民工刑事案件研究报告》指出，七成农民工罪犯未完成义务教育阶段教育。2020 年农民工监测调查报告显示，全部农民工中未上过学的占 1%，小学文化程度的占 14.7%，初中文化程度的占 55.4%，高中文化程度的占 16.7%，大专及以上的仅占 12.2%，农民工整体教育水平低和教育缺失的现状依旧未有明显改变。目前的农民工教育补偿政策并未形成体系，如能从中央层面制订一个具备整体性的教育方案，可能实现政策绩效的重大进展，从而向社会传播新的政策理念，事半功倍地引起全社会对农民工教育的支持和具体行动。

四、社会力量的作用

在政治学发展史上，国家和社会的关系一直是政治学家和思想家们研究的重要对象。西塞罗认为，国家是由许多社会团体，基于共同的权利意识及利益互享的观念而结合成的组织体①。当代西方政治学理论常将国家看作特定社会生活共同体。一些政治学者将国家作为独立变量，考察它如何发挥自身作用影响社会发展，这样一来，国家的概念便向更深入具体的方向发展，国家与社会也更独立地作为一对概念使用。尤其是现代社会中，国家作为拥有行政、立法、司法、军队权力的变量，有清晰的行为方式，这种行为方式不同于社会行为，社会行为更为自发，更加遵循习俗、观念的影响。人类文明使人类社会朝着越来越复杂的共同体发展，国家的力量也在由弱到强和由强到弱之间变化，目前与社会的关系更趋向一种均衡的状态。东亚各国，由于政治传统的深远影响和现代国家制度发展的时间制约，国家的力量一般较社会力量更强。中国有集权度较高的中央政府和各级地方政府，政府部门拥有很大的行政权力，承担了经济社会发展的很大一部分职责，政府管理理念和社会观念中均常有一些思维惯性，出现新的问题大家首先思考的是政府有没有什么责任，政府应当做些什么来解决问题。政府部门的工作人员也习惯了这种行为方式，认为自己有责任设计出更为科学合理的政策路径，来解决现实问题。

发达国家的社会力量在移民教育中发挥了重要作用。社区、宗教、志愿者组织在一些发达国家的教育活动中发挥了重要作用，尤其是在对弱势群体的教育支持方面。在移民教育方面，更具自治性的社区在组织新社区居民的生活融入教育方面的作用很大，社区组织的一些活动让居民更有归属感，这种教育方式并非课堂教学式，却比集中授课能够产生更深的影响，也比政府组织的说教更易于接受，社区的力量是各级政府的力量难以达到的，中国基层的行政工作人员承担了一些这方面的工作并发挥了其优势，但和自发维护社区发展的居民相比，在教育方面其责任意识和工作效果都有差距。世界上的一些宗教长期以来具有较强的知识传播作用，它们在移民教育方面也发挥特殊的作用，相比较而言，中国的传统宗教这方面的特征较弱，更多地持一种“出世”的态度，

---

① 王浦劬，等. 政治学基础 [M]. 2 版. 北京：北京大学出版社，2006：187.

从而很大程度上远离了社会生活。并不是说一定需要宗教才可以开展好农民工教育，但宗教所发挥作用的领域如果出现真空，将增加社会发展的不确定性。笔者在撰写本专著前的实现调研中多次看到，一些在城市从事服务业的农民工所捧的书是《圣经》。很多国家一些专门的志愿者组织曾在移民教育中发挥了持久的影响力。例如前文所述美国早期的赫尔会所。一些关注移民问题的研究机构进行了长期跟踪研究，对移民教育问题也常发出自己的声音，比如：美国的 Migration Policy Institute 是一个独立的、无党派、非营利机构，这一组织会资助移民问题研究项目，出版移民问题著作，颁发移民工作奖项。

中国处在成长之中的社会力量有能力促进农民工教育活动的开展。相对政府来讲，中国社会的自身能动作用目前还较小，但一些知识分子、中层阶层、从事新闻法律等工作的人士已经开始这方面的自发行动。一定的经济条件给了他们从事社会工作最基本的保证，工作环境的相对宽松又使其具备的一定的闲暇时间，更重要的是他们走出物质条件的限制之后，开始追求精神上的满足感，愿意用一些时间来帮助需要帮助的群体，老年人、残疾人、艾滋病患者、农民工等群体都是帮助的对象，他们的行为已经开始影响其家庭和交际圈，使越来越多的人参加到这种自发的行动中去。一些经济界的知名人士的慈善活动也为这种行动树立了示范效应。中国的农民工已经遍布城镇社区，没有他们的工作，社区将陷入严重的秩序混乱，虽然他们在社区的居住条件、生活质量都达不到一般社区老居民的水准，但社区居民也愿意为他们改善生活条件提供力所能及的帮助。虽然中国社会力量仍在成长之中，其行为还难以形成系统化、整体联动的效应，还未能成为开展农民工教育活动的主要力量，但引导和激励这种力量的发展应当是一种可能和高效的方式。

第三节　人的全面发展与教育的作用

2008 年起，国家统计局对中国农民工状况进行了大规模调查，至 2020 年，先后数次发布监测报告，其中 2011 年发布了《新生代农民工状况监测报告》。这应当是中国目前对农民工情况调查较权威的数据。根据调查情况，我们可以对农民工收入及受教育水平进行进一步的分析，从中看出在更高水平上开展农民工教育的可能性。另外，改革持续深化、社会力量逐渐成长起来也为更好地开展农民工教育活动提供了条件。

一、重视人的全面发展

人的全面发展最根本是指人的劳动能力的全面发展，即人的智力和体力的充分、统一的发展，同时，也包括人的才能、志趣和道德品质的多方面发展。马克思主义从分析现实的人和现实的生产关系入手，指出了人的全面发展的条件、手段和途径。在《1857—1858 年经济学手稿》中，马克思将人的发展划分为“人的依赖性阶段”“以物的依赖性为基础的人的独立性阶段”和“人的全面而自由发展阶段”三个阶段。马克思所说的人的发展更多指向人类的发展，但同时也应该是个人或者群体发展的方向。人需要全面发展，仅依靠工作维持基本生存或者获取更好物质条件的人不是完整的人，全面发展的人不应缺少精神的享受和追求，以及良好家庭关系、社会关系的拥有和维持。

建设中国特色的社会主义不仅是执政党的理想追求，而且已经在很多方面具体化为政策行为，政治体制、经济体制、文化体制等诸多方面逐渐形成区别于传统东方文化、区别于主流西方文化的特点。人本思想得到重视，人的全面发展成为中国特色社会主义需要实现的目标之一。2001 年中国共产党领导人在庆祝中国共产党成立八十周年大会上发表的讲话中反复强调了“人的全面发展”，2003 年党的十六届三中全会进一步提出了以人为本的理念。以人为本的思想可以看作西方人本思想和中国传统民本思想以及马克思主义关于人的全面发展思想的综合与发展。执政党认识到，执政过程中，仅有经济政治的发展，没有社会的发展，发展基础并不稳固，难以持续；仅有经济政治社会的发展，没有人的发展，执政便缺少目的性和方向性，发展的成果难以转化成人的需要。

人的全面发展主要依靠教育。古希腊哲学家亚里士多德主张“和谐教育”。夸美纽斯在其名著《大教学论》一书中，提出了泛智教育的理想，希望所有的人都受到完善的教育，使之得到多方面的发展，成为和谐发展的人。法国启蒙思想家卢梭是自然主义教育思想的代表，认为教育的目的和本质，就是促进人的自然天性，即自由、理性和善良的全面发展。1996 年，时任欧洲联盟主席的雅克·德洛克带领的国际 21 世纪教育委员会向联合国教科文组织提交了《教育——财富蕴藏其中》的报告，报告强调了“教育在社会发展和个人发展中起基础性的作用”“教育是更深刻、更和谐的人的发展并从而减少贫困、愚昧、（不平等）的排斥、压迫和战争的一种主要手段”“教育是社会的核心，是提高社会生活质量的基本手段”。报告指出，教育不仅包括教人学知、学做，还要教人学会共同生活，培养在人类活动中的参与和合作精神，教人学会发展，以适应和改造自己的环境。教育使用人类文明和历史中积累下来的经验、教训和思想，使人从更高的起点上展开自己的行为，反思自己的行为，在社会交往中明确自己的定位和责任，并将个人融入社会发展的自然规律之中。而经济建设的潮流之下，“人们对教育外在价值的追求成为教育的唯一旨趣，教育的内在价值被严重忽视”①，这一点在农民工教育上体现得尤其明显。

当前的农民工教育补偿政策只考虑了农民工基本生存的需要，缺少对人的全面发展的考虑。技能始终只是人的发展中保障生存的基本方面，无论是工业技能还是农业技能，都是满足人最基本生存需要的手段，不可否认，这些技能在维持人的基本需要与维持社会的基本发展方面发挥了无法替代的作用，但它们不可能永远作为教育的主要内容，或者说，教育应有更高的层次和阶段。几十年来，农民工由从事建筑、防腐、餐饮等简单重复劳动，在技能教育与培训的帮助下，已经在服装、电子、机械等行业发挥了更大的作用，也在工业经济发展的同时，更大程度上提高了生存能力，改善了自己的生活条件。但同时我们也看到，农民工的社会地位、自我认知、内心的矛盾和冲突并未因生存能力的改善而出现本质上的变化，整个社会对农民工身份、社会地位的认知还不合理，这与农民工的受教育程度和所接受的教育内容有相当大的关系。众多调研表明，农民工的教育需求是多方位的，“农民工需要一种包含内容非常广泛的教育和培训来实现自我和职业发展，这至少包括：成人实习教育；既有通识性教育，又有技能和职业教育；既有娱乐休闲教育，又有学历和证书的‘严肃’教育”②。“对于企业和地方政府、社区，农民工都希望它们提供技术培训项目，以便他们提高自身技能，获得较高收入、工作稳定的职业。同时，他们也期望地方政府和企业给他们提供更丰富的文化生活内容，而且这些文化生活内容符合农民工的实际需要”③。国务院发展研究中心 2010 年的大规模调查表明，“农民工期望能享受公共文化服务。最希望提供的文化服务依次为：免费的公园（39.2%），免费的文化站和图书馆（38.2%），免费上网（34.2%），组织农民工自己的文化体育活动（22.8%），免费的报纸杂志（20.6%），夜校

① 湛卫清. 人权与教育［M］. 北京：北京师范大学出版社，2009：19.

② 李明华. 农民工高等教育需求、供给和认证制度研究［M］. 北京：中国言实出版社，2011：41.

③ 文化部文化市场司，华中师范大学全国农民工生活状况调查课题组. 当代中国农民工文化生活状况调查报告［M］. 北京：中国社会科学出版社，2007：21.

(13.5%)，开放社区公共设施（11.3%）等”①。

二、教育在城镇化中的作用

工业技术使城镇化成为可能，教育已经在工业技术的发展中发挥了重要的作用。城镇化目标的实现仍然需要教育发挥出无可替代的作用。

城镇及其周边地区的工业聚集已经成为中国经济发展最为重要的组成部分，完善的教育体系是城镇经济发展的重要支撑。通过大量的实证研究，人力资本理论已经证明，凝聚在生产者身上的知识、技能及因此培养出的各种能力，对生产起到很大的助力作用，是促进生产力提升的主要因素。与此相联系，人力资本理论亦充分认可了教育在人力资本形成中的重要作用，以及它对经济增长所做出的贡献。世界银行曾发表报告指出，劳动力受教育的平均时间增加一年，GDP 就会增加 9%。教育不仅有助于经济增长目标的实现，更是经济增长方式转变不可缺少的条件。城镇化要求一、二、三产业结构合理调整、优化和升级，其中离不开劳动者对科学技术的掌握，基础教育提供了掌握科学技术的一般知识，职业教育和培训提供了了解和使用科学技术的能力，高等教育则提高了科学技术水平和管理的能力。当前，科学技术的更新换代速度很快，个人进行终身学习，国家构建高质量的终身教育体系便成为经济持续稳定发展的必然路径。

教育是社会发展的基础，中国优先发展教育的政策正是这一基础性作用的体现。同样，通过教育不断提高人的素质是城镇化的基础。城镇化是第一产业人口向第二、第三产业转移，向城镇集聚的过程，同时也是对自然和人力资源深度开发，改变生产力布局和经济发展方式的过程。这一过程有赖于各级各类人才的支撑，离不开人的素质的全面提高。城镇化的过程如果不伴随人的素质的提高，或者说，城镇化没有高素质的人参与，就实现不了真正的城镇化，最多是低水平的工业化。如果城镇化只是在空间上实现农村人口向城镇区域内转移，那么不仅无法有效发挥城镇生产要素的集聚能力及其辐射作用，而且社会思想观念的更新、社会结构的深度转型和社会文明进步更加不可能实现。勒纳通过对埃及与土耳其城市化率的比较看到，“在土耳其，现代化的几个指数是同步的，随着投票参与的提高，文化普及率、城市化等也跟着提高，持平衡状态。在埃及，城市充斥着‘无家可归的文盲’，他们为支持极端主义意识形态

① 国务院发展研究中心课题组．农民工市民化：制度创新与顶层政策设计［M］．北京：中国发展出版社，2011：120.

的政治动员提供了现成的拥护者”①。中国的城镇化进程正是与教育的迅速发展相同步的，且不论是城镇化带动了教育的发展，还是教育推进了城镇化的进程，教育的作用都不可忽视。改革开放以来，中国实现了义务教育免除学杂费，中职免学费，建立了较为完善的奖助学金体系，全民受教育水平大幅提高。这些都为工业化提供了重要条件，也为城镇化创造了可能。目前，中国高等教育已经发展到一个新的阶段，一些地方高考报名人数已经呈现下降趋势，或者增量出现明显下降，中等职业教育和高等职业教育一定程度上出现招生难的状况，这种情况下，教育如何继续发挥自己在城镇化中的作用值得思考，增加对低教育水平群体的关注和深化教育的作用至关重要。

三、教育投入增长

从2009到2020年的外出农民工受教育程度看，小学与初中文化程度者总体呈现略微下降趋势，高中文化程度者逐年微势上升。高中以上文化程度的农民工比重呈现出明显的上升态势，2009年高中及以上文化程度者比重占23.5%，2020年高中文化程度者占16.7%，大专及以上文化程度者占12.2%，上升态势明显。总体上来看，大部分农民工拥有初中以上文化程度，高达近70%，高中及以上文化程度者所占比例还不高。综合来看，有两点基本认识，一是较之早期农民工大多仅有小学文化程度而言，今天的农民工文化程度已经上了一个“台阶”，达到初中以上水平；二是农民工一旦离开校园，整个群体的学历提升是缓慢的，仅具备初、高中文化程度难以满足个人、社会发展两方面的要求。即使中国反复强调、大量投入的技能培训，取得的效果也难以令人满意。可见，对农民工教育不仅是政府简单加大投入和重视的问题，政策制定与实施应当还受其他变量的影响（详见表4-1）。

表4-1　外出农民工文化程度构成②

年份	文盲	小学	初中	高中	高中以上
2009	1.1%	10.6%	64.8%	13.1%	10.4%
2015	1.1%	14%	59.7%	16.9%	8.3%
2020	1.0%	14.7%	55.4%	16.7%	12.2%

上述数据仅说明了全国平均状况，其他调查显示，很多地区初中以上文化

① 李普赛特. 政治人：政治的社会基础［M］. 张绍宗，译. 上海：上海人民出版社，2011：29.
② 数据综合自国家统计局“全国农民工状况监测报告”，参见国家统计局官方网站。

程度者已经较大程度上超过了这一水平。这说明农民工已经具备了自学或继续接受更高阶段教育的基本能力。《中华人民共和国义务教育法》规定，义务教育是“为培养有理想、有道德、有文化、有纪律的社会主义建设者和接班人奠定基础”，从另一个侧面说明了完成义务教育阶段教育的公民具备进一步接受教育的基本能力。农民工文化程度的提高，使其具备基本的听说读写能力，他们可以写信、阅读、顺利沟通，一些人通过自学获取了更高学历。除了学历教育以外，他们可以通过电视、报刊、网络获取信息，这种过程同样是其学习的过程。

农民工受教育程度提高得益于国家对义务教育阶段教育不遗余力地保障，尤其是对农村义务教育的保障。“十三五”时期中央财政累计安排 9 316 亿元。国家大力推进城乡义务教育经费保障机制，投入相关资金 5 877 亿元，并不断扩大学生补助范围，家庭经济困难非寄宿生也可以获得生活补助；积极支持各级政府大力推进农村学校信息化，保障全面改善贫困地区义务教育薄弱学校基本办学条件，义务教育薄弱环节改善与能力提升、消除城镇“大班额”、补齐乡镇寄宿制学校和乡村小规模学校短板等方面安排资金 1 639 亿元；安排资金 1 030 亿元，加大对地方试点地区奖补，推动落实好农村义务教育学生营养改善计划，改善贫困地区学生营养状况；在实施“农村义务教育阶段学校教师特设岗位计划”，支持贫困地区优化乡村教师队伍结构等方面共安排 379 亿元。从统计数据上可见，2017—2020 年连续四年增加招聘计划，2020 年招聘人数达 10.5 万人，到 2020 年年底中西部地区特岗教师在岗人数突破 27 万人；另外国家积极推动实施“中小学幼儿园教师国家级培训计划”，加强乡村学校幼儿园骨干教师培训，支持地方实施集中连片特困地区乡村教师生活补助政策，实施“三区”人才支持计划教师专项计划和“银龄讲学”计划，鼓励优秀教师到边远贫困地区、边疆民族地区和革命老区支教等，共投入资金 300 多亿元。

不仅如此，国家对高中阶段教育的支持力度也在不断加大。近年，中国高中阶段教育毛入学率实际均达到 85%以上，个别省份甚至超过 90%。《国家中长期教育改革和发展规划纲要（2010—2020 年）》提出了“加快普及高中阶段教育”的目标，要求“到 2015 年高中阶段教育毛入学率达到 87%，到 2020 年达到 90%，满足初中毕业生接受高中阶段教育的需求”。

除继续教育、职业教育、成人教育以及普通高等教育以外，社区教育的兴起也为农民工教育开展的提供了新的途径。中国社区教育始于 20 世纪 80 年代，随着开放的不断深入，中国社区教育走过了从无到有、从点到面、从小到大、从自发到自觉的发展历程，社区教育在促进人的全面发展、建设学习型社会、构建社会主义和谐社会中的作用不断凸显，呈现出广阔的发展前景和强大的生命力①。

四、有意义的探索

顶层设计更为宏观。仅依靠中央政府的顶层设计是不够的，在对农民工问题最为关注的时期，中国一些地方政府、高校、群团机构曾经对开展农民工教育进行了非常有价值的尝试和探索，对国家进一步出台完善的农民工教育补偿政策具有重要的启示意义。

笔者梳理相关信息时发现，2006—2012 年，这段时期对农民工教育的探索较为集中。自发的农民工教育探索中比较典型的有成都“新市民学校”，北京大学“平民学校”，以及广东“圆梦计划”，三种模式体现出不同的鲜明特点。成都“新市民学校”由成都市总工会、共青团成都市委、成都市妇女联合会、成都市劳动和社会保障局、成都市教育局联合主办，其中总工会及其管理下的校务委员会发挥了重要作用，可以看作群团机构与政府合作的典型案例。新市民学校定位为公益性、社会化、开放式学校，是农民工从农村过渡到城市生活的桥梁，目的是让农民工过上幸福的城市生活。在学校，农民工不仅能够学新知识，还能在各类实践活动中增长才干，获得实用的日常生活奖品，只要累计满学分，就可以从新市民学校“毕业”，成绩优异的学员还会获得由学校统一颁发的优秀新市民证书。北京大学“平民学校”秉承蔡元培“劳工神圣”的思想，继承北大人举办过的“校役夜班”“平民学校”与“平民演讲团”等精神，发挥大学知识、道德示范以及平等理念的聚集作用，服务平民，服务社会。“平民学校”由北京大学教代会、校工会、继续教育部、后勤党委等机构组成，主要招募志愿者开展班级管理、课堂教学，旨在探索大学教育在农民工教育培训中的作用。广东“圆梦计划”是政府、群团与大学结合开展农民工教育的典型案例。“圆梦计划”由广东省团省委、人社厅、财政厅、教育厅、科技厅等单位组成联席会议负责统筹管理，与若干高校合作，通过考试从在粤农民工中招收学生，主要采用网络远程教育的形式开展教学，达到国家规定要求者发给毕业证书或学位证书。与广东类似，北京市也有支持农民工接受继续教育的“农民工助推计划”。除上述模式外，在最基层的街道层面，也

---

① 陈乃林，刘建同. 学习型社会建设中的社区教育发展研究［M］. 北京：高等教育出版社，2010：1.

有过一些尝试。如：2007 年 7 月，哈尔滨成立的街道农民工教育服务中心，定位于为农民工及其家属免费提供技能培训、就业岗位、法律援助等服务功能机构。当时，中心是由哈尔滨市道里区斯大林街道办事处设立，依托街道党工委和街道工会建立起来的，并且与职业技能培训学校签订了教学、实习、安置一条龙服务协议。各方面条件准备成熟，但是农民工工作地点分散，时间不统一，仍存在着如何将农民工组织到一起上课、开设何种标准的课程等现实问题。

成都“新市民学校”的教学具有鲜明的培养“新市民的特点”，首先介绍关于在成都衣食住行的生活常识，以及公共服务机构、城市管理规定、公共行为规范等，帮助农民工了解城市，了解成都，尽快融入城市生活。其次介绍合法维权、安全生产生活、身心健康、家庭社交等知识，以及职业规划、创业就业方面的知识。在教学中还穿插一些看电影、选穿戴、办晚会等活动，提升农民工兴趣。北京大学“平民学校”则从“北大为家”“快乐工作”“学会共处”以及英语、计算机等文化技能普及若干模块开展教学，同样可以看出，北大“平民学校”对农民工作为社会人的教育的重视，技能培训仅被放在其中作为一个部分，并未作为中心活动开展。广东“圆梦计划”虽然借用了大学资源与学校教学的形式，除专业知识课程外，并未将教学全部交给学校，而是增加了党团知识、社会工作技能、志愿服务、公益活动等内容，以增强农民工的社会融入能力。

无论是“新市民学校”“平民学校”还是“圆梦计划”都在运转保障方面进行了适合自身形式的设计。“新市民学校”被列入市委、市政府的“民生工程”内，相关部门制定规划与规章制度，落实人、财、物条件，成都各区县联动。除建立示范培训基地外，还广泛在农民工集中的企业、社区广泛建立培训点，争取农民工子女就学集中的中、小学支持农民工家庭参与学习教育活动。北大“平民学校”则充分依托校内行政与教学资源，大力探索志愿者服务模式，通过搭建平民学校网站与《北大平民学校简报》等提高平民学校辐射能力等。“圆梦计划”除充分发挥政府、群团的上下协调能力外，综合利用传统媒体与新媒体在宣传发动方面做了大量工作，尤其在经费保障方面采取了有力措施。“圆梦计划”通过多种渠道对每个被录取的学员给予 5 000 元的学费资助，同时采用企业冠名等形式发动企业捐助，资助农民工完成大学学习。

上述三种农民工教育模式在各自探索的领域取得了一定效果，“成都市曾出现过“打工妹夜校”“农民工夜校”等培训机构，但因缺乏发展的后劲及对农民工的吸引力，很快便消失了。新市民学校则由于其系统的设计、灵活的方式、综合的保障等优势发展壮大。2007—2011 年，15 万余名农民工从成都新市民学校起步，从思想、行为和生活习惯等诸多方面融入成都①。事实上，成都并非新市民学校的唯一举办地，江苏常州等地也有一些类似的成功尝试。北大“平民学校”取得了广泛的社会影响，平民学校的学员得到了更好的发展，中国青年报、文汇报、法制日报、中国教育报等多家媒体给予了积极的评论，网络媒体也给予了很多关注。平民学校的学员甘相伟出版由北大校长作序的《站着上北大》的著作，曾经引起轰动。广东“圆梦计划”自推出后，因为其实施效果及带动作用，广受外界好评。2008 年计划启动，累计投入数千万元，已为数千名优秀农民工和困难职工提供了公益性的高等学历教育，为众多农民工提供了免费的职业技能培训和中等职业教育，开展数千场公益性的素质教育讲座，受惠职工百万人次。从实施效果来看，地方、高校对农民工教育的努力并不能全面解决全国的农民工教育问题，但显然在一定范围内发挥了十分积极的作用，如果从国家层面对此进行统筹规划，可能会取得更大成效。

一切从农民工切实需求出发，考虑农民工教育问题，自然能取得较好的效果。相对而言，农民工技能培训虽然致力于解决农民工生存的基本问题，但当农民工收入不断提高之后，针对农民工的教育更应关注其城市生活的多元需求。直观地看，上述农民工教育模式取得的成效以及举办过程中遇到的问题，为完善全面的农民工教育补偿政策提供了借鉴。首先，党政重视农民工教育问题仍然是中国特有的解决难题的办法，政府应牵头出台支持农民工教育的政策。其次，群团组织能够在农民工教育中发挥非常重要的作用，应该充分挖掘工会、团委、妇联等群团组织的潜力，利用其人员、场地、经费、影响力广泛开展农民工教育，并且，群团组织动员社会的能力较强，可以整合社会力量开展农民工教育，政府政策中应明确对群团组织的引导和支持。最后，政府及时总结推广成功经验，帮助解决发展中面临的问题。

改革开放以来，国家政治稳定，经济发展十分迅速，积累了大量社会财富。经济发展的同时，国家财政实力与调控能力大大增强。人民收入水平、生活水平、受教育程度均得到大幅提升。经过数十年的发展，农民工收入大幅提高，生活条件有了很大改善，很大一部分人长期在城市生活或定居，给城市社会发展带来活力的同时也带来了压力，以至于城镇化与农民工问题正在成为最突出的社会现象，几乎所有人都认为应当妥善解决农民工问题，但究竟如何解决众说纷纭。本书认为，农民工问题大多是社会权利实现的问题，在农民工劳

---

① 王眉灵. 15 万农民工变身新市民［N］. 成都日报，2011-12-12（4）.

动权基本实现的情况下，受教育权与福利权已经成为农民工问题的主要方面。当前，农民工户籍、居住、养老、医疗都引起了多方重视，但受教育权却被忽视。恰恰是受教育权的良好实现才能不断提升农民工生存与发展能力，依靠农民工持续发展能力与稳定的心理预期的提升才能从根本上解决农民工市民化中的诸多问题。完全依靠政府投入，解决养老、医疗、居住等问题既不现实也不可持续，解决得了需求的物质方面，却难以解决需求的精神层面，而时间愈长，精神层面的需求满足越重要，马斯洛需求理论早已证实了这一点。重视受教育权的实现并非忽视或放弃其他社会权利的实现，但良好的教育可以提供社会长期稳定发展的内在力量。如上所述，改革开放以来经济增长给社会发展准备了充分的物质基础，将来社会的长期稳定发展则需要更好地保障受教育权，同时配合福利权利的实现，即从物质与精神、外在与内在两个维度解决社会发展中的深层次矛盾。

第五章　农民工教育补偿的制度基础

农民工教育补偿政策主要是在社会主义基本制度下，在市场经济的制度环境下，由政府及其部门为主制定的，现存户籍制度、教育制度、社会保障制度都对这一政策产生重要影响。同时，农民工教育补偿政策处在一个特殊的社会环境下，即中国进入快速工业化、城市化的阶段，经济持续增长，人民收入水平提高，城乡二元结构深化，收入差距扩大，社会矛盾复杂多样，改革进入深水区等。这一社会环境作为本阶段的历史背景，不可避免地对农民工教育补偿政策产生重要影响。因此，对农民工教育补偿政策的分析不能脱离这些制度环境和历史背景，明了政策存在的制度环境和社会背景，有助于对政策存量情况进行全面、客观的认识。

制度的定义众说纷纭。新制度主义一般认为，体制结构、组织结构和意义结构都是制度的组成部分。历史制度主义关于制度的定义中，豪尔的定义被广为接受，“制度就是在各种政治经济单元之中构造着人际关系的正式规则、惯例，受到遵从的程序和标准的操作规程”。瑟伦和斯坦默综合后指出，“制度包括引导着人们政治行为的正式组织之内的正式和非正式的规则和程序……明确包括进来作为政治行动背景的制度有：选举竞争规则、政党的体制结构、政府结构和诸如工会一类的经济行动者结构和组织”①。众多国内外学者给出的制度定义，有助于我们加深对制度的理解。但在进行具体问题的分析时，我们仍然很难把握制度的明晰边界。我们在新制度主义的著作中，经常看到笼统的、作为整体的制度概念的使用，又经常看到作为具体“制度”的制度概念的使用，而且，对它们的理解，通常是基于读者个人的观念，而不是一个统一的标准。新制度主义被看作政策分析的重要方法，事实上，很多学者都在进行具体政策分析的同时阐释着自己对新制度主义范式的理解。但我们常常发现，在新制度主义者以“制度”为核心进行政策分析时，有时将政策作为一种形

① 何俊志. 结构、历史与行为：历史制度主义对政治科学的重构 [M]. 上海：复旦大学出版社，2004：167.

式的制度，有时又把政策从“制度”中单独划分出来，进行制度与政策的关系分析。在分析社会环境等其他变量的影响力时，又常把两者并立，说“制度与政策”。新制度主义在对旧制度主义进行了对政治生活的解释力提升之后，同时也大大扩展了制度的外延与内涵，并且，作为一种迅速发展中的政治分析范式，它还没能对制度进行清晰而明确的界定，虽然已经有人尝试在具体的视角下对制度进行分类，但仍然没能完全回答这些问题。学者们之间基本上是基于一种似乎清楚的框架各自讨论各自的问题，但好在更多的人认可了“制度”的作用，并且不断检验它的可靠性，尽管每个人的理解还有所不同。使用新制度主义的观点进行政策分析时，如何对作为整体概念的制度进行分类或分层，并进一步厘清制度与政策的关系，是进行下一步工作的前提，但往往大家都满足于大而化之地讨论“制度”与“政策”，这既不利于准确地考察政策的来龙去脉，也使新制度主义的理论分析陷入不严谨的境地。本章从农民工教育补偿政策调整的社会制度环境出发，从具体的、微观的层面探讨政策、制度等教育补偿的社会基础条件。

第一节　政党制度的初心使命

政党制度属于一个国家的重要上层建筑，政党制度可以决定政党的地位与执政方式，国家的各项政策不可避免地受到政党制度的直接或间接的影响。某种角度上来看，农民工教育补偿政策作为一项具体、微观的政策，受政党制度的影响不应过大，但稍加深入分析，便可得出相反的结论，在中国，与农民工群体有关的政策选择、调整与政党制度有着看似疏远实则密切的逻辑联系。

中国共产党是中国工人阶级的先锋队，同时是中国人民和中华民族的先锋队，是中国特色社会主义事业的领导核心。中国共产党在社会主义初级阶段的基本路线是：领导和团结全国各族人民，以经济建设为中心，坚持四项基本原则，坚持改革开放，自力更生，艰苦创业，为把中国建设成为富强民主文明和谐的社会主义现代化国家而奋斗。中国共产党领导的多党合作和政治协商制度是中国的基本政治制度，也是具有中国特色的政党制度。中国共产党的性质、在社会主义初级阶段的基本路线以及以中国共产党为领导的中国特色的政党制度，决定了中国共产党的执政理念必然在国家发展中发挥主导作用，在现实的执行层面，中国共产党的决策、组织、宣传、纪检等制度也将为执政理念的贯彻落实提供保障。

结合中国工人阶级领导、工农联盟为基础的人民民主专政的社会主义国家的国家性质，可以知道，无论是工人阶级还是农民阶级，都是国家政权的基础。农民工作为特殊社会发展阶段的特殊群体，既具有工人阶级属性，又具有农民阶级属性。无论农民工确切地属于工人阶级的一部分或者根本上仍是农民阶级的一部分，抑或属于由农民阶级向工人阶级的过渡阶段，有一点毋庸置疑，即2.8亿的庞大群体的一切重要问题都将成为影响国家政权基础和政党执政基础的重大问题。

归根结底，农民工群体是现阶段广大农民在中国共产党的领导下，以“经济建设为中心”发展演变的结果。改革开放以来，以工业化兴起、发展、转型深化为主要特点的经济建设，解放和发展了生产力，大大提高了农业生产的效率。一方面，使一部分农民从土地上解放出来，有可能投身于工业生产之中；另一方面，工业发展带来的大量就业机会与相对农业劳动的高收益使农民有意愿从事工业生产。长期坚持经济建设的中心不松懈、不放弃，使离开第一产业从事第二、第三产业的农民越来越多，逐渐形成了现在的农民工群体。“执政党在价值定位上必须兼顾到新兴社会阶层个性化和多元化的特点”①，在农民工群体完全转化为工人之前，执政党应当从执政基础的角度做好农民工利益认识和保护的工作。

经济建设为中心在国家建设与发展中发挥了不可替代的历史作用，取得了前所未有的成果。但它毕竟只是一种适合现阶段的发展路径，采取这一路径的目标十分明确，即“把中国建设成为富强民主文明和谐的社会主义现代化国家”。这一目标的核心特点是“富强民主文明和谐”。经济建设为中心，大力发展经济是富强民主文明和谐的必要条件，却并非充要条件。要实现富强民主文明和谐的目标，需要相应的完备政策体系，并且，这种政策体系不可能等待经济建设的目标“完全”实现再开始建设，事实上，有关民主政治、社会保障、文化繁荣、社会和谐等政策已经逐步铺开。“执政体制一旦形成和确立，实质上就成为一种在客观上制约、是影响该国所有公民思想和行动的强大的体制环境。这种体制环境因其超常的稳定性和强大的刚性制约力，会对置身其中的执政主体的执政人格形成无形而巨大的导向，产生塑造功能。”②“教育在一个国家和民族发展中的重要性已经成为世界各国政府的共识，发展教育是各个

---

① 郭红梅. 新兴社会阶层与党的执政基础建设研究［M］. 北京：中国社会科学出版社，2011：11.

② 游龙波，张诺夫，温敬元. 中国社会阶层结构的变迁与党的执政基础研究［M］. 北京：中国社会科学出版社，2012：3.

现代政党的重要政策。由于不同政党的社会基础和阶级基础的差异，由于不同政党在社会发展认识上的差异，各政党的教育政策，也存在较大分歧。”① 中国共产党历来重视人的教育，在中国的政党制度之下，执政党的执政思路给予了农民工教育补偿政策调整必不可少的经济基础，执政党执政目标则给予农民工教育补偿政策调整以明确的方向，即除了遵循“以经济建设为中心”的发展路径外，还必须充分考虑如何适应“富强民主文明和谐”的目标要求。

第二节 法律法规的基础

一、法规与政策的关系

宪法是一国制度的根本，是国家的元制度之一，以宪法为基础扩充出的法律体系及政府组织体系是国家制度结构中十分重要的组成部分，这一点，可以从旧制度主义对宪法和法律的经典论述中找到充分的论证。新制度主义者对法与制度的关系亦有一些论述，彼得斯认为，“旧制度主义的一个明确特征是它关注法律以及治理中法律的核心地位……法律不但建立了公共部门的框架，也是政府影响公民行为的主要方式。因此，那时关注政治制度就是关注法律，现在也是如此”②。诺斯认为，“宪法是基本法则，它的制定是用以界定国家的产权和控制的基本结构。与执行法相比，它显得难以修改，执行法包括成文法、习惯法和自愿性契约，它在宪法框架内界定交换条件。行为规范是合乎宪法和执行法的行为准则”“宪法决定了基本的产权，国家既提供仲裁与执行规则的框架，又颁布行为准则，以此降低政治结构中的服从费用和经济部门中的交易费用”③。因此，在新制度主义的框架下以与“法”的关系来划分制度的类别是可行的。这里的“法”不仅是僵硬的法律条文，而且还是“法的精神”。孟德斯鸠论述过“法律应该同已建立或将要建立的政体的性质和原则有关系；不论这些法律是组成政体的政治法规，或是维持政体的民事法规”“法律应该和国家的自然状态有关系；和寒、热、温的气候有关系；和土地的质量、形势

---

① 金安平. 教育公共政策过程中的政党政治：以英、德两国为例［J］. 新视野，2005（2）：72-74.

② 彼得斯. 政治科学中的制度理论：“新制度主义”［M］. 王向民，段红伟，译. 上海：上海世纪出版集团，2011：6.

③ 诺思. 经济史中的结构与变迁［M］. 陈郁，罗华平，译. 上海：上海人民出版社，1994：227；230.

与面积有关系；和农、猎、牧各种人民的生活方式有关系；和居民的宗教、财富、人口、贸易、风俗、习惯相适应。最后，法律和立法者的目的以及作为法律建立的基础的事物的秩序也有关系。应该从所有这些观点去考察法律”①。而孟德斯鸠所谓的法律正是指“法的精神”。从旧制度主义到新制度主义，制度的范围扩大了，由原宪法、国家组织扩大到现在的正式与非正式规则。基于与法律关系的紧密程度以及行政强制力的强弱，制度可划分为不同的层次。第一层次制度即宪法、法规、条例、章程等文本，政府、立法、司法等组织，特点是确定程序复杂，调整变化程序复杂，变化缓慢，生效时间长，甚至不设终止期；效力强，代表国家强制力保证实施。第二层次制度即政策（政府的行为）、规定（政府“通知”等文件）、协议、社会组织（企业、团体、NGO）等。它在第一层次制度的规范框架内展开，一般由正式组织制定并要求一定范围内的人群遵守，事实上可以看作在第一层次制度之下，遵从于政治权威对利益的具体分配，相对第一层次制度而言，它设计、发布、调整灵活，不仅有一定强制力，更具备引导性，时效性较强。第三层次制度即习俗、文化、道德、家庭、家族、人际圈等。这类制度一般不以文字的形式进行规定，人们是在现实生活中学习、接受这些制度，并在它的框架下进行自己的身份定位，用无形的规则维护、扩展自己的利益，这类制度不具备行政强制力，但可能延续的时效比前两层次的制度更长，它既弥补了上述两个层次制度的某些不足，又对后两者具有作用能力，往往前两类制度在设计中不得不考虑它的潜在影响。说它是“第三层次”制度，并不代表其是下位制度，一方面，因为它的领域也是法律力图侵入并控制的，并且与法律有诸多的交叉重叠，另一方面，它的影响更为深远。如此理解，是希望能用它与法律的显著区别来进行通常意义的界定。

新制度主义认为，政策是制度的产物。那么某一具体“制度”是否是制度的产物？如某项法律是否是宪法、政府结构等的制度产物，而该法律本身显然是一种“制度”。政策同样如此，它既是作为整体的制度的产物，同时它本身又是一种制度。政策的制度分析，即分析三类制度对政策产生、形成、发展、成熟、衰亡的影响，及其交互作用。农民工教育补偿政策作为制度的产出，又作为一种具体的制度，符合上述论述。在上述概念框架下进行该政策的政治学分析，可以更清楚地观察它是如何与其他层次的制度以及同一层次的制度展开互动的。分析其互动过程，能够帮助我们深入地发现目前农民工教育补

① 孟德斯鸠. 论法的精神（上册）[M]. 张雁深，译. 北京：商务印书馆，1961：7.

偿政策是否适应社会发展的要求，同时可知，如何进行政策调适才能实现多重目标。

二、农民工教育补偿的法律法规

《中华人民共和国宪法》第四十六条规定：“中华人民共和国公民有享受教育的权利。”第十九条规定：“国家发展各种教育设施，扫除文盲，对工人、农民、国家工作人员和其他劳动者进行政治、文化、科学、技术、业务的教育，鼓励自学成才。”《中华人民共和国教育法》第十九条规定：“国家实行职业教育和成人教育制度。各级人民政府、有关行政部门以及企业事业组织应当采取措施，发展并保障公民接受职业学校教育或者各种形式的职业培训。国家鼓励发展多种形式的成人教育，使公民接受适当形式的政治、经济、文化、科学、技术、业务教育和终身教育。”

事实上，国家的一些重要法律，为农民工教育提供了高于政策意义上的支持，如1994年颁布实施的《中华人民共和国劳动法》，明确要求用人单位建立职业培训制度，按照国家规定提取和使用职业培训经费，根据本单位实际，有计划地对劳动者进行培训。1996年颁布实施的《中华人民共和国职业教育法》，要求企业有计划地对本单位的职工和准备录用的人员实施职业教育。鉴于法律条文本身比较简要，但内容过于宏观，本书暂不作深入、具体的分析。

1988年颁布，1993年修订完成的《扫除文盲工作条例》（以下简称《条例》）制定的目的是提高中华民族的文化素质，促进社会主义物质文明和精神文明建设，《条例》规定，凡年满十五周岁以上的文盲、半文盲公民，除丧失学习能力的以外，不分性别、民族、种族，均有接受扫除文盲教育的权利和义务。

1988年颁布的《高等教育自学考试暂行条例》根据宪法第十九条“鼓励自学成才”制定。《条例》指出，高等教育自学考试，是对自学者进行以学历考试为主的高等教育国家考试，是个人自学、社会助学和国家考试相结合的高等教育形式；高等教育自学考试的任务，是通过国家考试促进广泛的个人自学和社会助学活动，推进在职专业教育和大学后继续教育，造就和选拔德才兼备的专门人才，提高全民族的思想道德、科学文化素质，适应社会主义现代化建设的需要；中华人民共和国公民，不受性别、年龄、民族、种族和已受教育程度的限制，均可依照本条例的规定参加高等教育自学考试。

另外，国务院还制定了《关于改革和发展成人教育的决定》《成人高等学校设置的暂行规定》《普通高等学校函授教育暂行工作条例》等行政法规，教育部制定了《关于举办职工中等专业学校的试行办法》等。

宪法与法律法规确定了农民工接受教育的基本权利，但尚未出台专门针对农民工这一庞大群体的法律或者法律条文。长期以来，在二元结构影响下，中国大部分地区的城市和农村社会是各自封闭运行的，农民工就像候鸟与寄居蟹一样，城市与工厂只是他们“打工”的地方，而不是生活的地方。法律给了农民工平等的地位，例如，《中华人民共和国宪法》《中华人民共和国教育法》《中华人民共和国职业教育法》，依据这些法律，农民工教育补偿政策不断出台，形成了能看到的政策变迁过程，但是，明显可以看到，这些条文的执行受到其他制度的影响，其效力在相互碰撞中被“中和”了，如户籍制度、分配制度及社会保障制度。同在宪法之下的这些制度，有着不同的具体目的，但是在实现各自目的的过程中，产生了现实冲突，冲突产生的结果进一步与宪法描述的某些价值目标形成了一定程度上的背离。

第三节　行政管理部门及协调机构

一、行政管理部门

目前的政府行政机构中，从中央层面来看，对农民工教育有责任的主要有人力资源和社会保障部、教育部、文化部、科技部、农业农村部等部门。本节用列举的形式呈现这些部门的职责，以便观察农民工教育的内容在其职责中的地位，以及部门间的职能关系，从中可以看出农民工教育工作缺少统筹规划与深入实施在部门职责不明方面的原因。

人力资源和社会保障部设农民工工作司，拟订农民工工作综合性政策和规划，维护农民工合法权益；推动农民工相关政策的落实，协调解决重点难点问题；协调处理涉及农民工的重大事件；指导、协调农民工工作信息建设。但显然人力资源和社会保障部职责并未直接包含农民工教育内容。

教育部的主要职责有：拟订教育改革与发展的方针、政策和规划，起草有关法律法规草案并监督实施；负责各级各类教育的统筹规划和协调管理，会同有关部门制定各级各类学校的设置标准，指导各级各类学校的教育教学改革，负责教育基本信息的统计、分析和发布；负责推进义务教育均衡发展和促进教育公平，负责义务教育的宏观指导与协调，指导普通高中教育、幼儿教育和特殊教育工作；制定基础教育教学基本要求和教学基本文件，组织审定基础教育国家课程教材，全面实施素质教育；指导全国的教育督导工作，负责组织和指导对中等及中等以下教育、扫除青壮年文盲工作的督导检查和评估验收工作，指导基础教育发展水平、质量的监测工作等。教育部职业与成人教育司对职业教育、成人教育等的管理涉及农民工教育工作，职业教育、社区教育、成人教育、继续教育、终身教育等教育政策的制定与落实都由其牵头负责。另外，教育部由于统筹负责全国教育工作，高等教育、基础教育等司局通过对学制内教育的管理，掌握学制教育资源，可能对农民工教育提供条件。事实上，有些高等学校已经自发开展一定的农民工教育活动。但是，对于农民工教育问题，教育部并不负有主要责任，在农民工教育培训工作中，教育部一直不是牵头协调机构，教育部掌握的教育资源未能在农民工教育方面充分发挥作用。

文化部的职能主要有：拟定文化艺术方针政策，起草文化艺术法律法规草案；拟定文化艺术事业发展规划并组织实施，推进文化艺术领域的体制机制改革；指导、管理文学艺术事业，指导艺术创作与生产，推动各门类艺术的发展，管理全国性重大文化活动；推进文化艺术领域的公共文化服务，规划、引导公共文化产品生产，指导国家重点文化设施建设和基层文化设施建设；指导、管理社会文化事业，指导图书馆、文化馆（站）事业和基层文化建设等。从职能上看，文化部不直接承担教育职能，但文化部负责的公共文化服务、文化事业单位建设等工作，与农民工文化生活密切相关，是开展农民工教育的重要途径。

科技部并不直接承担农民工教育工作，仅通过科技部对国家科技发展的管理发挥优势，开展一些农民工科技教育的工作。如2006年，科技部制定了落实《国务院关于解决农民工问题的若干意见》的工作要点，提出充分发挥科技的先导作用，促进农村劳动力转移就业；提高农民工科技素质和职业技能，从而增强农民工城市、非农就业生活的适应能力；促进县域经济发展和城镇化，拓展农村劳动力就近转移就业、生活的空间。

除政府机构之外，一些重要群团组织，如工会、团委、妇联在自己的工作范围内开展农民工教育活动。

从农民工教育工作的相关负责机构的职责、结构来看，数量众多但针对农民工教育的分工不清，或者说，农民工教育并未在政府机构中形成有负责有分工的局面，有些部门虽然承担的工作与农民工教育有关，却缺少直接介入农民工教育的责任，承担教育工作的部门却不是农民工教育的主要推动机构，总的来看，农民工教育在政府职能分布与政策地位上仍居于弱势，缺少体系性，即使技能培训本身，中央与地方分别出台了政策，有关部门在各自负责的领域内开展了一些行动，但工作落实停留在层层下放任务、重复统计数据、多头报送总结的层面，降低了政策效率。从工作机制上来看，中国条块分割的情况仍然存在，没有统一的主管部门，农民工教育补偿政策难以科学有效地执行。并且，目前的职能分工已经固化，依靠行政部门自身的作用，很难进行适当的调整，使农民工教育不仅得不到深入发展，而且沿着原有的技术培训导向不断强化，显然不利于农民工市民化与国家城镇化发展目标的实现。

二、协调机构

2006 年 3 月，国务院批复劳动和社会保障部①同意成立全国农民工工作联席会议，指出联席会议不刻制印章，不正式行文，日常工作由劳动和社会保障部负责。联席会议制度建立的目的是加强部门间的协调配合，更好地做好农民工工作，具体职责是：在国务院领导下，研究拟订农民工工作的重大政策措施，为国务院决策提供意见建议；督促检查各地区、各部门相关政策落实情况和任务完成情况，协调解决政策落实中的难点问题；研究确定年度工作要点和阶段性工作计划；定期向国务院汇报农民工工作情况，并及时通报各地区、各部门。联席会议共有 31 个部门和单位，包括国务院办公厅、发展改革委、教育部、科技部、公安部、监察部、民政部、司法部、财政部、劳动保障部、建设部、农业部、文化部、卫生部、人口计生委、中国人民银行、国资委、税务总局、工商总局、统计局、安全监管总局、法制办、国研室、扶贫办、西部开发办和中宣部、中农办、高法院、全国总工会、共青团中央、全国妇联等。联席会议由国务院领导同志任总召集人，劳动和社会保障部部长、国务院 1 位副秘书长、国务院研究室 1 位负责同志为召集人，各成员单位 1 名负责同志为组成人员。联席会议下设办公室，负责联席会议的日常工作。办公室设在劳动和社会保障部，设主任 1 名，副主任若干名。办公室主任由劳动和社会保障部 1 名副部长兼任，副主任由主要成员单位 1 名司局长兼任。各成员单位 1 名司局级干部为办公室成员，各成员单位 1 名处级干部为联络员。

各省市地方相应地陆续成立了类似机构，组成部门与全国农民工工作联席会议相仿。以河南省为例，2008 年该省成立了农民工工作联席会议，设计了八个方面的职责：解决农民工工资偏低和拖欠问题，依法规范农民工劳动管理，搞好农民工就业服务和培训，积极稳妥地解决农民工社会保障问题，切实为农民工提供相关公共服务，健全维护农民工权益的保障机制，促进农村劳动力就地就近转移就业，加强和改进对农民工工作的领导。该联席会议与农民工

① 2008 年 3 月，中华人民共和国劳动和社会保障部撤销。

教育相关的具体职责有十项：搞好农民工就业服务培训，加强农民工职业技能培训，落实农民工培训责任，由省劳动和社会保障厅、省农业厅、省教育厅、省科学技术厅、省建设厅、省财政厅、省安全生产监督管理局、省扶贫办、省总工会、团省委、省妇联分别负责；大力发展面向农村的职业教育，由省教育厅牵头，省劳动和社会保障厅、人行郑州中心支行共同负责；把农民工纳入城市公共服务体系，由省发展和改革委员会牵头，省建设厅、省财政厅、省教育厅、省卫生厅、省人口和计划生育委员会、省劳动和社会保障厅共同负责；保障农民工子女平等接受义务教育，由省教育厅负责；保障农民工依法享有的民主政治权利，由省公安厅、省民政厅、省劳动和社会保障厅、省总工会共同负责；做好对农民工的法律服务和法律援助工作，由省司法厅牵头，省财政厅、省高级人民法院、省总工会共同负责；强化工会等组织维护农民工权益的作用，由省总工会牵头，团省委、省妇联共同负责；引导农民工全面提高自身素质，由省劳动和社会保障厅、省教育厅、省司法厅、省政府法制办公室、省委宣传部、省文明办、省总工会、团省委、省妇联共同负责；发挥社区管理服务的重要作用，由省民政厅、省劳动和社会保障厅、省文化厅、省人口和计划生育委员会、团省委分别负责；加大宣传力度，在全社会营造关心农民工的良好氛围，由省委宣传部牵头，省文明办共同负责。

从山东省农民工工作联席会议 2013 年工作要点中，可以看出，农民工培训和文化生活方面的内容有所增加：如统筹开展农民工职业培训工作；贯彻落实《关于进一步做好农民工培训工作的通知》（鲁政办发〔2010〕19 号）；推动建立面向市场确定培训职业（工种）、具备资格的培训机构平等竞争、农民工自主选择、政府购买服务并考核评估培训效果的机制；统筹利用人力资源社会保障、教育、科技、扶贫、住房城乡建设、农业以及工青妇等部门和组织的职业培训资源，大力开展农民工岗前技能培训、在岗技能提升培训；继续实施“加强就业培训提高就业与创业能力五年规划”“星火计划”“雨露计划”、建筑工地农民工业余培训等多形式、多层次的农民工培训；支持并鼓励技工院校开设涉农专业，继续实施“技能扶贫计划”，为新农村建设培养更多的中、初级技能人才；引导和鼓励企业结合岗位需求，开展农民工技能提升培训；具体工作由该省人力资源社会保障厅牵头，发展改革委、教育厅、科技厅、财政厅、住房城乡建设厅、农业厅、总工会、团省委、省妇联参加；丰富农民工精神文化生活，认真落实《关于进一步加强农民工文化工作的意见》（文社文发〔2011〕45 号），尽快把农民工纳入城市公共文化服务体系；指导各地因地制宜加快推进重点文化惠民工程；继续推动公共文化服务设施免费向农民工开放；结合“群星奖”大赛和评审活动，引导和鼓励各地积极创作农民工题材的优秀文艺作品，挖掘和培养农民工创、编、演等文艺人才，引导农民工在文化建设中自我表现、自我教育、自我服务。举办关爱农民工系列文化活动和慰问农民工春节晚会等活动；结合创建公共文化服务体系示范区验收工作，适时开展农民工文化工作检查，工作由省文化厅和省农民工办牵头，省委宣传部、省民政厅、省总工会、团省委、省妇联参加。

江苏省在2007年成立了农民工工作领导小组。从其《2010年工作要点》的任务分工中，可以看出农民工教育补偿政策的有关部门的职责分配情况：统筹开展农民工职业技能培训，由省农民工办牵头，省委农工办、省发展改革委、教育厅、科技厅、民政厅、财政厅、人力资源社会保障厅、住房城乡建设厅、农委、商务厅、文化厅、总工会、团省委、妇联参加；加强对农民工培训的资金支持，由省财政厅牵头，省委农工办、省发展改革委、教育厅、人力资源社会保障厅、住房城乡建设厅、农委、商务厅、总工会、团省委、妇联参加。

从上述内容可以看出，农民工工作存在一个规模很大的协调机制，贯穿了中央与地方，并且各地的协调机制较之中央层面更加具体。但从具体工作内容来看，农民工教育职责偏弱；农民工教育补偿政策从部门实际职能出发，而不是根据现实需要设计；农民工教育仍以培训为主；农民工民主政治权利、法律保障、权益维护一般从政府保护的角度，缺少对农民工自我保护与主动意识的教育培养；农民工教育协调机构组成大而全，缺少实际意义上的统筹部门。

第四节　社会观念的积极转变

一、政治学的观念

我们看到，有些著名的历史制度主义学者看到了观念的作用，他们把观念作为制度之外的重要因素，但与制度密切相关，并且也可以形成一种无形的规则。“思想观念可能制约也可能促进制度的变迁”①，豪尔认为，“很少有历史制度主义者坚持说，制度是产生政治结果的唯一因素。他们尤其倾向于将制度与其他因素一道定位于因果链之中，社会经济发展与观念的分布也是他们重点

① 坎贝尔. 制度变迁与全球化［M］. 姚伟，译. 上海：上海人民出版社，2010：91.

考虑的因素”①。盖伊·彼得斯在对历史制度主义进行总结时，强调：“观念是历史制度主义的一个核心因素，结构向当前或未来的制度成员‘推销’观念的能力对于塑造结构与行动者的联结至关重要。”② 尽管历史制度主义者努力定义制度，在难以明确描述的非正式规则方面精心建构，把这些规则定义为“标准的操作程序”或“工作规程”③，并试图以此与社会学制度主义把非正式规则扩大到文化与“社会规程”的方式区别开来，但却缺少充分的科学依据来说明为什么我们在所谓的“工作规程”和文化下的某些固化了的观念，甚至是在政治功能的作用下固化了的观念之间划出一条清楚的线，这些固化了的观念大到如意识形态、政治理念，小到如男权背景下家庭内的男主外观念，以及男性比女性在政治问题上更感兴趣（他们以此影响了一个家庭的政治决策）。显然这些方面已经超越了“工作规程”的范畴，但它们仍应属于关于政治问题“非正式的规则”。“这里所说的规则，包括惯例、程序、协议、职责、策略、组织形式以及技术……还包括信念、榜样、符号、文化及知识……行为受到这些文化格言或社会规范的限制约束，这是经验性社会科学所观察到的常识”④，例如在中国农村，女性的地位不如男性的观念仍然存在，这使不少女性在参与政治活动中仍然处于弱势，在涉及自己利益的方面，如受教育、参加选举等方面仍未达到“自觉”状态，或者周围固化了的观念未给予她们足够的重视。因此，前文把风俗、习惯、一个组织内非“工作规程”的潜在规则，意识形态等涉及人的观念的内容，视作制度的一部分，并且同时把它们与法律法规和政策形式的制度相区别。观念对政策有持续深入的影响，很多政策的制定过程中，不得不考虑观念的因素，或者顺应某些观念，或者考虑某些观念有可能给政策执行设置的阻力，从而在政策的制定、宣传、执行、评估等程序上都能够充分纳入观念变量，防止忽视观念的存在而导致政策波动甚至失败。相比来看，“在价值观教育方面，英、美、日除了‘隐性化’和系统渗透的课堂教育体系以外，还通过社会服务、志愿行动等公民参与活动，激发和凝聚人们

---

① 何俊志. 结构、历史与行为：历史制度主义对政治科学的重构［M］. 上海：复旦大学出版社，2004：53.

② 彼得斯. 政治科学中的制度理论：“新制度主义”［M］. 王向民，段红伟，译. 上海：上海世纪出版集团，2011：79.

③ 何俊志. 结构、历史与行为：历史制度主义对政治科学的重构［M］. 上海：复旦大学出版社，2004：169-170.

④ 马奇，奥尔森. 重新发现制度：政治的组织基础［M］. 张伟，译. 北京：生活·读书·新知三联书店，2011：21.

的价值观，凸显教育手段的灵活性”①，价值观作为观念中一种更具有政治意义的概念，历来是政治力量关注的焦点，其政策推行形式可以在一定程度上决定政策的有效性。

二、观念对农民工教育补偿政策的影响

农民工教育补偿政策由于其特殊性，受观念的影响是明确而深入的。观念作为一种固化了的规范和一种不成文的制度，在如何影响政策调整方面，能够限制行为的方向、通道和选择，为所有参与政治活动的行动者提供运用权力、建立联盟、发挥组织优势、实现政治目的的机会②。农民工接受技能培训后提供了大量工业和城市发展必需的劳动力，他们逐渐脱离农村社会而长期在城市工作、居住、生活，生产方式的发展引起社会关系的变化，技能培训主导的农民工教育补偿政策难以适应这种变化，从而出现了观念固化之后的行为困境。“制度塑造政治行为者追求特定目标的方式和在行为者之中构造结构性权力关系的方式，是通过赋予某些人以特权而将另外一些人置于不利地位的。”③ 我们可以在农民工教育补偿政策过程中观察利益相关方是如何在观念的指导下行动的，以及这些行动是如何使农民工在接受教育方面处于不利地位的。这些利益相关方包括政府、企业、社会组织、农民工个人、农民工家庭和社区等。

第一，农民工教育中存在实用主义。农民工教育补偿政策以培训为主，不是教育。由农民成为工人是农民工身份的转变过程，农民适应农业生产的方式，拥有农业生产的技术，但在最初进入工业领域时，其最直接的欠缺之处就是工业生产需要的技术。最初的农民工教育补偿政策是从原始的社会需求中产生的，尤其受制于经济发展中的制度规范，同时，这种政策的起点也作为一种观念进入人的头脑，即农民—培训—技术劳动力这样的思维逻辑。在经济发展的环境中，这种观念逐渐固化，从而成为农民工教育补偿政策常以培训政策的形式出现的重要原因。农民工教育补偿政策以就业为目的，解决农民就业问题，是农民工教育相关政策条文中经常出现的观点。长期以来，农村存在大量富余劳动力的现实，用培训解决农民就业问题成为政策的一个命题，而工业发展可以很好地解决农民工的就业问题，农民工需要就业因此需要技术培训这种思维定式也逐渐形成，这种观念同样影响了农民工教育补偿政策的制定。但事

---

① 吴晓林. 现代化进程中的阶层分化与政治整合［M］. 天津：天津人民出版社，2012：230.

② 刘圣中. 历史制度主义：制度变迁的比较历史研究［M］. 上海：上海人民出版社，2010：8.

③ 西伦，坦默. 比较政治学中的历史制度主义［M］//何俊志，任军锋，朱德米. 新制度主义政治学译文精选. 天津：天津人民出版社，2007：143.

实上，一种反向的思维方式被掩盖，即农民工接受培训后提供了大量工人和城市发展必需的劳动力，工业和城市应当给予农民工更多的利益反馈，而不仅仅是坚持“解决农民就业”这样的片面观念。

第二，政策制定主体权力配置固化。政府通过教育政策来推行政治理念，施行教化功能，引导政治行为，从而塑造了教育应该由政府主导的现实及观念。这一观念的形成有正反两方面的影响，一方面，有利于坚持在教育政策中发挥政府强有力的推动作用，有可能在很大程度上保证教育中的公平与效率；另一方面，政府主导客观上减少了社会参与教育或者行为者自主受教育的能动性。政府主导的观念在农民工教育补偿政策的制定与实施过程中，成功参与了政策的塑造，体现了观念的制度特性。经验中形成的政绩观也影响了农民工教育补偿政策的制定，一旦在技能培训上取得政绩，那么这个方面有可能成为持续追求的目标。政绩观导致了政策制定和实施中的惯性，成为制度路径依赖特征的一部分。基于政府的“自利”性，农业农村部、科技部、人力资源和社会保障部、教育部、共青团、妇联等部门或组织各自做出有利于政绩的行为，但同时，在解决整体性、全部的问题时，其职能又无法给予足够的支持，现实中形成了多部门都在关注农民工教育，但每个部门都只能做到一些“点”上的示范性工作。权力结构的固化不仅是一种行为定式，也形成了一种观念定势，它限制了权力配置随着社会现实变化的可能性，并不断加深这种限制，使政策的路径依赖特征更加鲜明。

第三，政策目标群体权利地位固化。农民工长期在城市生活，使其难以行使身份归属地的权利，户籍在农村，又使其无法行使居住地的权利，始终摆脱不了自己是“农村人”的观念。城市社会关系与农村社会关系的明显不同，使农民工缺少在城市行使权利的基本习惯和能力。农民工的身份与生活区域上的矛盾，使其行使民主权利摇摆在农村和城市之间以及无从行使和无法行使之间。农民工逐渐接受了“技能培训—就业生存”模式，难以意识到自己除了需要技能培训，还需要有利于全面发展的教育，难以正确、准确地表达自己的诉求，无法对教育政策提出自己的观点。但新生代农民工的想法已经开始转变，他们更愿意把自己当作工人或城市市民。对他们来说，技能培训政策已无法替代教育政策的功能，但现实中他们却难以摆脱附着在“农民工”身份上的诸多限制。

第四，政策受益方社会责任弱化。当前的社会态度在对待农民工的问题上存在诸多矛盾。大量的农民工在城市工作，为城市第三产业带来了活力，也解决了城市生活很多基本问题，缺少农民工的城市恐怕难以正常运转。同时，社会却选择性地忽视农民工的存在。农民工的权益、道德、情感、城市生活技能等问题，依靠农民工自身的力量难以解决。城市社会采取对农民工宽容、尊重、扶持、爱护的态度是改善农民工城市生活条件的前提，城市社会有责任、有义务为农民工更好地在城市生活提供必要的知识和经验方面的条件。大量劳动密集型企业的发展尤其离不开农民工的劳动，企业在必要的生产技能培训之外，对农民工的支持偏少，除了生产必需的技能培训和团队精神外，农民工很少能从企业获得受教育的机会、资金和时间支持。企业认为用工付薪理所当然，忽视了企业应有的社会责任，甚至农民工也“习惯”并接受了企业的思维方式，但近年来时常见诸媒体的自杀、群殴等极端事件即从相反的角度说明了问题。农村社会亦由于农民工带回了大量资金而得到前所未有的发展，农村面貌大变。但对于长期生活、居住、工作在城市的农民工来说，农村社会已经不具有对农民工开展教育的机会、能力甚至动力。企业、农村与城市社会的责任在农民工教育方面显然被弱化了，甚至基本未承担什么有意义的责任。

第五，农民工政治参与意识与自我定位。有很多调查证据表明，农民工的政治参与意识是不强的。农民工政治参与意识不强，投票率低、轻率投票、易受引导投票，维护利益的方法简单低效，表达诉求的方式匮乏，并非农民工先天的原因，也不全是“理性选择”的结果，更多的是制度塑造的结果，选举制度中城市与农村代表比例存在的巨大差距与农民工政治参与意识不强有逻辑上的联系，制度设计使农民较少参与政治活动，形成了农民参与政治活动的“低效”观念，这种观念又强化了农民较少参与政治活动的行为，这种强化在农民工身上得到延续，农民工不仅从农民那里继承了“农民”的自我意识，而且继承了参与政治活动“低效”的观念。这种观念的存在使农民工教育补偿政策的制定过程缺少了农民工意识和利益的主动表达，更不能顾及连农民工自身都无法自觉提出的“平等”“保障”“发展”等权利。

第六，新的观念尚未制度化。并非所有的观念都可以被看作制度，那些犹疑的，未曾定型的，或者刚刚引入、出现不久的新观念并不能完全地发挥制度的作用，但它们有可能是早期的“制度”，如果在制度与行为中逐渐固化或者形成“路径依赖”而不是被抛弃、遗忘或忽略，那么就有机会真正纳入制度的范畴。如劳动力素质的内涵、农民工的工人身份、非政府组织的作用等，这些观念有些仍停留在学术讨论的层面，或者被用来作为新的“口号”，而不是贯穿到政策内容中，有些处在前文划分的三个层次制度共同作用形成的观念之下，无法取得突破，有些则更多由于现有制度的制约，难以自由地发挥作用。

中国有着良好的传统，即将农民转变为工人，再转变为城市市民，户籍制度等制度曾经是这一过程得以实现的助推力量，它使农民通过招工、入伍复员安置等方式在法律上成为城市的一员，平等地（在城市范围内）享受城市市民的福利，如粮、油、住房、就业等，并且，用制度的形式帮助其在城市站稳脚跟。而这些制度在长期运用之后，到今天，已变成造成社会阶层固化的保守力量，它不再促进流动与上升，而是相反，变成农民工成为真正的工人和城市市民的限制力。同时，随着时间的推移，在强有力的制度影响下，城市与农村两个空间的割裂已经由制度、利益的层面走向了文化、习俗与观念的层面，从福利制度到选举制度再到社会观念都不利于农民变为市民，无法帮助“农民工”变成“工人”。有官员曾经反对“农民工”的称呼，认为应该改成“新工人”等，但这并无助于解决隐含在“农民工”称谓背后的制度及观念因素，与其改称呼，不如建制度，当“农民工”身上的“农民”属性及“特征”消失的时候，是否拥有“新工人”的称谓亦不重要，因为观念上不会再区分“新工人”还是“旧工人”，真正的融合让新、旧的称谓失去意义。

目前来看，农民工教育补偿政策仍然沿着原有的道路缓慢地发展，也可以说，除了作为经济发展需要的附属品，在促进培训与抵触培训之间进行摇摆之外，没有什么太多进展，其路径依赖的特征十分清楚。有人认为，历史制度主义所说的路径依赖，甚至历史制度主义本身，更适合于对过去情况的描述，而无法对未来进行预测。但这样的说法是有所偏颇的，原因是，历史总是动态地发展着，路径依赖在不同时期存在，我们生活在路径依赖中，同时，路径依赖也影响着明天的政治生活。历史制度主义关于路径依赖的理论观点是能够进行预测的，只不过，它预测的并非何时何地出现精确的突变，而是用它特有的方式告诉我们，历史仍在延续，但现实已经发生改变，如果听任路径依赖日益严重，那么“断裂”便可能在累积之下出现。它已经告诉了我们“断裂”可能出现，让我们能够清醒地对政策进行反思和调整，可以说，其预测作用不仅仅体现在“测”上，更体现在“预”上。比如对农民工教育补偿政策，路径依赖理论告诉我们，目前，这一政策正在继续固化，如果不加以合适地调整，可能进一步被固化，那么，被其忽略和掩盖的社会问题会逐渐累积加重，直至有一天，因为教育政策未能跟上现实的变化，导致现实给政策以巨大的冲击，直接导致政策的“断裂”，但当“断裂”出现时，应对“断裂”和寻找新的平衡的过程将十分艰难，代价也会更加昂贵。发现和解决某一项政策问题，很难只从其本身去观察，更重要的是要看到政策问题的制度背景，看到围绕在该政策周围的不同层次的制度如何发挥各自的作用，对政策的制定、实施、变迁施加的影响，以及政策如何被不同的行为所曲解、掌控，又如何被不同的行为所放弃，从而难以达到预期的绩效。

综合上述分析，在以农民工教育补偿政策为中心的政治生活中，能看到历史、制度、观念与行为这些变量如何综合地发挥作用。农民工教育补偿政策的形成，并非某一部门单独制定的，也并非由通常看到的经济发展所决定，在其形成过程中，各个层次的制度不停地碰撞、交融，始终对农民工教育补偿政策的形成施加影响。从政治学的角度看，这是一个明确的政治过程，分析这一过程，目的并不是显示政治学强大的解释力，而是帮助我们看到在农民工教育补偿政策制定和实施的过程中，有很多因素在起作用，要形成一个“合目的性”的更科学有效的农民工教育补偿政策体系，不得不考虑和重视这许多综合因素的影响，分清主要次要因素，分析核心外围因素，理出这些因素的逻辑关系及可能次序下的相互影响程度，从而使农民工教育补偿政策既符合国家建立、社会发展总体的、根本的目标，又能够兼顾更微观具体层面的政治活动需要。用政治学的新制度主义方法对农民工教育补偿政策进行分析，也是希望在制度已经“回归”的同时，政治学与政治活动应然式的“规范”意义也重新成为政治行动者追求的目标。

第六章　农民工教育补偿的行政机制变革

真正解决农民工教育问题“有赖于一个国家层面的系统性的制度、体系和政策的建立”①。仅有政策内容的调整无异于空中楼阁，谁来制定、执行前面章节设想的政策，又如何保障政策发挥应有作用，都需要超越农民工教育补偿政策本身，从政策背后的制度层面开展顶层设计。

第一节　发挥政府主导作用

一、农民工教育具有外部性

外部性是经济学中的常用概念，也是公共政策研究中的常用概念。外部性又称为溢出效应、外部影响或外差效应，指一个人或一群人的行动和决策使另一个人或一群人受损或受益的情况。在公共政策领域，它常被用来分析政府如何运用公共政策调整具有外部性的行为。通常来说，解决外部性问题的方法是让外部性内部化，即通过制度安排经济主体经济活动所产生的社会收益或社会成本，转为私人收益或私人成本，使技术上的外部性转为金钱上的外部性，在某种程度上强制实现原来并不存在的货币转让。例如，工业生产的排污问题是负外部性的案例，工业排污破坏了环境，损害了一定范围内的居民利益，公共政策需要规定排污的责任和居民应当受到补偿的情况和标准。但在公共政策领域，很多问题并不能通过这种社会收益或成本转为私人收益或成本的办法来解决，或者说，解决方案本身太过复杂，难以做出具体的政策设计。教育具有明显的正外部性，教育培育出的人才，会给家庭带来更高收入、给企业带来更合

---

① 李明华. 农民工高等教育需求、供给和认证制度研究 [M]. 北京：中国言实出版社，2011：134.

适的人力资源，甚至对社会稳定做出贡献，这是对所有人都有益的。正因为这种强烈的外部性，才使公民的基本教育一般都由政府主导。教育的外部性通过收益与成本的社会向个人转化来解决的办法，在义务教育阶段以后运用较多，社会存在通过向教育支付更高私人成本获取更高私人收益的行为，例如国际高中、私立高中、自学考试、自费留学等。对于弱势群体来说，其收入水平和自身条件很难通过这种货币转让的方式解决外部性问题，解决的办法应当通过国家对收入分配的调整进行。

农民工教育是一种具有正外部性的活动。农民工是一个流动性极强的群体，一般来说，年龄越轻，受教育程度越高，而这部分人正对应着“新生代”农民工群体，他们年轻，追求新鲜，思想多变，更容易流动。企业需要受过较好专门教育的农民工，为了满足自身的需求，有时他们不得不对农民工进行培训，但经过一定培训期的农民工在获得更高技能后很可能为了更高收入选择更换工作，这样很容易导致企业对农民工培训的积极性不高。纪律性、奉献意识、管理能力也是企业对农民工的要求，这些品质更需要企业的长期培养，培养后离职对企业来讲将面临较大损失，现状导致企业在培训农民工时多为应急式、功利性，较少做长期规划。同时，农民工收入水平整体并不高，仍生活在社会底层，属于弱势群体，他们存在教育需求，却很难全部通过自付费的形式进行满足，这便要求政府对这一群体的大部分教育问题纳入收入分配的体系中解决，通过转移支付支持农民工接受进一步教育，其正外部性溢出将由全社会享受，企业和公民则以税款缴纳的方式对所享受的利益支付费用。

二、农民工教育是政府主导模式

政府的组织机构间的协作方式、政府部门内部的决策机制、资金分配方式、中央地方的分权模式、群众团体与非政府组织的地位等都会影响农民工教育补偿政策的形成，其纵横交错的复杂的规则相互作用，使农民工教育补偿政策的制定与实施过程充满了不确定性、随机性和象征性。现在回头来看这样一个农民工教育补偿的重要政策，也即《2003—2010 年全国农民工培训规划》（以下简称《规划》），其中规定，“2006 年至 2010 年，对拟向非农产业和城镇转移的 5 000 万名农村劳动力开展引导性培训，并对其中的 3 000 万人开展职业技能培训。同时，对已进入非农产业就业的 2 亿多名农民工开展岗位培训”，关于这个目标实现得如何难以准确测算、实际的绩效如何难以衡量。按相关调研数据，作为上述《规划》重要部分的“阳光工程”从 2004 年投入了 2. 5 亿元资金到 2008 年投入 11 亿元资金，实施五年间，累计培训农村劳动力

1 580 万人，转移就业1 370万人。即便如此也只占到2009年全国外出农民工总量（22 978 万人）的6.88%。另据城乡建设与住房保障部的统计，建筑行业农民工已达3 200万人，参加过培训的仅占10%①。

同样，政策、行政机构间的相互影响也影响着农民工教育补偿政策的形成。事实上，农民工教育补偿政策的很多文本是存在于其他政策之下的，例如，2005年《关于进一步加强就业再就业的通知》及2007年《国务院关于加快发展服务业的若干意见》中都明确提到了加强农民工职业培训，最近的如2019年人力资源和社会保障部发布的《新生代农民工职业技能提升计划（2019—2022）》等。产业结构调整政策长期影响农民工教育补偿政策的具体内容。当然，国家一个时期对某一产业或行业的重视，可能导致这一时期针对农民工教育的引导性政策倾斜。

组织结构与规则被新制度主义者看作制度的一部分。农民工教育中的组织缺失，是结构功能的失调。传统教育有着稳固的组织结构，使政府能够在学校教育中实现政治目标，而家长与学生能够在学校教育中实现政治参与和个人发展，并逐渐形成自己的“观念”。在家庭教育的结构下，学生、家长、社会、国家的各方利益依然能够得到维持，但在农民工教育中，缺失了学校与家庭的参与，学校教育的重点除了象征性的工作外不可能放在农民工教育上，农民工早已成年并远离原有家庭，家庭教育亦无从谈起。对于新生代农民工，这些继承了农民工身份的第一代农民工子女而言，他们的父母长期在外打工，有时即使能将他们带在身边也缺少时间、能力对其开展教育，因此其家庭教育本就严重缺失，作为农民工的雇主，企业由于农民工教育的严重外部性而难以“真心实意”地开展农民工教育。因此，能够承载农民工教育的只有政府和社会——政府部门和社会非营利组织，但中国的大政府、小社会的社会模式证明，政府也必须成为农民工教育的主导者，履行职责并引导社会大量开展农民工教育，出台政策引导农民工自身关注自身教育，引导企业多做一些农民工教育。德国成功的职业培训体系虽然并非全部针对“农民工”，却对中国农民工教育补偿政策的制定实施具有借鉴意义，它“不仅是支撑德国劳资之间‘社会伙伴’关系模式的中心制度安排，而且对于德国扶植制造业并配之以高工资的战略起到了重要的支持作用，与此同时，它在某些方面实际上对强大的工会组织存有依赖性”②。

---

① 国务研究室课题组. 中国农工调研报告［M］. 北京：中国言实出版社，2006：26.

② 西伦. 制度是如何演化的：德国、英国、美国和日本的技能政治经济学［M］. 王星，译. 上海：上海人民出版社，2010：24.

制度给政府部门这一主体带来了什么样的利益，政府部门以何种形式参与到制度的设计之中，参与到通过制度创设而成的机制之中，并在这一机制中以何种形式选择、维护、发展自己的利益，以及做出妥协、退让、默契、牺牲第三方利益等行为，在政策分析中应当客观看待、克服弱点并正确运用。

也许，随着经济社会的发展，全球化下工业竞争的加剧，工厂生存压力的加大以及精英教育向大众教育的转变，农民工的受教育程度也会进一步提高，但作为政府意图的实现途径，加强有关农民工教育的制度建设成为目前状况下的必然选择。尤其是在转型日渐紧迫的今天，政府通过发挥制度的能动性推进农民工教育水平的提高也是必然选择。因此，有意识调整政府部门的“利益”分配，实现权责一致，有助于农民工教育补偿政策制定得更为科学合理，有利于农民工教育问题的解决。

三、政府具备政策调节的能力

农民工教育目的具有多元性，只有政府才具有达到这些目的的能力和动力。无论国家与政府建立的起因是扩大共同的利益还是防止利益被侵害，它都要实现一系列越来越复杂的功能，保护整个体制的运行良好。凡是使社会获得更快更好的发展的活动，都应该获得政府直接或者间接的支持。农民工是中国特有的一个庞大群体，它在工业化时期出现，目前已占到全国劳动力的约38%①。这样一个庞大的群体的任何一个问题都会产生重大影响，如农民工工资、农民工社会保障、农民工居住、农民工返乡过节等，相对而言，农民工教育似乎没有那么紧迫，却是社会诸多目标实现的重要基础。经济发展需要高素质的劳动者，政治稳定需要遵纪守法的公民，社会和谐需要生活安定、家庭幸福、邻里和谐、遵守社会公德的居民。实现这些目标，依靠单一的力量难以做到，政府是实现这种综合目的最有动力与能力的主体力量。

农民工具有复杂的群体特点。除了庞大的规模以外，农民工的流动性还很强。2020 年全国外出农民工 16 959 万人②。首先，农民工流动是从祖辈居住的农村向城市的流动。由于长期在外，农村传统的行政组织基本不再负有也无法负有管理的责任，教育的责任更为薄弱。对农民工的教育一直存在流入地负责还是流出地负责的争论，同时，流入地和流出地都有一定的事实来证明自己一方对农民工的教育承担起了责任，但这种责任很明显是作为示范布点型的，只

---

① 人力资源和社会保障部. 2020 年度人力资源和社会保障事业发展统计公报［R］. 2021.
② 人力资源和社会保障部. 2020 年度人力资源和社会保障事业发展统计公报［R］. 2021.

有极少数人受益，根本无法照顾到多数人。其次，农民工常在不同城市间流动，流动的原因常常是亲属、邻居或朋友的带动。这种流动使地方政府很难对农民工教育进行长期规划，同时也缺少了动力。另外，农民工的群体身份尚未定型，究竟是工人还是农民仍有争论，这种争论背后还有更深层次的矛盾，就是如果把他们彻底定位成工人，那么他们在农村的土地如何处理，如果允许他们作为私有财产处理自己的土地，那么如果他们在城市难以生存，或者遇上经济不景气大量失业，是否会引发更为重大的社会问题。可以说，农民工教育问题看起来是谁来教育、如何教育的问题，事实上更为复杂，是一个需要政府整体思考予以解决的问题。因此，只有政府才有能力进行强有力的综合协调，调动资源配置予以应对。

相对义务教育、中高等教育来说，全民教育和终身教育还停留在理念和局部的、表面的发展阶段。这一方面说明国家政策对农民工教育的重视程度不可能很高，另一方面也说明具备很大的政策空间。近年来，国家对教育的投入逐年增加，2018 年教育投入占 GDP 的 4. 11%，2019 年的数据显示，在疫情期间也实现了占 GDP 的 4. 04%，经费的大量增加，也使政府加大投入帮助农民工接受进一步教育成为可能。

第二节　优化管理机构

一、现有机构存在的问题

中国的政府机构设置，以群体管理、以事管、以属地管并存，造成职能交叉重叠很多，有利益的事一定要管，利益不大的事可以放一放，难管的事可以不管，越是难管的事便越是在机构设计时由于太复杂成为难以规定清楚的问题。有学者从“政治中间层”的角度分析类似问题，“上层对中间层的依赖是以保证中间层的适当利益为前提的，而中间层在长期不断反复的上层—中间层的依赖、讨价还价的关系中，逐渐发展和扩张了自己的利益范围”①。同时，有些问题如果政府不管或无力管理，这些问题就会成为社会性的大难题，往往长时间得不到解决，积累下来的矛盾又易于成为突发事件，在失望、冲动、鼓动的支配下，在某时某地寻找突破口发作出来。突发性的事件易引起媒体、社会、官方甚至是国际舆论的关注，网络技术的进步和网络媒体的大众化，如一

① 杨凤春. 政治中间层在中国政治中的地位与作用［J］. 南都学坛，2006（4）：109-114.

些即时通信工具和微博，都成为突发事件迅速传播的工具，网络传播后再通过人群的口口相传，便很难将影响控制在一定范围内。突发事件引起的集中关注和问题的迅速解决一定程度上鼓励了突发事件的再次发生。农民工教育问题不像农民工讨薪、农民工子女教育容易引起关注，却是一个层次深、发展慢、影响远的问题，处理得好，有利于城市和农村的长治久安；处理不好，则可能在将来造成成本更高、代价更大的社会问题。即便在发达国家，长期以来对城市移民问题的处理也有不妥之处，伦敦、巴黎、罗马等一些国际大都市城郊年轻移民骚乱，表面上看是就业问题，实际上却是教育出了问题，他们既缺少生存技能又缺乏社会归属意识。中国政府和研究机构早已注意到这方面的问题，只是由于认为不够紧迫、牵涉太广而难以采取有效举措。在中央政府对农民工问题一再强调之下，除了农民工就业、生活、保障以外，很多政府部门根据职能特点介入了农民工教育。本书中其他章节已经将政府组织结构作为影响农民工教育补偿政策调整的主要因素之一进行了分析。人力资源和社会保障部、科技部、教育部、文化部等部委已经分别承担了一些农民工教育的职责，取得了一些成绩。综合来看，各部委都有自己的“工程”“计划”，都有一定的经费投入，也都有专门的部门牵头负责，但彼此之间数据信息并不共享，哪些农民工接受过多长时间、何种教育培训都是不得而知的，只有一些执行后的数字，比如投入多少资金，支持多少农民工，难以避免重复投入和不计效果的情况出现。农民工教育本身就是一个面广量大的问题，政策效果存在计量困难，各部委“浅尝辄止”“蜻蜓点水”的做法，更加无法对资金进行有效利用，无法衡量政策绩效。目前，各部委仍然满足于已经进行的农民工教育培训支持项目，既没有深入解决这一问题的充足动力，又没有解决这一问题的责任意识，从政策执行和调整来看，有固化的可能，农民工教育在有限政策的支持下，几乎是一种自然发展的状态。

二、政府机构改革持续进行

改革开放以来，中国政府的机构改革一直在断续进行。1980 年，为了实现拨乱反正，借鉴国际新兴国家经济，启动经济体制改革，邓小平在中央政治局扩大会议上的讲话中指出，国务院领导班子存在权力集中、副职多及党政不分等问题，需要进行党和国家领导制度的改革。他还提出完善各级政府系统机制，解决党政不分问题，进行经济上的领导体制改革，实行集体领导和个人分工相结合。这一次改革是以后政府机构改革的开端，起到了积极的示范作用。1980 年以后，政府机构的大型调整有 5 次，分别是 1982 年的“精兵简政”、

1988 年的“转变政府职能”、1993 年的“理顺关系”、1998 年的“提高效率”和 2008 年的“大部制”改革。每一次改革的原因都是政府机构的某些设置不再适应经济社会发展的需要，关系不清，职能重叠，责任不明，以及官僚主义、机构臃肿等，每一次的主题都略有不同，各有侧重。从改革的发展脉络上看，改革的内容正由党和国家的顶层机制向政府组成部门的层面深入，由简单的精减调整，更多地向解决经济社会发展中的深层次问题转变。从效果上来看，虽然多次机构改革未能完全达到目的，政府部门中的老问题仍然不同程度存在，但却形成了政府机构调整的机制，理解和接受调整成为政府部门及其工作人员、社会各界的一致态度，给政府机构的适应性调整创造了条件。

中国政府的职能仍在快速发展变化过程中，不适应现实需要的机构职能必须调整。事实上，机构改革已经是中国政府的常态，小型的调整经常出现在政府部门之间和某一政府部门内部。尤其是 2008 年开始的大部制改革，其改革思路一直延续到目前。2008 年，国务院新组建工业和信息化部、交通运输部、人力资源和社会保障部、环境保护部、住房和城乡建设部，不再保留国防科学技术工业委员会、信息产业部、交通部、人事部、劳动和社会保障部、建设部，新组建了国家能源局、国家国防科技工业局、国家民用航空局、国家公务员局，一共 15 个部委涉及调整，减少了 4 个正部级机构。这些调整，是对新型工业化道路建设、综合的交通运输体系建设、加强就业保障、加强环境保护、加强住房保障体系建设等国家发展的战略需要的适应性调整。2012 年党的十八大首次将政治体制改革作为一个独立问题单独列出，明确提出政府要“简政放权”“推进大部制改革”“严格控制机构编制，减少领导职数，降低行政成本”。可见，政府机构改革不仅没有停滞，而且沿着原有路径，向更深入的方向发展。农民工教育事务的政府管理机构完全可以在持续进行的政府机构改革中进行客观的、必要的调整，这种调整正符合政府机构改革向纵深发展的基本目的。2018 年 3 月，农业农村部成立，党中央、国务院如此重大的改革安排，充分体现了对新时代“三农”工作的战略定位。

三、整合农民工教育管理机构

农民工教育从根本上来说是一种教育活动，对于政府来说，这是一项教育行政工作。关于农民工是工人还是农民，应当属于城市还是农村的争论尚无结论，但无论如何，农民工教育都是应当推行的。目前，新生代农民工已经成长起来，并且日渐成为农民工中的主体，他们不仅继承了上一代农民工的工作和生活方式，还继承了上一代的社会身份，他们还十分年轻，不应当像上一代农民工一样在简单的重复劳动与城乡往返中度过一生，同时又由于知识的匮乏和对教育的不够重视、缺乏条件使其下一步又面临同样的命运。这种社会阶层的固化不利于国家民族的发展，而教育能在打破阶层固化中发挥独特的作用。

自从1954年宪法明确规定了中国“人民民主”的国家性质以来，中国共产党以不同的形式坚持实现“人民主权”。中国共产党提出了一系列新的执政理念，如“始终代表中国最广大人民的根本利益”“坚持以人为本，树立全面、协调、可持续的发展观，促进经济社会和人的全面发展”，在注重保护人民基本生存权利的同时，更加注重实现人民全面发展的权利，为中国公共政策的制定与实施定下了基调。现行《中华人民共和国宪法》与《中华人民共和国教育法》都对公民的受教育权做了明确规定。可以说，农民工教育必须以技能培训为主，或者农民工教育不包括促进发展的形式并未被任何形式的执政纲领或法律文献规定。农民工教育补偿政策为何偏离了执政理念的方向，与经济导向下的行政部门权力配置密切相关。农民工教育补偿政策由多个政府部门分别制定和执行。除教育部以外的部委，如农业农村部、人力资源和社会保障部、科技部、国资委等，均为与经济发展关系极其密切、直接相关的部门，其出台的农民工教育补偿政策内容均以技能培训为主，受此环境的影响，即使是教育部出台的针对农民工的教育政策，也以职业教育服务农民工技能培训为主。在经济已经获得长期快速增长的基础上，城镇化、农民工市民化、新生代农民工问题已对农民工教育补偿政策回归原始执政理念提出了要求，通过促进农民工的全面发展解决社会现实问题，是农民工教育补偿政策调整的目标指向。农民工教育补偿政策指向的成功调整，离不开行政部门权力配置的重构，应由专门部门统筹负责农民工教育补偿政策。通过行政部门权力调整填补执政理念与具体政策之间的“裂隙”，才可能保证政策导向的顺利转变。

通常来看，如同义务教育、中高等教育，庞大群体的教育问题应当由国家教育行政部门总负责。目前来看，教育部承担了一些职责，比如发出通知要求各地教育行政部门和学校做好农民工的教育培训工作，但距离其应当发挥的作用还太远。教育部有专门的职业与成人教育司作为成人和继续教育的内设机构，具体职能是“承担职业教育统筹规划、综合协调和宏观管理工作；拟订中等职业教育专业目录和教学基本要求；会同有关方面拟订中等职业学校设置标准；指导中等职业教育教学改革和教材建设工作；指导中等职业学校教师培养培训工作；承担成人教育以及扫除青壮年文盲的宏观指导工作”。从职能描述来看，该部门的职能应当涵盖了农民工教育的内容，但首先该司的职能更多地倾向于职业教育，对成人教育仅承担“宏观指导”的职能，一定程度上造成了成人教育事实上的弱化。即使在成人教育的职能内部，存在社区教育、企业职工教育培训、农村成人教育、终身教育、远程与继续教育的细化，但现实仍有一些难以落实之处。农民工教育应当是成人教育的一部分，但其当前阶段的重要性已经超越传统的、宏观的成人教育层面。农业农村部对农民工所做的教育培训工作，从根本上来说是把他们当作农民来培训，并且主要目的是解决农村劳动力就业，着眼点在农村，所以不可能解决城市农民工教育的问题。科技部对农民工教育培训所做的工作集中在技能培训，与国家职业教育的内容重叠。人力资源和社会保障部所做的工作则是从全国就业情况的一部分来看待农民工培训问题。这几个部委都不可能从整体上考虑农民工教育问题，而教育部拥有配置各级各类学校的师资、场所、经费资源的能力，拥有全盘考虑制定教育政策的能力，拥有确定教育内容的能力，因此，农民工教育由教育部总负责才有可能统筹解决农民工教育问题。

在农民工教育的政府职能调整上，还有一个重要的方面需要研究。目前，从农民工教育中获益的主体是流出地政府和流入地政府。农民工为流入地政府贡献了劳动力资源，在工业上创造了物质财富，在服务业上为社会的基本运转提供了保障，增加了当地的税收。农民工将收入中的一部分用于在流出地修建房屋，购置商品，赡养老人，改善了当地的生活状况，增加了当地的物质财富。因此，参照外部性的解决方案，应当明确流入地政府和流出地政府之间对农民工教育的投入责任。当然，明确责任还需有详尽科学的方案，充分考虑到农民工的流动时间和消费情况，在无法统计之前，可以先行确定一个相对适当的负担比例，适时调整。

第三节　农民工教育法规建设

一、中国的法治化道路

1997 年党的十五大召开，江泽民在报告中明确提出要“依法治国，建设社会主义法治国家”，并对依法治国基本方略的内涵做出了阐释。1999 年 3 月，九届全国人大二次会议将“依法治国、建设社会主义法治国家”正式写入宪法修正案。党的十六大以后，诸如“公平正义”“宪法法律至上”“依宪治国”等命题以及“法治是人类文明进步的重要标志”“法治是以和平理性的方式解决社会矛盾的最佳途径”等论述进入中国政治实践的理念体系中。新时代，习近平法治思想中“坚持以人民为中心”“为了人民、依靠人民、造福人民、保护人民”等，这些命题和论述推进了中国特色社会主义法治建设，拓展了中国特色社会主义法治道路。一个以宪法为核心的多层次、多部门的中国特色社会主义法律体系正在形成。2018 年的统计数据显示，现行有效的法律有 267 件，行政法规有 756 多件，地方性法规有 12 000 多件，中国的经济建设、政治建设、文化建设、社会建设以及生态文明建设总体上做到了有法可依。经过数届全国人大及其常委会的不懈努力，中国目前已经初步建立起包括宪法及宪法相关法、民商法、行政法、经济法、刑法、社会法和诉讼法 7 大门类的法律体系，对依法治国、建设社会主义法治国家，实现中国特色社会主义法律体系的目标，打下了坚实的基础。党的十九大报告在党的十八大报告“全面推进依法治国”的基础上，进一步要求“坚持全面依法治国”，报告指出：全面依法治国是国家治理的一场深刻革命，必须坚持厉行法治，推进科学立法、严格执法、公正司法、全民守法。依法治国是中国国家治理的重要目标之一，是国家多年的努力方向，“在中国，行政机关承担着经济、政治、文化、社会、生态文明建设等各个领域的繁重管理任务，实施 80%以上的法律法规，其行政能力和执法水平与人民群众的生产生活息息相关”①，但现实之中，依法治国在具体的执行环节距离期望目标仍有很长的路要走，很多地方与行政部门还存在有法不依、执法不严、自我监督不够的问题，知法违法、执法违法的案例时常见诸媒体。同样经常被关注的是，目前，中国很多行政管理工作仍长期处于使用政策规定的层面，未能实现向立法过渡，既有谨慎的考虑，背后也有利益左右和动力不足的情况存在，对于一个长期存在、广泛存在的社会问题，政府政策只能是暂时的手段，应当用立法的形式严肃规定各方责权利，形成稳定预期，促进问题的最终解决。有人进一步认为，“考虑到法治的两个社会要素是人格平等和公民精神，特别是考虑到法治中国的主要困境源于差序格局（人格不平等）的文化—社会结构，法治中国道路似乎更应通过以实现社会正义为旨归的实质法治而最终谋求规则之治的形式法治”②。

二、农民工教育法制化的原因

随着社会经济水平的提高、个人在社会中地位的提高以及由此而来的人们对教育问题的重视，受教育开始由一项它赋的权利转变为自赋权利。“法律价值的权衡和选择，在本质上即社会价值与个人价值的关系问题，从个人角度而

---

① 袁曙宏. 论全面推进依法治国［N］. 法制日报，2012-11-22（4）.

② 邓正来，郝雨凡. 转型中国的社会正义问题［M］. 桂林：广西师范大学出版社，2013：343.

言，也是人的社会性和个性的关系问题。从世界各国的教育法的规定来看，都体现了一种既使社会受益，又使个人受益——实现教育的公共性的价值取向。”① 政府与立法机构有责任保护这种“公共性”。“在早期，受教育者的教育权与其说是一种权利，不如说主要是甚至仅仅是义务更为恰当，它曾与兵役、纳税并列为三大义务，即是明证。同时，这种失衡还表现在对家庭、父母有相当片面的义务规定，而国家、政府却可以无所作为，如免费的局限、机会的不均、学校的不足、资源的短缺等，都没有受到应有的约束和规范。现在，虽然依然强调家庭和父母以及子女的教育义务，但对政府的办学责任、学校的教育条件等都作了极其严格的规定，甚至受教育权也逐渐演变为学习权，侧重点发生了根本的转移。可以看到，诸如此类的变化使各方主体的权利及义务变得更加均衡。”② 中国在农民工教育方面陆续出台了很多政策，但不同于政策的是，法律完全属于强制性规范，政策上升到法律不仅在内容上，而且在形式上要求社会成员共同遵守，对目标的指向更为明确，实施路径亦更为有效。如1986 年《义务教育法》出台以来，中国的义务教育有了较大发展，目前，全国义务教育普及率已达95%以上，发达省份的普及率更高，这一发展成果，在法律的保障之下，得到了人民群众的广泛支持，以及各级政府的积极推动。虽然《义务教育法》亦未取得立竿见影的成效，但经过多次修订以后，目前已经在全国范围内产生了深远影响，农民工受教育水平的提高便是典型案例，农民工直接成为立法的受益者，广大农村地区更成为立法的受益者。1996 年《职业教育法》立法以来，职业教育得到了高速发展，2007 年，全国中等职业教育学校有在校生 1 987 万人，高等职业教育的在校生为 861 万人，分别是 1979 年的 3.4 倍和 4.2 倍，之后，随着适龄学生人数下降，普通高等教育招生继续扩大，2012 年，全国中等与高等职业教育在校生分别为 754 万人与 759 万人。上述案例直观地说明教育立法在解决特殊群体的教育问题上发挥了十分显著的作用。

中国惯用“红头文件”的形式加强某项工作，如“自从新中国成立以来，中国以‘规定’‘决定’‘意见’‘通知’等行政性、政策性的方式实施对社区教育有效管理。不可否认的是，这种方式从很大程度上发挥着指导社区教育工作开展、推进社区教育事业发展的作用。事实上，它们相比真正意义上的法

---

① 余雅风. 基于公共性的教育立法价值论 [J]. 高等教育研究，2004 (3)：40-45.

② 李赐平. 国外义务教育立法与我国《义务教育法》的完善[J]. 行政法学研究，2005(3)：98-103.

律、法规尚有较大距离，从而也就无法真正体现其法律意义上的强制力和威慑力”①。国家通过法规的形式将政府的农民工教育补偿政策固定下来，能够起到明示作用，使全社会都重视农民工群体的受教育问题，使政府部门明确什么是自己必须做到的，使农民工知道自己应当做到什么、可以享受什么权利。立法可以起到预防对农民工受教育权利侵害，或者片面限定农民工的受教育权利的行为，细化宪法及有关法律规定的平等权利和受教育权利。农民工教育法制化，还可以实现纠正不正确的社会行为和稳定社会关系的目的。用强制性的方式使农民工有机会、有能力、有意愿进一步接受全面教育，能够改变社会看待农民工身份的方式，形成良好的社会关系。

三、农民工教育法制化的内容

中国的法律体系中大体包括以下几种法律法规：法律、法律解释、行政法规、地方性法规、自治条例、单行条例和规章等。法律的效力高于行政法规、地方性法规、规章。行政法规的效力高于地方性法规、规章。地方性法规的效力高于本级和下级地方政府规章。省、自治区的人民政府制定的规章的效力高于本行政区域内的较大的市的人民政府制定的规章。农民工教育的法制化未必一定要使农民工教育成为法律，但必须要成为法律体系的一部分，具有一定的法律效力，才能更有效地推动农民工教育问题的解决。

农民工教育法规的名称和农民工教育法制化的方式相关。首先，可以通过成人教育立法，实现农民工教育法制化，将农民工作为一个特殊群体在成人教育法、继续教育法或终身教育法中体现，使有关法律的适用范围包含农民工群体，内容上涵盖促进农民工群体接受教育的条款，或者与其他的职工教育同等对待。其次，可以单独形成政府规章，由国务院或相关部委制定颁布农民工教育管理办法之类的规章，从而使之具备法律效力，或者制定“农民工教育暂行条例”，使之成为更高等级的法规形式。

农民工教育法制化应当确定合理的原则。一是强制性原则，农民工教育是一种强制性的教育活动，应当普遍遵守。二是平等原则。农民工与其他社会群体一样平等享有接受教育的权利。三是补偿原则。农民工教育是一种补偿教育，对因家庭、学校、社会等原因造成的教育不足进行补偿，使农民工不断提高受教育水平。四是社会性原则。农民工教育是一种社会教育活动，应当包含

① 陈乃林，刘建同. 学习型社会建设中的社区教育发展研究［M］. 北京：高等教育出版社，2010：112.

提高农民工社会生活能力的教育内容。

在具体内容方面，农民工教育法制化至少应当包含如下一些方面：第一，中央政府的专门部门，如教育行政部门负责统筹协调农民工教育工作，制订农民工教育计划、农民工受教育程度衡量方法和标准，设计颁发相关证书。第二，农民工教育的具体组织以流入地政府为主，流入地政府应当将农民工教育纳入国民经济和社会发展规划，纳入政府考核目标体系之中。第三，农民工教育是全面教育，职能技能教育与社会生活教育同等重要，教育行政部门负责制定相关课程教学标准，保证农民工获得融入城镇生活的能力。第四，政府、企业、农民工个人等农民工教育受益方为农民工教育的开展提供经费投入方面的保障，并允许社会资本进入农民工教育领域。第五，协调原由不同政府部门管理的场地、设备设施等资源用于农民工教育，图书馆、博物馆等文化教育设施优先免费向农民工开放。第六，充分利用高等院校的师资力量服务农民工教育，鼓励社区力量、志愿者组织利用社会资源开展农民工教育。第七，鼓励支持开展农民工教育问题的科学研究。第八，农民工教育应坚持学历与非学历教育并重。第九，完善农民工职业技能教育体系，提高政策绩效。第十，完善农民工教育补偿政策绩效评价制度。

第七章　农民工教育补偿的政策体系构建

农民工教育补偿政策调整首要的是改变农民工教育补偿政策的目标，扭转农民工不需要教育或者只需要技能培训的偏颇观念，把农民工教育补偿政策的整体基调调整到有利于农民工在城市稳定、健康、幸福生活的方向上来，而后通过宣传、鼓励、硬件、师资、经费、管理等一系列政策的制定与推行，逐步彻底改变农民工教育的现状。

第一节　师资培养政策

一、师资力量现状

目前农民工教育以提高农民工生存就业能力为导向，以职业技能培训为主要内容，其教育活动主要依托职业技术教育机构进行。这些机构包括高等、中等职业技术院校，地方职业技术教育中心，以及一些从事职业能力与生产技术培训的企业。同时，企业提高生产效率、效益与农民工提高收入的个体“理性”加深了这种趋势。因此，在师资的选择与提供上，自然以服务工业、服务业需要的职业技能方面的师资为主。多年前兴起的计算机培训即典型案例。由于计算机技术的日益提高与普遍使用，各行各业均大量利用计算机提高工作效率，降低管理成本。许多刚刚离开初中、高中校园的农村学生，在进入农民工群体外出打工时，选择了工作舒适度较高、具有时代特点、个人主观喜欢的计算机技术作为自己接受技能培训的方向。很多由政府开展的农民工教育培训项目都包括基本的电脑培训项目，该项目的师资力量往往不是以服务于农民工培训为主，而是大量职业院校教师或从事专门计算机技术培训的企业机构，因为接受了政府的培训项目而承担相应的培训工作。除了偶尔参与农民工培训外，职业院校教师的大部分时间从事其本职教学，计算机培训机构的师资则更大程度上为更广泛的社会人群服务。一部分农民工技能培训由企业完成，企业为了培养适合自己生产方式、满足自己生产要求的工人，通过自有的拥有较多工作经验和较高技术能力的工人在生产中给予新加入的农民工以指导，从而实际上承担了农民工教育培训师资的角色。一部分农民工则完全依靠自己的观察、实验、摸索与老乡、朋友、亲属的相互学习掌握了生产与服务技能。这种师资提供的方式是单一和放任的。技能主导的单一化的师资力量显然难以满足农民工在生产、生活和社会交往等方面多样化的需求，在户籍、心理等方面存在的"壁垒"的情况下，放任式的学习方式也使缺少"老师"的农民工很难得到城市工作、居住、生活甚至定居必需的能力和经验。

国家教育行政部门在职业技术院校持续开展了多个层次、多种目标的职业教育师资培训、职业教育师资素质提高计划和骨干教师培训计划，建立了职业教育师资培训制度，建设了一批师资培训基地和示范单位，加强了职业教育师资培训的对外交流与合作，为服务农民工培训、促进农民工就业客观上起到了促进作用，但也进一步强化了农民工教育的技能培训导向。

从农民工教育师资力量现状可以看出，目前的农民工教育师资需要从更深切的时代要求、更多样的农民工需求出发进行配备。而农民工教育师资力量能否得到加强，取决于政策导向的转变、社会观念的转变，取决于能否加大投入、更好的统筹组织与引导。

二、扩展师资来源

农民工教育的特殊性决定了农民工教育师资的特殊要求。农民工的人数、工作与居住方式、流动方式、心理状态等均有其群体的独特性。农民工教育师资亦需要相应地满足其特殊要求。

农民工数量庞大，单一的技能培训尚且难以全部兼顾、系统开展。政府所开展的培训项目与期望达到的目标之间、与经济发展需要之间仍有较大距离。若开展包含技能、法律、道德、文化、生活等内容的更为全面的农民工教育，则需要配备大量符合要求的师资。仅师资的具体需求数量这个问题，不依靠政府力量、经过大量调研便难以统计。当然，农民工教育未必要全部配备专职教师，对农民工教育问题的思考应尽力避免两个极端：一是将农民工教育等同于农民工技能培训；二是将农民工教育看作全部由政府大包大揽而成为不可能的行为。前者将农民工教育简单化，后者将农民工教育复杂化，均不可取。农民工师资需求的具体数量需要开展全面调研确定，并非本书的主旨，因此，本书对此仅止于定性上的分析。

师资数量上的庞大需求是显而易见的。事实上，师资力量的数量问题一定程度上可以通过丰富师资来源、充分利用现有教育体制内的师资力量、广泛动员社会力量来妥善解决。现有的职业院校，已经承担了农民工大量技能培训工作，但很多职业院校同时为学生开设更为综合多样的课程，具备多种人文学科师资力量，他们可以为农民工提供更丰富的知识，并且，随着普通高等教育的大众化日趋深入以及考生人数逐渐减少等原因，中等职业院校招生已经存在事实上的较大困难，部分高等职业院校招生亦不再饱和，已经具备了向农民工教育提供师资的能力，向农民工教育开放职业教育师资已经不仅是农民工教育的需要，还成为职业院校生存与发展的需要。从这方面的一些案例来看，普通高校已经成为开展农民工教育活动的重要力量与重要场所，一些高校教师已经参与到农民工教育活动中来。普通高校较之职业院校综合性更强，学科更具多样性。由于普通高校教师多有研究职责，他们在某一领域的知识掌握与思考更为深入，对于农民工教育的一些特殊需求可以更好地予以研究解决。另外，普通高等学校拥有较深的文化积淀与较高的社会地位，其教师也有更强的社会影响力。由他们承担一定的农民工教育工作，一定程度上能够有效激发农民工的学习兴趣与学习积极性，提高他们对接受教育的重视程度，并从侧面提高农民工得到社会尊重的认可感。目前，无论是政府支持下的还是社会自主设立的，都有一些专门的教育研究机构与社会问题研究机构，相比高校教师，他们对于教育实验拥有一种天生的兴趣，其研究人员同样可以成为农民工教育的师资来源。中小学教师亦可以为农民工教育提供师资力量，目前来看，中小学仍承担较重的教学任务，难以大量开展农民工教育活动，但仍可以组织一些学校与农民工家庭互动的活动，间接参与农民工教育，或者可以组织一些科任课教师适度开展普及性的农民工教育活动。社会组织与志愿者是农民工教育不可忽视的力量，充分引导社会组织与志愿者发挥作用，开展农民工教育活动，不仅可以在很大程度上降低政府开支，减少税收压力，而且可以取得良好的社会效益。社会组织及其志愿者来自社会各个阶层，尤其是知识分子、企业白领等，由他们大量志愿参与到农民工教育活动中，可以加深阶层间的互动与了解，平抑社会矛盾，有利于建设一个更为融洽、和谐的社会。另外，一些企业或社会机构的专职人员亦可以为农民工教育师资提供一定的补充。

三、师资培养管理

从上述可知，农民工教育拥有多样的师资来源，挖掘现有的学校、社会潜力，能够在很大程度上满足农民工教育的需要。但也应该看到，现有可能的师资力量并非为农民工“量身定制”，对农民工教育来说，他们都属于“兼职”人员，因此，在开展农民工教育活动中存在一些先天的缺陷与不足。比如，对农民工群体的心理、生活状态不了解、不熟悉，有人可能在承担农民工教育教学任务的同时，仍对农民工教育存在不理解的心态，这些都将影响到农民工教育活动的开展与效果。因此，对于农民工教育师资还需要开展大量有针对性的培训活动，需要有计划有步骤地进行。目前，国家教育行政部门已经在多个领域开展针对某一领域教师或教师的某一方面的培训活动，有能力、有经验开展好农民工教育师资的培训活动。

如此大规模的师资培养离不开行政力量的动员能力。政府行政部门应当将农民工群体的教育作为专项工作开展，专门成立机构或者为现有机构增加职能，而相应的师资培养工作应由专门部门承担，以便于就农民工教育所需师资的人数、培养时间、培养方式、培养内容等统筹规划，制定和执行政策。

农民工教育师资培养组织政策还应注意引导和鼓励社会发挥政府的补充作用，发挥社会各界的特长，引导其为农民工教育提供师资。但政府应发挥自身的组织动员能力，为社会力量参与农民工教育提供支持、帮助与相应规范，防止从事农民工教育的教师各行其是，使不同地区、不同行业的农民工无所适从。农民工分布在不同的特大城市、经济发展城市、欠发达城市、小城镇，其所需所求不尽相同，农民工教育的师资培养的政策应充分注意到师资的地区适应性培养，从农民工融入城市、更好地参与社会生活的角度出发，为农民工教育提供多样化的师资支持。

加强对农民工教育师资培养的组织管理还可以建立农民工教育服务登记制，为向农民工提供教育服务的教师登记在册，适时给予精神或物质的奖励；加强农民工教育的信息化管理，使从事农民工教育的教师能够就近向农民工提供服务，从而保护其参与教学工作的积极性，以及不至于影响个人生活导致农民工教学活动的中断。农民工教育师资还可以通过政府购买服务的方式实现，由政府出资向教育教学机构购买服务提供给农民工。对于专职从事农民工教育的教师可以实行资格准入政策，既为农民工教育保证师资质量，又据此为从事农民工教育的教师提供职业保障。

第二节　经费保障政策

一、农民工教育成本

从目前能够检索到的资料看，对农民工教育成本的研究极少，仅有对农民工培训成本的零星分析，比如农民工培训投入—收益情况、农民工培训投入分担机制等方面的研究。在作为政策保障的农民工教育培训政策中，对教育培训成本及投入的数据十分缺乏，极少有官方公布的资料出现，最多是在罗列工作计划或总结工作成绩时，对某项农民工培训“支持计划”或“工程”在某一个时间段的投入给出一个笼统的数据，并且大多局限在某一政府部门。这种情况一方面说明农民工教育的成本与投入计算困难，另一方面说明政府层面在这方面的重视与协调不够。当然，农民工教育的成本核算是一个庞大的工程，需要广泛深入的调研，需要充分考虑不同地区、不同人口规模、不同城市规模等具体情况，亦不是本书力量所能完成，下文主要结合农民工市民化成本分析的研究成果和教育成本分担研究成果，配合一定程度的定量考察，给农民工教育投入一个比较视角下的呈现，对农民工教育经费保障政策的可能路径进行简单分析。

有人认为，农民工市民化的成本主要是“农民工融入城镇成为市民的费用，如因农民工市民化而增加城镇基础建设、环境保护的费用，建立农民工享有与城市职工同等社会保障和福利的制度的费用、保证农民工在城镇比较稳定持久居住的住房建设的费用、提高农民工及其子女素质的教育培训费用等”①。农民工市民化成本定义与核算均是难题。不同时期的不同研究成果提出了相应成本核算。上海《东方早报》报道，据中国发展研究基金会专项研究测算，“每年为解决 2 000 万农民工市民化需投入 2 万亿元，到 2030 年基本解决 4 亿农民工及其家属的进城和落户问题，使他们享受与城市原有居民同等的公共服务和各项权利”②。可以简单地看作每名农民工的市民化成本为 10 万元。2013 年国务院发展研究中心曾经做过《农民工市民化的成本测算》的报告，其认为，“推动城镇化，一个农民工市民化的成本为 8 万元”“如果不考虑养老保险的远期支出，则农民工市民化过程中短期支付一次性成本平均为 2.4 万元

① 曹兵，郭玉辉. 论农民工市民化的社会成本构成［J］. 经济论坛，2012（8）：116-118.

② 罗晟. 农民工市民化成本 2 万亿/年［N］. 东方早报，2010-10-10（A14）.

（主要是教育和住房保障，包括新建学校），以及主要用于低保等民政补助和公共管理（含市政建设）的年度支付约560元左右”①。不同年度，针对全国及不同地区，以不同口径计算农民工市民化成本得到不同结论，分布在5万~18万元，8万~10万元可以作为中位数提供参考。总的来看，“对农民工市民化成本测量的研究尚处于初步探索阶段，还未形成公认度和系统性较强的成本细分体系和推算思路，测算结果呈现多样化”②。

从上述农民工市民化成本测算可以看出，大多包含了农民工及其子女的教育成本，但亦可以看出，对农民工市民化的研究成果中未给予农民工教育成本明确地计算，一方面说明农民工教育仍可能未受到研究者的重视，另一方面亦可以认为农民工教育成本对于社会负担的增加可能并没有重到难以负担的程度。仅从国家投入的农民工培训资金来看，农民工教育投入从最初明显不足到今天获得了较大改观，2004年中央财政用于“三农”投入为2 626亿元，其中直接安排给农民培训的预算为2.5亿元，不足1%。2004年至2006年，中央政府投入农民工培训工程12.5亿元；全国省区市级政府部门也为农民工培训投入约12亿元。在此条件下，平均每位农民工培训的政府投入大约100元，对农民工培训的投资力度亟须加大③。农业农村部表示，2021年中央财政投入23亿元支持各地培育高素质农民，基本实现农业县全覆盖。相对于农民工市民化成本来说，教育成本并非占据较大比例，经分担应当在社会可以承受的范围内。

二、经费来源与经费分担

中国教育经费整体呈现逐年增长的趋势，2019年，国家财政性教育经费占国内生产总值（GDP）仍超过4%，连续八年超过了4%。而事实上，除国家财政性教育经费与预算内教育经费外④，教育经费的来源丰富多样，还包括民办学校办学经费、社会捐资经费、学杂费等。近年来，每年国家有关行政部门和各地方政府在农民工教育方面均有投入，但具体准确的投入数据截至目前

---

① 高明勇. 农民工市民化的成本如何测算［N］. 新京报，2013-3-30（B04）.

② 曾亿武，丘银. 我国农民工市民化成本研究综述［J］. 安徽农业科学，2012，40（17）：9503-9505.

③ 唐踔. 对当前我国农民工教育培训问题的深度思考［J］. 职教论坛，2010（25）：23-27.

④ 国家财政性教育经费：国家财政预算内教育经费，各级政府征收用于教育的税、费，企业办学中的企业拨款，校办产业和社会服务收入用于教育的经费。财政预算内教育经费：中央、地方各级财政或上级主管部门在本年度内安排，并划拨到各级各类学校、教育行政单位、教育事业单位，列入国家预算支出科目的教育经费。

仍没有一个统一的官方口径，也就是说，农民工教育经费投入仍处于缺少统筹的阶段，没有统一管理必然导致数据的重复计算、模糊计算，缺少统筹必然导致资金使用效率降低。事实上，农民工教育经费来源与国家教育投入体制类似，亦呈现出多样化的状态。除政府财政性教育经费以外，民间投资、农民工自身投入都有体现，只是还难以称得上形成了一定规模，基本处于自发、分散的低层次阶段。由于整个社会尚未形成支持农民工教育的热烈氛围，社会捐助相比学制内的各级各类教育来说，明显不足，尚未有专门的农民工教育基金或者某一企业家持续对农民工教育进行捐助，其原因是多方面的，前文所述的农民工教育的外部性与社会观念都是重要因素。解决农民工教育经费问题，通过政策手段丰富、壮大经费来源是重要前提，虽然每一种来源的壮大在其政策出台本身都将面临巨大困难与阻力，但如果能够从国家层面明确相关行政机构成为农民工教育牵头部门，将农民工教育工作纳入工作规划体系内，农民工教育经费来源的逐步稳定亦可以预期。

按照现代产权制度的一般规律，明晰的产权制度可以降低交易成本，提高资源配置效率。市场经济的完善程度与产权制度的明晰程度密切相关。相比较可以用明确的可量化金钱成本来衡量的第一、二、三产业的产品与服务来说，带有公共属性的、外部性的社会事业的产权难以清晰划分，但恰恰是这些最难划分的部分，是社会改革与发展管理中的难点所在，解决这些问题，需要深入追问，深入调研，创新制度、政策与方法；解决这些问题，才更有可能推动社会问题的深入解决，为社会持续发展扫除障碍。农民工教育补偿政策既然是中国特色社会主义市场经济下的具体政策，应当可以按照“归属清晰、权责明确、保护严格、流转顺畅”的要求，对农民工教育及其成果进行产权划分、责任划分及收益划分，使农民工教育受益方均科学承担相应职责，使农民工教育的成本支付方都能从中获益。

在目前情况下，可以在政策方面进行一些农民工教育经费分担的探索，在总结农民工教育经费分担经验和借鉴其他社会事业成本分担经验的基础上，逐步确定农民工教育经费分担的规则。农民工教育经费分担首先应合理确定农民工教育受益方。按照国家目前的财政税收体制，农民工使用方、农民工收入回流方、农民工自身均从农民工的劳动中获益，农民工教育程度提高同样给上述诸方带来更高收益，因此，他们均应为此支付成本。农民工使用方可能包括农民工流入地各级政府、企事业单位，农民工收入回流方包括农民工流出地各级政府、乡村组织。从行政区域上来说，不同的省、市、县、乡以至村都应承担一定的农民工教育成本；从自然区域上来说，城市与乡村应分担一定的农民工教育成本；从直接受益者方面来说，农民工个人、用工企业、国家财政都应承担一定成本。农民工教育补偿政策中应当包含这样的机制，即明确各方如何分担农民工教育成本以及相应的经费承担及保障措施。

另外，农民工教育经费来源还可以通过社会管理创新拓展，有人提出“广泛动员农业、教育、劳动等部门的培训资源和社会资源，加大资金投入，创新新生代农民工教育培训专项基金”①。当然，对全体农民工的教育来说，同样的资金来源渠道亦会有很大帮助。

第三节　组织管理政策

农民工教育补偿政策的内容完善是有效保障农民工受教育权的前提，而农民工教育的组织管理政策既是农民工教育补偿政策的重要内容之一，又是农民工教育补偿政策能否顺利、有效实施的关键。按照新制度主义的观点，制度将发挥自身的能动作用，对人的行为产生影响。组织管理政策正是农民工教育补偿政策制度化的主要方面。因此，应统筹考虑、精心设计农民工教育补偿政策中的组织管理政策，明确职责、分工、步骤、实施手段等内容，保证农民工教育补偿政策不停留在政策本身，而是取得真切效果。农民工教育的组织管理政策应当包括机构设置、分工协作、人员配备等基本层面，也应包含协作方式创新、教学政策创新等深化层面。

在机构设置方面除进行顶层设计外，应依托现有组织，如党组织、工青妇等组织。“让农民工党团员学习生活、组织活动经常化、制度化，增强他们对党团组织的归属感和认同感”“农民工党支部要加强对农民工的教育培训和服务……不断提高农民工的思想觉悟和参政能力，带领和引导农民工广泛参与城市社会事务管理活动。”② 农民工教育现有的组织管理主要在发挥有关部委的纵向管理的力量，也是导致其难以普遍深入开展的原因之一，因此，在组织管理方面应当充分挖掘发挥社区的功能作用。“社区教育与文化发展既是社区发展的重要手段和条件，也是社区发展的重要功能”“终身学习是以社区为基础的市民教育，依托社区，结合当地居民的技能、社区资源和需求，注重文化多

---

① 黄丽云. 新生代农民工市民化中的价值观［M］. 北京：社会科学文献出版社，2012：162.

② 国务院发展研究中心课题组. 农民工市民化：制度创新与顶层政策设计［M］. 北京：中国发展出版社，2011：299.

元化、可持续发展和融入理念，以多样化的服务惠及不同的文化群体。”① 英国伯明翰在社区提供成人教育服务，帮助社区成员自我发展，其服务不仅包括职业技能的学习，还包括“非职业课程的学习”“广泛的家庭学习”等生活技能的学习支持；其对象不仅包括本地居民，还包括黑人与少数族群。其职能包括改善教学与学习的方式及其相关的支持服务，改善社区教育服务的管理；不断发展新的、潜在的教育服务对象，拓展新的培训课程，增强成人教育对社区发展的积极影响②。在教育部职成司的推动下，中国社区教育建立了近百个全国社区教育实验区，其中大部分建成了全国社区教育示范区③。

不过，也有学者认为，完全借助现有体制难以解决农民工问题，“期望通过社区为农民工提供教育培训、信息咨询、法律救助、社会保障等服务，困难相当大；社区仍然没有培育出可以发挥作用的中间组织；将农民工吸纳进入社区合法组织的想法也不现实”④。农民工教育的组织管理应当结合社会现实开展充分的制度创新。除新设工作机构外，还应加强对农民工教育本身的制度设计。目前，在职业教育方面，已经开始进行职业教育与普通高等教育“立交桥”架设的工作，即在中等职业教育、高等职业教育以及与普通高等教育之间打开通道，允许通过一定形式的考试或者评价使中等、高等职业技术院校的学生可以继续进入更高层次的学校学习，接受教育、获得学历、学位。在社会上，实行“学分银行”制度，打通各类成人教育体制的呼声也越来越高，农民工教育教学完全可以通过制度创新融入各级教育体制内，建立起农民工教育与学制内教育的沟通制度，建立起农民工群体与社会其他群体一体化的教育制度。

本章讨论了农民工教育补偿政策在引导鼓励、物质条件、师资培养、经费保障以及组织管理等方面如何调整，这种讨论有一个明确的前提，即将开展农民工教育视作人与社会全面发展的需要，而不仅是经济增长、生存就业的需要。由于人在经济收入方面很容易表现出其“理性”的一面，以经济上的提升为目的的技能培训主导的农民工教育较容易推行，有着天然的需求保证。但全面教育更多的是解决人的将来与社会长远发展的问题，因此，有关教育政策更不能仅依靠单一的、自发的手段推行，而应建立起丰富的、立体的政策内容

---

① CEBSD. The budapest declaration-building European civil society through community development [EB/OL]. http://www. cedsd. orgk, 2004.

② 刘建娥. 中国乡—城移民的城市社会融入 [M]. 北京：社会科学文献出版社，2011：125.

③ 余善云. 社区教育研究与实践 [M]. 重庆：重庆出版社，2012：12.

④ 卢国显. 农民工：社会距离与制度分析 [M]. 北京：社会科学文献出版社，2010：277.

架构，其中每一项政策都应当设法满足全面发展的教育需求。同时，农民工教育的组织管理政策是一个复杂的系统工程，是农民工教育补偿政策实施的保障，仅在现有制度架构下进行政策层面的铺设，难以解决深层次的根本问题，而是必须根据经济社会发展的需要为农民工教育建设适应性的专门保障机制才能完成。鉴于这部分内容的重要性，本书下一章将从机制建设、从制度与制度间的有机联系等方面深入探讨农民工教育补偿政策相关的组织管理问题。

第四节　社会参与政策

一、运用宣传手段引导社会氛围

引导全社会关注农民工教育问题，参与农民工教育活动有助于形成有利于农民工教育开展的良好氛围。有人以新生代农民工为例来说明政府在社会引导方面力度不够，“虽然政府采取了一系列政策来加强新生代农民工的教育培训，但社会运行结果未能取得预期效果，从而影响了新生代农民工知识价值观的形成”①。政府应当组织制定专门的、灵活的宣传政策，运用掌握的宣传工具，多种形式地开展农民工教育的宣传。可以通过免费发放宣传资料使更多的农民工时刻关注自身教育问题，不忘参与学习，接受教育。应采用农民工喜闻乐见的形式开展农民工教育及其政策的宣传，在电视、广播、报刊、网络上使农民工经常了解到关于农民工教育的信息。在农民工工作、生活、经过的场所，如火车站、公交站、地铁站、交通工具、餐馆、旅馆、固定居住地、工厂企业，张贴、播放农民工教育及其政策信息。政府通过宣传，不仅使全社会了解农民工教育补偿政策，而且使农民工群体更为主动、积极地接受教育，通过接受教育，成为城市优秀居民，更加主动、自信地展示自身的传统美德，甚至为城市带来像传统农村社会那样纯朴、亲切、无间的社会关系，成为城市市民的典范。

二、鼓励开展农民工教育研究

目前，国家对教育研究的科研支持体系中，主要有国家社会科学基金教育科学规划基金项目、教育部全国高校人文社会科学规划基金项目、各省（市、区）相应设立的基金项目以及某些教育学术团体设立的基金项目。奖励则为

① 黄丽云. 新生代农民工市民化中的价值观［M］. 北京：社会科学文献出版社，2012：121.

全国高校科学研究优秀成果奖（人文社会科学）、全国教育科学优秀成果奖以及地方社科成果奖。从对目前国家与教育部科研立项的检索来看，关于农民工问题的科学项目立项已经非常多，但大多集中在农民工市民化、农民工社会保障、农民工技能培训、农民工就业、农民工子女等方面，农民工教育及其政策方面的研究尚未见专门立项，因研究农民工教育而获奖的情况更为鲜见。究其原因，前文已有阐述，一是观念使然，二是似乎目前的农民工培训已经有若干个政府行政部门在抓，似乎已经没有必要再做深入思考，阻碍了对这方面的科研开展。恰恰在这样一个看起来最正常不过的现象上，存在不正常的社会问题，而且，教育在农民工市民化、农民工社会保障及农民工子女教育方面都会起到不可或缺的基础性作用，这是由教育事业的性质决定的。科学研究对于社会问题的解决具有先导性的作用，政府应当有意识地设立农民工教育问题的专门研究项目指南，或者出台鼓励申请农民工教育问题科研项目的政策，促进学界围绕农民工教育方方面面的问题开展深入细致的研究，为农民工教育问题以及农民工问题的根本解决提供资料数据基础、政策建议等。

三、奖励农民工教育的示范行为

应对企业开展农民工教育的优秀行为进行奖励。对于提供时间、场所、资金支持农民工教育的优秀企业，采用设立类似“社会责任奖”“新市民发展奖”“农民工关爱奖”之类的奖项的措施，甚至给予一定的现金补贴、税收优惠等奖励，以凸显企业的社会价值，鼓励形成农民工用工企业关心农民工教育的社会氛围。获得奖励的企业显然可以获得更高的社会认可度，认可度的增加给企业形象、产品销售以及企业用工都可能带来积极的影响。类似评奖行为应当公开、公正、透明，并吸引农民工对评奖活动的参与。同上，奖励社会志愿者、社会团体对农民工教育在资金、场所、人员上的支持，尤其应奖励通过参加学习提升了自身学历、综合能力，从而改变了自身命运的行为。很多农民工对继续接受教育充满希望，一名21岁的农民工女孩在她“我选择重新读书”的口述中表达了复杂的感受，“也许打工只是一种借口吧，我只想逃离别人的议论，我害怕邻居们拿我去比较，在他们眼中读书的孩子成绩就是一切，在他们的眼中我的一切在成绩出来的那一天已经毁了，我得自谋出路”①。奖励和惩罚是相对的政策手段，使用的目的却相同。对于未达到政策规定标准的农民

① 吕国光. 农民工口述史［M］. 武汉：湖北人民出版社，2009：134.

工教育投入的用工单位，应明确惩罚措施，如处以罚金。罚金可专项用来支持农民工教育。

第五节　相关配套政策

一、关于场所设施整合

首先应充分发挥大、中、小学校的作用。学校是天然的教育场所，最能激发人的学习潜能、兴趣与主动意识。目前来看，大、中、小学校的设施除工作日白天供学生上课使用以外，其余很多时间处于闲置、半闲置状态。数亿农民工缺少学习设施和场所，显然学校设施的闲置是一种很大的浪费。农民工无法利用学校设施有多种原因，而缺少相关部门制定统合引导使用政策是基本的原因之一。另外，学校由于担心安全、设施损坏、维护责任不明而缺乏提供给农民工使用的积极性。归根结底，学校设施的闲置是由于职责、产权等制度不明晰导致的，而这一领域正是政府政策的优势所在。政府应当为学校设施的使用划分政府自身、提供者、使用者分别应负有的责任，这些责任包括投入、管理、维护、使用等方面。学校可以提供给农民工、社会组织、志愿者或企业建设农民工夜校使用。农民工的学习教育显然缺乏组织，政府、工会等机构均应发挥自己的动员力，动员广大农民工更多地参与到学习教育活动中来。政府政策的可操作性将决定政策的效果，越是笼统的政策越缺少可执行性，因此，应当努力改变政策含糊不清的习惯，使之尽可能明确具体。其次，除学校以外，社会还拥有很多的设施资源可供开展农民工教育使用。图书馆、文化馆、文化中心、博物馆、社区中心、公园等公共设施都可以为农民工教育提供场所。上述场所应当对农民工免费开放，对此，政策上应有明确规定，并且制定相应的配套政策，以解决有关机构的后顾之忧。事实上，从社会现实来看，所谓农民工素质低是个假命题，农民工舍己救人、车上让座等大大小小的事迹比比皆是，学历低不代表素质低，学历高也未必素质一定高，少数人的行为更不能代表一个群体。反而冷漠、无礼、自私是城市居民常有的表现。政府政策尤其不能追随社会上有失偏颇甚至错误的观念，而应树立正气，给农民工公平的社会环境。我们有理由相信，在安静整洁的图书馆中，良好的气氛本身就是一种教育，而这种教育恰恰可以达到书本教育、学校教育、口头教育难以达到的效果。目前，许多城市博物馆、图书馆实现了向全民免费开放，但仍存在一些问题。一是免费的信息还少有农民工了解，也就是说宣传不够，或者各方在有意无意地避免这一特殊群体大量涌入，选择性地宣传或者不宣传；二是这些设施的免费开放还设置了一些条件，比如网上预约、现场控制人数等。这种政策思路是传统而僵化的，是基于管理出发，而不是基于“服务”为出发点。主动宣传、主动推广、主动邀请上门、设法解决可能出现的问题而不是为防止问题出现设置障碍才是他们应该做的。政府应为此制定针对性政策，根据主动程度和工作量衡量有关机构的绩效，决定其投入、工资等。目前来看这种思路仍有理想化的色彩，但显然是一种发展趋势，没有政策上的引导和创新，依靠公职人员的自我觉悟显然更加难以企及。在城市，社区建设已经比较成熟，几乎每个社会都有固定的活动场所，有些社区中心已经承担和举办了很多的活动，也包括一些外来务工人员的活动，但总的来看，社区活动室的使用仍有很多余量，尤其在农民工可能有时间参与活动的时间段，用于农民工教育的时间以及举办农民工相关的活动都是不够的，这种不足并不是社区的责任，不是农民工的责任，而更应该是政府政策不明确、不深入导致的。如前所述，社区中心的管理者固然会有些许排斥，若是政策规定明确，他们应当会成为政策的良好遵守者和捍卫者。上述设施的整合还存在一个潜在的问题，大部分种类的设施在管理职责上属于文化行政部门和街道居委会，而文化行政部门的职责主要是传播文化艺术，其不具备直接的教育职能和能力，虽说文化艺术传播也有教育的功能，但其规律与教育规律仍有明显的不同。因此，如何充分发挥各类设施的作用，除规定如何向农民工开放以外，更应进一步明确规定文化行政部门、教育行政部门、街道办事处、居委会等相关部门、机构的职责，规定上述部门如何统筹协调，扬长避短，消除部门壁垒，条块分割，形成部门间的横向协调机制或者通过部门行政职能的重新整合来解决根本问题。行政分工过细导致了社会事业的隔离，历史上曾经有过文化设施归教育行政部门管理的情况，但目前，即使将文化设施划转到教育行政部门，只怕也不是教育部门所希望的，这与政府部门的“自利性”相关，政府部门一般更倾向于更大的人权、财权和更少的事权。这就需要更高层级的行政权力来协调，需要更高层次的政策来规范。

二、关于教材教具开发

工业发展中，对于农民工技能培训已经有很多自发的形式，企业更多地通过现实操作的形式使农民工完成接受教育的过程，从而掌握满足企业需求的技术。政府也通过一些专门设立的“工程”帮助农民工提高技能水平。但在适应城市生活的法律、道德、生活各项基本常识等方面，由于缺乏“利益”驱动，相应的教育方式缺乏，教材教具缺乏。虽然社会上有很多种关于上述常识的书籍、影音视频等资料，却并不适合农民工使用。

农民工群体教育具有很强的特殊性。很多农民工完成了初中、高中阶段的教育，却由于种种原因导致基础知识不扎实，对学习缺少兴趣，理解能力相对较低，有些则脱离学校学习太久，知识未更新时间过长，对学习有畏难情绪，或对接受教育存在“不好意思”的自卑心理。这些问题有农民工自身的原因，更主要是社会责任甚至政府责任，教育资源的不均衡严重削弱了农民工受到良好教育的可能基础，看似均衡的义务教育阶段内部存在较大的不均衡、不公平的现象。高中阶段属于非法定义务教育阶段，其教育水平更加参差不齐，许多农民工仅仅勉强完成高中学业，显然，用传统的标准来衡量，学习成绩“较好”的学生大多进入大学阶段教育，离开校园的农村户籍学生大多进入农民工的行列。基于这些原因，农民工教育补偿政策应当指导和支持开发适应农民工教育具体需求的教材教具。农民工教学教具的开发应具备以下条件：首先，应通俗易懂，易学易用，用简洁、生动的语言文字编写或改写现有书籍资料，使农民工喜欢看，看得进，看得懂；其次，尤其应注重结合农民工生活、工作实际，避免空洞说教。某行业教育协会网站上公布了自己的“农民工教学大纲”，其后续是否实施这一大纲以及大纲的实施效果且不论，大纲内容本身更多地从行业或政府需要农民工接受何种教育出发，或者说具有明显的“管理”和“改造”色彩，教育农民工学会自尊自爱、自强自信，激发农民工自身荣誉感等方面的内容十分薄弱，这种“拍脑袋”式的“教学大纲”究竟能起到多大作用也就可想而知。某些机构编写了农民工培训丛书，涵盖了法律、道德、技能、生活等诸多方面，但教材的拼凑痕迹明显，语言生涩，脱离农民工生活、工作环境和教育基础，导致农民工不爱看，没兴趣，仅仅为了编写教材而编写教材，以至于成为某项“工程”的政绩的同时，也成了一种摆设，造成了浪费。农民工教材教具应注意充分调动农民工的主动性、积极性，从农民工工作、生活的案例出发，强调故事性、生动性、实用性等。

农民工教育补偿政策中应当明确对教材教具开发的要求，在人、财、物方面给予规定。比如由专门部门组织教材编写委员会，调研农民工学习需求、学习方式，将编写的教材广泛征求农民工意见，形成最具普遍意义的农民工教育教材。农民工教育教材应当具有良好的可获得性，因此，除编写适用教材以外，还应保证大量的农民工教育教材可以免费或低价获得，并在渠道方面易于获得。总之，农民工教育补偿政策应重视农民工教育教材教具的可操作性、针对性，克服笼统性。

三、关于社会政策保障

保障农民工教育补偿政策调整顺利进行，仅针对农民工教育补偿政策直接相关的政府机构、法律法规、社会参与度进行调整是不够的，还需对其外围相关政策进行相应调整。最重要的如户籍政策以及医疗、养老、住房等社会保障政策。这些政策已成为农民工市民化、农民工城市融入方面的关键因素。“当前，农民工社会融入中的制度障碍，凸显了中国公共政策领域存在的缺陷，主要是公共政策在某种程度上的公平性缺失。从公共政策目标群体来看，由于弱势群体可利用的资源有限且缺少参与的渠道，在相关政策制定中缺乏足够的发言权；从公共政策作用域来看，过于偏重经济政策而忽视社会政策，对社会事务的关注不足，导致社会发展难以适应经济快速发展；从公共政策功能来看，呈现自利化及功利化倾向，一些公共政策的制定过多考虑本部门、行业和人员的利益，考虑社会和民众的利益不足。由于公共政策的公平性不足，以及行政管理体制自身的缺陷，导致公共政策的执行力也存在问题，执行部门权责不清、推诿塞责，部分执行主体能力不足，缺乏有效的监督问责机制。”①

中国的户籍制度被很多人归结为中国城乡二元结构，以至中国社会很多领域呈现二元结构特性的根本原因。“大多数发展中国家的政府都对国内迁移实行控制政策”②，中国现行的户籍政策是新中国成立以后大约 30 年间逐渐形成的，到目前为止，经历了户口登记、限制流动到探索流动三个阶段。伊始，中国并无严格的户籍限制，1954 年宪法规定，“公民有居住迁徙的自由”，因此人口流动尤其是乡——城人口流动频繁。进一步究其原因，与国家建设中强力推行“工业化”有关，国家掌控的大量资源向城市集中，吸引了农村居民向城市流动。但当时的城市就业与社会生活承载能力无法满足不断涌入的人口需要，因此，限制人口流动的户籍政策自然而然地被提上日程。1975 年，以宪法中取消了“公民有居住迁徙的自由”的条款为标志，中国对人口流动的限制达到了顶点。1977 年《公安部关于处理户口迁移的规定》中关于“从农村迁往城市、从小城市迁往大城市”的规定从操作层面进一步强化了对人口流动的限制。之后，改革开放的开始与不断深化，使户籍政策并未沿原有路径继续强化，反而开始了放松地探索，身份证制度、暂住证制度均为人口流动打开了窗口，当然，在此期间，限制与放松始终并存。近年来，有些地方开始了居

---

① 国务院发展研究中心课题组. 农民工市民化：制度创新与顶层政策设计［M］. 北京：中国发展出版社，2011：279.

② 世界银行. 1984 年世界发展报告［M］. 北京：中国财政经济出版社，1984：97.

住证制度的探索，进一步削弱了户籍及人口流动限制，但是户籍政策及其所附着的经济社会利益仍然成为人口流动及城镇化的限制，在一些特大城市更是如此。对农民工教育补偿政策调整的认识及其实施上存在的障碍大多与农民工的户籍身份有关，也就是说，农民工的农村户籍限制了这一群体获得平等意义上的工人称谓，也限制了其获取现存体制内教育资源的能力与资格。"改变城乡两种户口居民权利不平等的身份制度，实行就业权利、享受公共服务权利和公民地位的平等，即机会均等、权利平等和身份统一势在必行"① "既然城乡二元制度制约了农民工市民化意愿和市民化能力，因此，为了促进农民工市民化，必须加快制度创新，以消除城乡二元制度对农民工市民化的制约作用，重点是提升农民工市民化的意愿和能力"②。因此，农民工教育补偿政策的调整不可能不受到当前户籍政策的限制，如能调整户籍政策，当然有利于农民工教育补偿政策的调整与实施。

中国社会保障政策的发展演变过程与户籍政策有诸多类似之处，又与户籍政策密切相关。工人身份、城市户口上附着了大量的医疗、养老等社会保障利益，很长一个时期，这些几乎成为终生保障的象征。市场经济开启了对传统利益格局的市场化整理，改革过程中，很多社会保障利益由政府包办转为市场化安排，其间也经历了反反复复的过程，一部分社会保障逐渐在由政府包办完全推向市场后，又转回或者部分转回到政府直接办理，或者转变为委托办理及与社会共同办理的模式之下。教育问题与社会保障问题一样，也大概经历了类似的过程，但农民工教育补偿政策的调整目前显然已经落后于农民工社会保障政策的调整，2014 年，城乡统一的社会养老保险制度开始建立，更加强化了这种倾向，但社会保障政策的调整亦将影响到农民工教育补偿政策的调整，这种影响应当是积极的。

另外，农民工子女教育政策与农民工教育补偿政策密切相关，农民工群体中已经存在比较明显的代际传递迹象。目前，在多方持续呼吁下，国家已经对农民工子女（进城务工人员随迁子女）教育问题给予了较大重视，从义务教育阶段入学的保障到异地高考政策的调整都有所体现。一方面，农民工子女教育政策与农民工教育补偿政策是两个不同的问题，其群体特点、教育内容与方式、组织管理都有较大区别；另一方面，两者又都对农民工群体的历史性发展有着重要影响，从更大范畴上来讲，农民工教育补偿政策可以包括农民工子女

① 张广胜，周密. 新生代农民工市民化进程的测度及其决定机制：基于人力资本与社会资本耦合的视角 [M]. 北京：经济科学出版社，2013：189.

② 黄锟. 中国农民工市民化的制度分析 [M]. 北京：中国人民大学出版社，2011：94.

教育的内容，调整农民工教育补偿政策的同时，应当关注农民工子女教育政策的调整，从而形成对农民工群体终身教育政策的调整。农民工子女教育政策的调整同农民工教育补偿政策一样涉及面广，但较农民工教育补偿政策本身更易引起关注，亦更易于利用学制内的力量予以解决，因此，本书不再对农民工子女教育政策问题做深入探讨。

从相互关系上来说，农民工教育补偿政策与户籍、社会保障等政策相互影响、相互制约，户籍政策、社会保障政策的调整完善需要能够更好地履行责任与义务的公民，受教育程度是提高履行责任与义务能力的关键，而户籍、社会保障政策的调整能够稳定农民工在城市生活的心理预期，激发农民工持续、全面接受教育的动力，提供农民工继续接受教育的社会氛围与基础条件。

第八章　农民工教育补偿的未来发展

第一节　未来目标

一、从生存导向转为发展导向

在此，回顾本书的研究经过，有助于进一步描述研究脉络、阐释研究结论。本书的研究起点来自对农民工现象及农民工教育问题的关注。农民工现象是中国城镇化发展过程中的特有现象，任何一个国家或地区在经历城镇化过程中都没有如此“巨型”“密集”的群体，从来没有一个城市融合工程如此浩大。但城镇化过程对于国家发展的吸引力无法抗拒，“城市化在某种程度上是农村革命的一种替代，因此，与一般看法相反，一个国家遭遇革命的可能性也许同城市化程度背道而驰”①。因其群体特点，生活在社会底层的农民工的一举一动都成为吸引新闻媒体注意力的热点，就业、讨薪、返乡、春运、民工潮、民工荒等词语每一个都足以引起政治、经济、社会各层面的关注与思考。老一代农民工尚未退出，新生代农民工的学习、工作、心理、生活、发展等即形成新的隐忧。在农民工教育方面，细究起来，需不需要教育的问题从来就没有疑问，没有哪一个群体不需要教育，在中小学、职业教育、普通高等教育的“学校”教育体系之外，成人教育、继续教育、终身教育、全民教育、职工教育、社区教育等新旧教育理念从不同的视角强调教育的重要性。例如全民教育是“教育面向全民、教育对象实现全民化，教育必须向所有人开放，人人都有接受教育的权利……”②。这一系列的“教育”从来未将农民工排除在外，但农民工究竟享受了多少政策成果却是个显而易见的问题，农民工群体被

---

① 亨廷顿. 变化社会中的政治秩序［M］. 王冠华，等译. 上海：上海人民出版社，2011：247.

② 方轮，胡艳曦. 城市社区教育资源开发与整合［M］. 广州：广东人民出版社，2009：58.

“非故意”地忽略了。无论是社会媒体还是学术研究对农民工教育问题的呼吁、思考、分析、讨论从来没有停止过，却没有取得明确的一致，似乎大家都在谈论，只是始终没有完成政策转化，以使人可以清晰地看到农民工教育取得明显成果。原因究竟在哪里？有人认为政府应该重视，有人认为企业应该承担责任，有人认为农民工缺少学习主动性，但没有人回答为何会形成现在的状况，为何政府未能将现实问题转变为政策思路？

要解决农民工教育存在的现实问题，不得不认真分析目前的农民工教育究竟是一种什么样的教育。在上述疑问的基础上，去除繁杂的农民工教育现象，可以首先得出一个结论，目前农民工教育补偿政策是技能培训主导的政策。努力从中剥离出一个核心的特征：农民工教育存在似是而非的观点——农民工教育由技能培训主导是天经地义、十分正常的。可是，这一问题看似正常，实则不正常。为什么农民工教育补偿政策由技能培训主导而不是全面教育主导，为什么农民工教育就要仅满足就业的、经济发展的需要，而一般意义上的公民的教育必须是全面的教育？如此一来，在农民工身上形成了矛盾，即农民工是一般公民，但农民工不需要一般公民的教育，于是有人给出了看似充足的理由，农民工生存问题是首要问题，农民工生存还没有很好地解决，不是该考虑教育问题的时候。这种答案，无论是从教育学、社会学还是政治学的角度上都站不住脚，但成为很多人潜意识中很直接、很坚定的观点。这种情况本身就特别值得进一步思考：为什么存在明显矛盾的问题竟成为社会默认的现象？与此同时，很容易看到，农民工教育补偿政策的技能培训导向仍在不断强化，没有停止的迹象。

事实上，农民工教育方面存在的诸多矛盾观点都指向一个内核，即经济发展头等重要。但与此同时，现实中社会发展已逐步落后于客观需要。在经济发展中既需要大批低成本劳动力，又需要解决大量人口就业问题，两个目标在农民工群体身上得到了“完美”融合，对农民工开展技能培训能够满足两种需要，当然，对于技能培训，由于较高的技能水准可以提高工资收入，农民工显然乐于接受。于是利润导向的市场机制充分发挥作用，并且逐渐在这一领域形成固化。这也是很多人观念中农民工技能培训等于农民工教育的思想根源。因此，经济建设为中心决定了农民工教育补偿政策的导向。经济发展的同时，社会发展亦在按照自身的规律持续进行，人不可能只从事劳动不参加社会生活，人的社会需求可以暂时被自我、外界搁置，却不能长期被忽视。农民工在国家经济水平提高、个人经济收入提高、生活环境变化等情况下，对幸福生活、平等交往、个人发展、精神享受等要求必然提高，即使农民工暂时可以满足于经济收入的提高而忽略个人发展的要求，但人的需求规律仍然会发挥作用，这一点在新生代农民工身上体现得尤为突出。在农民工教育补偿政策中为什么会形成由经济建设主导的状况，原因似乎是显而易见的，即社会主义初级阶段的基本任务是以经济建设为中心，但这种解释过于简单，类似同义反复，农民工教育补偿政策的技能培训导向是经济建设为中心的机制之下如何形成的，需要更有说服力的证明。

农民工教育补偿政策由技能培训而不是全面教育主导，其原因在于国家发展机制中以经济建设为中心而不是社会发展为中心。这一假设是根据经验得出的，证明其合理性除观察现实生活以外，更应从历史发展与制度变迁中寻找证据，即要看清农民工教育补偿政策技能培训导向形成的原因，寻求农民工教育补偿政策全面教育被忽视的答案，必须将农民工教育补偿政策问题放在更长的历史发展时期中，放在政策相关的制度变迁中，从“时间”纵深上与“空间”广度上去考察，才能发现其形成的内在逻辑，并提出调整应对的思路。从历史发展来看，民国时期与新中国成立初期，对类似农民工群体的教育从来都是技能培训与其他方面的教育并重，甚至对生活、法律、道德、政治等方面的教育更为重视，可以说经济与社会发展并重。按照历史唯物主义的观点，历史总有其局限性，要看到当时的经济与社会发展并重是在总体低水平的情况下进行的，改革开放以来经济发展上取得的巨大成就为社会发展奠定了雄厚基础，才使我们今天可以讨论如何加强和改进社会发展，满足不同群体的全面发展需要。“由于制度会随着环境的变化而产生时滞效应，原来的制度设计的功能也会发生很大变化。”① 改革开放以后的经济建设为中心不仅从观念上强调了经济建设的重要性，还必然给中层制度带来了一系列变化，使政府机构、协调配合机制、法律法规制定、政策体系建设向经济这个中心倾斜，客观上引导了整个社会的运作导向，农民工教育补偿政策的发展亦在其中，这一点从政府对农民工教育的职责分工即可以窥见。

某些社会问题或许可以通过社会自然发展机制解决，但农民工教育的特殊性决定了解决农民工教育存在的问题需要借助政策来调整。有充分的证据表明，现实中，农民工技能培训已经很难满足农民工个人发展的需求，社会发展亦给农民工教育提出了更高需求；理论上，教育是面对所有人的所有年龄段、所有方面的教育，没有人不需要更全面的教育，教育促进平等与正义，提高参与能力；政策实践上，政策需要根据现实基础与未来要求的变化适时、及时调

---

① 卢国显. 农民工：社会距离与制度分析［M］. 北京：社会科学文献出版社，2010：166.

整。农民工生活在社会底层，在社会上居于弱势地位，但这一群体是在经济、政治、社会方面都能影响社会稳定发展的重要群体，政治上，该群体与其他群体一样居于公民、人民的平等地位，无论将其定义为工人还是农民，都是国家的重要执政基础。历史制度主义的主要观点认为，政策调整存在“关键节点”，农民工教育补偿政策调整仍然需要一个“关键节点”的出现。在以往的经验中，政策调整的“关键节点”可能是领导人的战略思考，可能是某个社会公众人物的强烈呼吁，可能来自国际社会的某种学习动机或者压力，也可以是一个典型的社会事件，有时候，负面事件比正面事件更易于塑造改变政策路径的“关键节点”。因此，农民工教育问题不应完全交由社会解决，农民工教育补偿政策不能等待社会因素激烈促发时进行被动调整，而是应当充分发挥政府管理的机制作用，主动对政策进行调整。农民工教育补偿政策的调整是个复杂的系统工程，对现有政策内容的简单修改无法从根本上解决农民工教育问题。政策调整应包括政策观念、政策制定者、政策内容、实施者与实施机制及其制度环境的全面调整。

二、政策路径需要体系性设计

从权利的角度来说，农民工教育补偿政策调整的目的是更好地实现农民工的受教育权。公民接受教育不仅是一种自然权利，而且是宪法规定的权利。对农民工受教育权的保护以往聚焦于增加农民工就业机会、提高农民工收入水平、改善农民工生活条件方面，或者说聚焦于社会经济发展方面。更好地实现农民工受教育权需要将农民工教育的视角转到农民工的主体地位上来。以农民工为主体，就是将农民工作为一般公民来看待，与社会中上层群体一致看待，不因其来自农村，不拥有城市户籍，受教育程度低，生活方面易于满足就降低其作为一般公民的社会需求。社会的文明、平等、进步都会在农民工群体身上得到体现，但仍需充分克服历史因素、陈旧观念、现实条件等方面带来的限制。保护农民工群体的受教育权，就是要不仅向其提供最低保障条件下的教育资源、教育机会，如义务教育保障、职业技能培训，还应通过政策调整向其提供有助于知识增加、能力提高、交往顺畅、品德优良、参与积极等方面的支持。目前来看，农民工受教育权实现具有较强的补偿意义，较先天获得优越教育资源与教育机会的群体来说，农民工接受全面教育的支持政策应当更有力，以弥补其非主观意愿情况下造成的教育不足。

受教育权是一种社会权利，社会权利实现在当代社会具有越来越重要的意义。考察农民工受教育权实现问题，有助于从特殊到一般，进一步考察社会权利实现问题。农民工的群体特殊性使其受教育权保护作为一种社会权利的保护具有很强的“典型性”。这种“典型性”主要表现在三个方面：首先，农民工群体是一个庞大的弱势群体，这一群体的弱势目前已经不首先弱在收入水平上，而是弱在社会生活与政治生活的方式上，其生活习惯与技巧、表达能力与渠道方面都存在明显弱势；其次，这样一个弱势群体却正在为国家发展做出不可替代的贡献，国家经济深度转型无论如何离不开农民工群体的跟进，已经成为上至政府下至民间的共识，农民工群体因此体现出不同于其他弱势群体的“强势”；最后，农民工群体社会权利实现始终面临难以破解的瓶颈，社会观念需要改变，教育问题与户籍、养老、医疗等政策具有较大相关性，单独解决某一单项问题面临困难。社会发展到当前阶段，社会权利实现已经不是类似“居民最低生活保障”的简单的最底线保障，而是有着更高要求，必须满足人的全面发展需要，满足实现“富强、民主、文明、和谐，自由、平等、公正、法治”等社会发展目标的需要。

社会权利实现的政策调整需遵循社会发展为中心的逻辑。强调社会逻辑，并非要弱化经济建设的地位，而是要提起对“社会”的重视。社会权利实现政策路径的逻辑新建，需要主动弱化对经济发展为中心的政策路径的依赖，即由经济逻辑转换到社会逻辑之下。原政策的起点、过程至终点都遵循以经济发展为中心，未来社会权利实现政策的起点、过程至终点则应为社会发展的中心贯穿。在传统的政府管理理念中，对社会发展的重视尚未达到应有水平，“富人是由于他们的个人优绩而富裕，穷人是由于他们缺乏优绩而贫困，任何傻瓜都会理解这一思想。当然，只有傻瓜才会相信它，社会基本结构对于处于其中的不同地位的人们的选择构成了约束”①，同样，人未得到全面发展的重要原因之一是发展的理念未进入政策制定的核心环节。虽然国家对民生等社会发展事业日益重视，但很多领域仍处于自发、散见状态，缺少社会中心的政策理念统领，如“农民工在城市劳动，在城市就业，但却不能享受城市的社会保障，而只能依赖农村的承包土地来履行社会保障的部分功能，形成了劳动关系与社会保障关系的‘两张皮’”②。由于社会权利实现很难主要通过市场机制，借助企业对利润的追逐实现，执政党和政府可以主导也有责任主导社会权利实现的政策制定与调整，但社会权利实现政策的成功实施离不开社会的广泛参与，政府应着力引导、培育、规范社会组织、第三方机构、志愿者团体的发展，减

① 巴利．社会正义论［M］．曹海军，译．南京：江苏人民出版社，2012：279.

② 王竹林．城市化进程中农民工市民化研究［M］．北京：中国社会科学出版社，2009：143.

轻政府负担，更多地从宏观上利用政策引导和财政转移支付等工具充分激发社会力量解决社会问题。“不同文化的交流与碰撞、生活方式的多样化、价值观的冲突与矛盾稀释了社会主义核心价值体系的作用，弱化了价值共同体的向心力，造成社会价值取向无序和人们行为的普遍失范，人们难以形成文化共识，进而导致社会认同危机”①，引导社会参与公民社会权利实现同时也是对社会形成共同价值观念的促进。社会权利实现政策路径由经济逻辑向社会逻辑转换，应包括政策观念、政策内容、政策机制、配套政策的全面转换，以体系性的方案促进社会的文明进步、和谐发展。

三、对未来的思考

政策问题首先一定是一个现实问题，研究政策问题应从现实出发，用历史的、辩证的眼光看问题，静止的、绝对的研究解决不了现实问题。如前所述，社会权利实现十分重要，应探求其适宜的政策路径，但社会权利实现的边界在哪里？倡导在“社会逻辑”之下更好地实现社会权利，会不会成为另一个路径依赖的开始？几乎所有政治、经济之外的权利都可以被划归社会权利，社会权利内涵深入而外延宽广，保护社会权利会不会成为“民粹”的理由？高福利国家曾经给公民带来无忧的保障，给社会带来闲适与安宁，但经过数十年的发展，一些欧洲高福利国家已经出现了不可持续的状况，国家财政无以为继，但取消高福利又会立即引发广泛的抗议，政府面临空前的压力，社会发展的动力也随之削弱。本书探讨社会权利的实现，却并不愿意因实现社会权利要求政府成为无限福利下的政府。那么，在扩大社会权利实现范围及提升社会权利实现质量的同时，需要界定政府究竟在社会权利实现方面承担哪些责任，对每项社会权利的实现应当负责到什么程度。这些问题很难给出一个静态的答案，可以结合社会政治、经济发展进程，提出不同时期的阶段性的社会权利实现提升方案，使政治、经济、社会发展尽可能处于均衡状态，政府有明确的政策目标，社会有稳定的心理预期，国家发展亦不会因为保障水平过低、过度保障或者争论受到影响。

政策问题研究有多种理念与模型，无论使用哪一种，都无法绕过政策制定的决策机制、政策制定的主导者及其思想观念，政策制定者极少不追溯政策的发展历程，政策制定者的经验即来自此。“需要做的一项基础性工作就是勾画出政策中不同意识形态、经济和政治参数的变化，并且将意识形态、政治、经

① 黄丽云. 新生代农民工市民化中的价值观［M］. 北京：社会科学文献出版社，2012：124.

济与政策争论和政策动力学及政策表达式联系起来，主要的问题在于使这些因素之间建立联系，同时将他们与政策制定联系起来。”① 新制度主义中的历史制度主义很好地把这些因素结合在了一起，用一种动态的、内在的、比较的思路分析政策问题，使结论更具说服力，但是任何一种理论方法都有其先天的弱点，历史制度主义也不例外。历史制度主义的一个遭受批评的地方，就是它在选择历史事件与制度要素时有主观性、经验性的嫌疑，它并没有用“科学的”“行为主义”的方法来量化因果之间的必然联系，也不具备“理性人”那样的一个前提假设。虽然这种批评不至于使历史制度主义“不成立”，也没有阻挡历史制度主义的快速发展，但历史制度主义在分析素材的选取上，仍应尽力克服主观性和经验性的弱点，尽可能在全面、深入、详尽掌握资料的基础上展开分析，尽可能比较多种现象的动态过程，尽可能依据精确数据做出评价，网络技术的发展被称为第三次工业革命，大数据、云技术等新概念和技术手段的运用或许可以帮助历史制度主义获得更多的支持。

没有哪一种研究是可以脱离社会现实的，历史是过去的现实，今天的现实是明天的历史，研究的最终意义应当可以引起对现实的思考或者激发现实问题的解决。政策问题的研究尤其离不开社会现实，因此，研究过程中，应当力求避免书本到书本、资料到资料以及数据到数据的研究，而应充分了解相关的社会生活，了解相关利益群体的所思所言所行，长期观察、长期积累、长期思考，进行不间断研究，在现实问题的变与不变中寻找发现问题，找到解决问题的答案。上述对政策问题研究方法的思考，既是对本书研究过程的总结，也是未来研究应当遵循的一些原则，本身亦不尽完善，仍值得继续探索。

很多中西部地方政府从前鼓励大量农民工外出打工，以便带回收入从而促进本地发展，但如今，这些政府已开始想方设法让农民工留在本地工厂工作。农民工的地位越发重要，也许，全面教育导向的农民工受教育权实现的“政策之窗”随着农民工社会地位的“质变”正在打开。与此同时，我们发现，无论是从党内正在开展的群众路线教育实践活动还是政府的一些具体行动，都可以看出，公民的利益在执政党与政府眼中都变得更加至关重要，保障社会权利实现的政策体系有希望得到更快更好的完善。

① 鲍尔．政治与教育政策制定：政策社会学探索［M］．王玉秋，孙益，译．上海：华东师范大学出版社，2011：6.

第二节　政策路径

前面探讨了农民工受教育权实现的政策路径，重点分析了有关制度环境、政策内容和政策保障机制。从分析可以看出，社会条件深刻变化的背景下，农民工受教育权的实现应注重农民工的全面发展，而不是仅关注其就业与生存，农民工受教育权实现的政策调整不是政策本身的完善，而应首先调整相关的制度结构，即政策调整前，要考虑与之密切相关的立法、行政等部门职能及其相互间的分工合作情况。政策内容应关注全面教育的导向，政策实施中应考虑政府主导下的社会广泛参与。简言之，农民工受教育权实现的政策路径是在合理制度结构之下，建立和实施以发展为导向，由政府主导、社会广泛参与的全面教育政策。作为社会权利实现的基础性内容，农民工受教育权实现的政策路径分析对于考察社会权利实现的一般政策路径具有典型意义。按照制度主义的观点，政策路径设计应考虑相关制度结构的对应调整，并且是先行调整。直观来看，社会权利实现的政策路径应突出“社会发展”导向，作为社会权利实现的“特殊”方面，农民工受教育权实现的政策路径除符合一般政策路径设计与社会权利实现政策路径设计的一般规律以外，还有区别与劳动权、社会福利权实现的特殊性，它要求更强的政府主导与社会（包括农民工）更广泛地参与。一般政策路径的导向可以是以经济为中心、以政治为中心、以社会为中心或多中心；制定与调整中应关注单一部门、多部门的职责权利分工；实施中应以政府主导、市场主导或政府与市场分工侧重。综合当前的社会条件分析，社会权利实现的政策路径应由经济中心、多部门无序主管、社会介入少向社会中心、某部门主管多部门配合、社会深度参与转变。下面将对此进行进一步讨论。

一、厘清政策目标

《中华人民共和国宪法》及《中国共产党章程》为执政党、政府关于国家义务、公民权利、执政目标、党与人民关系做了明确规定，执政党与政府经常在不同时期从不同角度、以不同形式予以强调。例如，2014 年 2 月，国家公布了二十四个字的社会主义核心价值观——富强、民主、文明、和谐，自由、平等、公正、法治，爱国、敬业、诚信、友善，其中前十六个字是国家和社会的建设目标，同时也是政府需着力工作的方向。执政党和政府各项政策的出台、实施、调整、取消都是为了履行相关职责义务，实现执政目标，满足人民需要。

理想状态下，中国宪法与各级政府政策、执政党理念与党的政策、党的政策与政府政策之间的目标指向是一致的，但现实中，由于部门利益、地方利益、个人利益甚至某些社会利益集团的利益客观存在，一定程度上影响了具体政策的制定与实施，出现根本目标与具体目标、期望目标与实际效果的偏差。不仅社会权利实现的政策具有上述特点，经济范畴内的政策也多有类似特点，相对来说，社会权利实现政策更有其自身的特殊性。经济政策对利益的划分往往一目了然，易于分辨，并且经济政策带有强烈的市场主导色彩，政策推行之下，市场主体在既定条件下，按照市场机制自由开展竞争，政府更多的是做机制上的规定，具体的行为则由市场主体独立完成，对利润的追逐使市场主体有足够的动力按照政策规定推动政策深入实施。与经济政策相比，社会权利实现政策的社会动员能力较弱。对政府财政政策来说，作为社会财富的二次分配，社会权利实现往往属于单方向的转移支付，更多地体现为对经费的“消耗”而不是补充。除了极少的社会捐赠以外，中国公民社会权利实现仍主要依靠政府财政支付，市场主体从中得不到利润回报而缺少积极性，更不具备从中获取超额利润的冲动。经济建设的中心地位支配下，地方政府的地区生产总值政绩观，“理性”追求能够提升地区生产总值的投资、项目、工程，一般对社会权利实现缺少主动性。偶有大胆尝试案例，如陕西神木全民免费医疗，一度引起多方关注，但真假、利弊、效果与前景一时众说纷纭，反映了社会权利实现政策的复杂性。“在社会转型中，不能以牺牲一部分群体利益的办法实现片面的经济发展和财富增长，这要求政府在决策时要讲公正理性，不能被某一阶层或某几个阶层的大众情绪所俘虏，或者模模糊糊地跟着舆论走。”①

政策的路径依赖会导致政策在既定的道路上越走越远，关系国家发展的、重大的、战略的、长期执行的政策往往有着坚定的目标，其路径建立不易，但一旦形成，便具备更加难以打破的均衡，政策充分发挥能动作用，在强化了自身的同时不断强化对其他政策的影响，从而在客观上减少了其他政策发展的可能，削弱了其他政策的实施力度，从而使国家社会发展的多元化目标体系弱化，部分目标被忽视甚至暂时搁置，其中固然有经济社会发展阶段的因素，但经济社会发展满足条件时，旧的政策仍然难以得到迅速调整，使国家政策体系的目标越发偏离了宪法与执政党理念下的国家社会发展目标。

---

① 周振超. 阶层分化与政府治理模式变革研究［M］. 上海：学林出版社，2012：197.

政策目标的可能偏离，要求执政党和政府更加具备政策制定、实施的灵活性，尤其应具备政策调整意识，政策一开始建立，就应始终关注其调整问题，而不是等待政策实施一段时间，各方开始反映出这样那样的问题，甚至出现不可解决的矛盾时再加以调研、讨论、调整。

二、构建政策体系

社会权利之所以冠以“社会”，在文字上区别与政治、经济与文化的背后，是其广泛的社会性。社会权利实现涉及社会基础与社会细胞的方方面面，甚至涉及一切社会群体。从事政治、经济与文化事业的群体，同时也是“社会人”，无法摆脱社会权利分配的影响。抛开在政治、经济上居于强势地位的人群不谈，一般群体在社会权利方面多体现出弱势，这种弱势可以是群体本身的弱势，还可以是社会权利本身相对于政治与经济的弱势，从另一个角度看，这是国家与社会关系的一种微观体现。社会权利实现往往与福利性联系在一起，因此，它是“消费”性的，是国家主体给予社会的一种赠予，一种福利，也可以说是国家给予社会参与国家建设的一种回馈，这种福利与回馈不再要求以经济的形式回报。首先，社会权利实现具有较强的“保障”意义，其目的是使社会更加公平、更加稳定，使人得到基本的生存保障和发展条件，免除后顾之忧。其次，社会权利实现往往是持续进行的，弱势群体的社会权利实现的持续性因其群体特点而起，一般公民的社会权利实现因其影响面广、利益关系深、财政负担大等原因，政策新设、调整均比较困难，一旦实施，短期内很难改变，调整与取消更为不易。

鉴于社会权利及其实现的特点，社会权利实现政策的体系性建设非常重要，也是社会权利实现政策能否成功推行、发挥成效的难点所在。首先，社会权利实现需要建立宣传引导政策。实现社会公平是社会权利实现政策的主要目的之一，但社会各群体的利益往往有紧密关联，保护和强化某一群体的利益可能损害或削弱另一个或几个群体的利益，即使某社会权利的推行得到社会的普遍认可，但在更深层的利益面前，也可能引起政府部门利益或责任的重新划分，从而带来政策推行的阻力，因此，社会权利实现的政策建立、推行与调整，需要充分考虑群体利益影响，尽早开展宣传引导，得到全社会的理解、认可与支持。其次，社会权利实现政策应有严密的实施政策。社会权利实现是具体到群体甚至全体公民身上的具体利益，纵向上来看，它需要从顶层设计进入社会最基层；从横向上来看，它需要实现广阔的覆盖面，因此，其实施政策必须是严密的，保证政策执行力，使政策绩效能够渗透到目标指向的社会肌理。

最后，社会权利实现政策需要有完善的实施保障政策。经费是首要的保障。社会权利实现的“福利性”“消耗性”与“持续性”等特点决定其往往需要大量、稳定的经费来源做保障，社会经济的高速发展给社会权利实现的经费支持政策提供了可能条件。人员、硬件设施等也是社会权利保障的重要条件，一项社会权利保障政策的实施往往需要大量的人力、物力的配置、调整与集中，缺少相应政策的社会权利保障无异于“空中楼阁”，实施困难。

相对于市场机制下的政策来说，社会权利实现的体系性要求更强，需要更多、更强的国家力量介入，政策制定与调整中需要充分考虑可能遇到的问题与困难，通过政策的体系性建设保证政策实施目标的实现。

三、优化制度结构

一个稳定国家的基本政党制度与国家制度应当是稳定的，一般极少出现较大变化，即使出现变化，亦十分细微缓慢。中华人民共和国成立以来，中国政党制度与国家制度作为国家的顶层制度，内涵与形式十分稳定，在国家经济社会发展中发挥了难以替代的作用，在世界范围内形成了广泛影响，“中国模式”与“中国道路”一度在学术界形成争论，但无论是定义成模式还是道路都代表了对中国制度及其成果的认同。稳定的顶层制度之下，中层制度并非一成不变，相反，为了适应经济社会发展的要求，中层制度的修正、创新十分活跃，执政党与中央政府不断通过中层制度的调整，对顶层制度的具体内容进行探索、补充、充实、完善。下面所指的制度结构主要指中层制度结构。调整中层制度通常为了满足社会发展与变革的战略性需要，是基于社会发展现实的某些具体需求做出的，按照历史制度主义的观念，一般可以包括法律法规的完善、政府机制的优化、社会观念的引导等，前面曾对农民工教育补偿政策调整的实现机制，即有关中层制度方面的调整进行过分析，从中可做相应推论。

政策路径能否顺利实现与制度结构是否相应调整存在密切关系。国家某项重大政策的制定、实施与调整不得不受制于现行的制度结构，仅是政策层面的小修小补，还是配合政策甚至是先于政策做适应性的制度结构调整，是政策能否解决社会问题的关键所在。社会权利实现政策的重大变化往往涉及制度结构的调整。如 2003 年，国家收容遣送政策调整，国务院颁布了《城市生活无着的流浪乞讨人员救助管理办法》，原《城市流浪乞讨人员收容遣送办法》废止。收容遣送政策在各大城市执行多年，其影响却扩展到全国，无数进入大城市的打工者、流浪人员深受限制。收容遣送政策的调整是对社会权利的综合保护，它涉及劳动权、居住生活权等。收容遣送政策终止后，取而代之的是救助政策，全国各地收容遣送机构亦随之出现了大面积的调整，取消收容遣送站，设立救助管理站，其工作机制亦发生重大变化。再如21世纪初国家农村社会养老保险政策的调整亦配套了全国农村社会养老保险机构的调整。20世纪90年代初“老农保”政策之下，保险基金主要靠农民缴纳，保障标准低，农民积极性差，政策一直未取得明显效果，国家在实践的经验与教训基础上，开始探索“新农保”政策，为保证保障政策顺利实施，各级政府将农村社会养老保险的职能由民政部门划转到劳动部门。该职能调整并非简单的人员编制划转，它首先代表了一种观念上的更新，即让农村社会养老保险摆脱民政部门社会救济的色彩，强调真正的社会保障特征，使之“名正而言顺”；其次理顺了经费渠道与管理体制，使政策调整可以按期望开展。2009年，国家正式推行了新型农村社会养老保险，保险基金由国家直接发放、农民缴费和政府补贴三部分组成，截至2012年年底，城乡居民的参保人数达到了4.84亿，60岁以上实际领取待遇人数为1.31亿①。与社会权利实现政策路径相应的制度结构调整不仅存在于政府组织部门之间，还广泛、经常性地存在于某一政府部门内部机构之间，因此，可以说，无论是从逻辑上还是从经验上，优化相关的制度结构，对于政策路径的调整与延续都有着重要作用。

四、建立调整机制

讨论社会权利实现的政策路径，并不排斥社会权利实现政策作为一般政策的路径。“在政策决定之前如果能够尽可能听取不同意见，将能够有效减少社会和国家资源的浪费”②，但现实中，由于真实信息获取困难、政策出台时间紧迫、权威意志等原因，公共政策一旦实施，即面临调整问题。但长期以来，中国重视政策的制定与实施，忽视政策调整，把政策实施作为关注政策的终点，似乎政策实施以后，即可以形成固定机制，一切便会按部就班地自动执行下去，关注点转向施行政策而来的成绩总结或者另一项政策制定与实施，对政策实施中的问题分析多以执行不力、客观上存在困难为主，而后不断强化政策路径，有意无意过滤掉与政策不符的潜在现实与社会现实的发展变化。如此带来十分被动的结果，很多政策调整在社会问题越来越严重、各界呼声日益高涨甚至个体、群体极端事件反复出现时才被迫进行，损害了执政基础，削弱了政

---

① 城乡居民养老金何时走出“零花钱”的尴尬［EB/OL］.（2013-12-27）［2021-09-30］. http://news.xinhuanet.com/fortune/2013-12/27/c_118741088.htm.

② 詹中原. 公共政策问题建构过程中公共性之剖析［C］//周光辉，等. 社会公正与政府责任学术论文集. 长春：吉林人民出版社，2009：45.

府的合法性与权威性。现实中，真正全新的政策很少出现，绝大多数政策都是在原有政策的基础上调整实施的。将政策的变化视为新政策出现还是政策调整有着不同的意义，政策调整及其分析不仅重视政策的未来内容，还重视政策的变迁情况及其原因，导致政策必须调整的因素等，相比前者，历时性更强，动态性更强，客观性更强。事实上，即使在理论界，对政策调整的研究亦不多，在多种政策理论与政策模型中，通常探讨政策的制定、执行、评估或者政策的发生、发展、结束，把一项政策的变化视为一项新政策的开始，而不是从政策调整的视角进行思考。

成熟的社会权利实现政策一般比较稳定，不易发生变化，考虑不周的调整容易引发利益群体的反对。中国尚处于社会经济快速发展时期，不同群体间的利益格局变化快，同一群体的自身状况变化也快。况且，社会现实的复杂性导致一项社会权利实现政策的出台需要较长时间，政策制定的过程中新情况仍不断出现。因此，更应加强对政策调整的重视。除了在政策出台以后，时刻保持主动进行政策调整的意识以外，还应注意积累政策调整的依据。应重视政策的绩效评价，目前的政策绩效要么缺少评价，要么以政府内部总结报告形式草率代替，要么由政府直接组织力量开展评价，真正由参政党、第三方机构或者利益相关方组织开展的评价较少，难免有失客观。当然，对此，执政者亦在设法改进。2012 年，党的十八大提出“健全社会主义协商民主制度”，“协商民主”一词第一次出现在全会报告中；2013 年，党的十八届三中全会用一章内容对协商民主进行了论述，在此背景下，2014 年，全国政协恢复停用了 48 年的“双谈”，即“双周协商座谈会”，每双周由政治局常委、全国政协主席亲自主持，党内外专业人士就某一政策主题进行“交锋”，并将会议记录提交决策者。另外，媒体所反映的个体案例、群体呼声也可以作为政策绩效评价的工具。

社会权利实现政策的调整可以通过适时调整与自然调整的方式进行。适时调整即通过对社会权利实现政策与社会现实情况的密切关注，及时发现政策不适应社会需求之处，尽快予以调整。自然调整即针对社会发展变化中季节性、周期性、规律性、持续性的问题，采取依据一定标准按周期（年、季、月）对政策进行调整，如企业退休工人退休金已连续多年上涨，每年上涨约 10%，这一政策以稳定的调整机制解决了企业退休工人退休金低、通货膨胀率较高等综合性问题。

行为对政策产生启示，行为最容易引起政策的变动，但距离立法以至改变制度与价值观还有一定距离，制度的变动，是在制度内部的理念、法律与组织间互动的结果，也是旧制度在政策中介的作用下与行为互动的结果。我们无法就某一具体的制度、政策的变化做出规律性的判断，即某一种因素固定地发挥作用，某几种因素以固定的机制、次序发挥作用，以及发挥多大作用，就像农民工教育补偿政策的发展变化中，也许是理念先发生了变化，差不多同时，行为也在进行改变原有制度和政策的尝试，合力的结果可能产生新的政策，最终形成制度层面的变革。也许另一项政策的发展变化是由于一个突发的行为事件，直接导致了法律与理念层面的变革，最典型的事例如王志刚事件的发生直接、迅速导致了《收容遣送办法》的废除。拆迁中的极端事件导致了拆迁条例的直接修改。即使这样，我们直观看到的仍可能与实际运行中的行为、政策、制度变化有差距。三者间的变化关系更经常是渐进的、复杂的，而不是突然的、直线型的，但这并不能说明对三者变动关系的分析是无意义的，恰恰相反，这样的分析让我们时刻留意制度是需要变革的，不可能一成不变，行为的作用始终存在，政策的及时调整有利于行为与制度的匹配。这样的分析对于政策的制定与执行必然有重要意义。同样，这也是我们用这样的思路对政策进行分析的目的所在。

第三节　政策、权利与发展

政策的制定与调整，社会权利的认识与实现方面的进步时刻处于政治发展的过程与环境中，也以自身的能动作用为政治发展“出了一分力”，进一步从政治思想的层面，对政策、权利与政治发展的关系进行一些探讨，是对前文从农民工教育补偿政策调整样本的视角对政策与社会权利及其实现的关系进行了分析之后的更深层次的一些思考。这些问题，也是研究者及实践者对政策调整、权利分配等问题的必然思考，也就是从政治发展的角度如何理解政策调整、权利分配的意义。权利是个复杂的概念，政治发展是个庞大的概念，全面探讨政策、权利与政治发展的关系并非本书力所能及，因此，本节的某些内容仍将借助于农民工教育补偿政策调整的样本进行分析，虽然难以尽述，但仍可以进行一些启发式的探讨。

一、政策、权利与政治民主

推进政治民主已经是现代社会的普遍追求，无论东西方政府，都以之为努力目标。西方政治理论与马克思主义政治理论都从政治实践中形成了自己关于民主的观点，其内涵亦随着社会经济基础的发展变化不断丰富。

民主是一种国家形式，一种国家形态。在西方古代希腊，民主是指一种由自由民掌握国家主权，实行公民直接选举国家官吏和直接进行民主决策的国家形态①。近代西方政治民主思想的理论基础来自自然法和社会契约论。自然法和社会契约论阐释了法律最根本的思想依据，证明了国家的一切权力来自人民。但在行使权力代理人的形式上，是君主还是人民的代理机构，近代政治思想家进行了激烈的争论，斯宾诺莎和卢梭等人对这一问题进行了完整的论述。19 世纪的托克维尔则通过对早期美国的政治制度和美国人政治生活的调查研究指出，贵族制度的衰落和平等与民主的发展，是“事所必至，天意使然”②。虽然近代以来的政治民主思想与实践都不断发展，但摩尔在其著作中一段经典的话可以表达今后一个相当长时期内政治民主的发展道路，“民主的进程是一场漫长的而且必然是没有止境的斗争，旨在进行三项密切相关的事情：对专制统治者加以控制；以公正合理的统治取代专制统治；使基本民众在进行统治时分享统治权”③。

马克思主义政治学将政治民主看作阶级统治，是“在特定的经济关系和利益关系的基础上，保障公民政治权利得到平等实现的政治形式”④，民主“意味着在形式上承认公民一律平等，承认大家都有决定国家制度和管理国家的平等权利”⑤。马克思主义认为，世上没有所谓“纯粹的民主”或“绝对民主”或“全体人的民主”，在阶级社会，民主都是同一定的阶级统治相联系的，都具有浓厚的阶级性。同时，马克思主义将民主与人类解放结合起来，从历史唯物主义的角度，把握民主与人类发展和人类解放之间的关系，认为民主在现实社会和政治生活中的实现程度取决于人类自身解放的程度，“政治民主是政治发展的目标，而高度的民主则是人类社会实现高度政治文明的标志”⑥。

尽管有很多争论，西方政治思想与实践中的政治民主与马克思主义的政治民主在一些学者那里仍然有一些共同点，尤其是全球化、网络化的浪潮之下，信息充分流动，区域间的政治文明成果交流日益频繁，学者们开始更全面地观

---

① 马啸原. 西方政治思想史纲 [M]. 北京：高等教育出版社，1997：386.

② 马啸原. 西方政治思想史纲 [M]. 北京：高等教育出版社，1997：397.

③ 摩尔. 民主和专制的社会起源 [M]. 拓夫，张东东，杨念群，等译. 北京：华夏出版社，1987：335.

④ 王浦劬. 政治学基础 [M]. 2 版. 北京：北京大学出版社，2006：330.

⑤ 中共中央马克思恩格斯列宁斯大林著作编译局. 列宁选集（第 3 卷）[M]. 北京：人民出版社，1972：219.

⑥ 王浦劬. 政治学基础 [M]. 2 版. 北京：北京大学出版社，2006：295.

察政治现象，更理性地思考政治民主的问题，如亨廷顿所概括的“经济发展使民主成为可能；政治领导使民主成为现实”①，便极像两种思想的结合。政治民主不是自发的过程，而是人为的政治过程，不同的经济发展水平、社会现实条件使不同国家和地区处于政治民主的不同发展阶段，最好的民主应当是最适合本地的民主。

近代以来，民主一直是世界各国政治发展要实现的主要目标之一。中国新民主主义革命的基本动力有两个：一是实现国家主权的独立和统一；二是实现人民的民主。可见，新民主主义革命同样是与民主紧密联系在一起的。

新中国的成立也预示着中国一个新的民主时代的到来。1954 年 9 月，第一届全国人民代表大会第一次会议制定了第一部《中华人民共和国宪法》。这部宪法明确规定：“中华人民共和国是工人阶级领导的、以工农联盟为基础的人民民主国家”“中华人民共和国的一切权力属于人民。人民行使权力的机关是全国人民代表大会和地方各级人民代表大会”“全国人民代表大会和其他国家机关，一律实行民主集中制。”

党的十一届三中全会前，邓小平在《解放思想，实事求是，团结一致向前看》的讲话中专门讲了民主问题，“当前这个时期，特别需要强调民主。因为在过去一个相当长的时间内，民主集中制没有真正实行，离开民主讲集中，民主太少”，认为应当讲发扬经济民主，“应该让地方和企业、生产队有更多的经营管理的自主权”“要切实保障工人农民个人的民主权利，包括民主选举、民主管理和民主监督”，邓小平还特别强调“为了保障人民民主，必须加强法制”“必须使民主制度化、法律化，使这种制度和法律不因领导人的改变而改变，不因领导人的看法和注意力的改变而改变”②。改革开放以来的政治民主建设主要在以下方面展开：进一步完善人民代表大会制度；全面落实依法治国的基本方略；发展党际民主，提高民主党派的地位和作用；发展基层群众自治；改革干部人事制度。

中国共产党的历代领导人，在“始终代表中国最广大人民的根本利益”“坚持以人为本，树立全面、协调、可持续的发展观，促进经济社会和人的全面发展”思想的引导下，中国的政治民主正不断走向深入发展，在注重保护人民的基本生存权利的同时，更加注重人民全面发展权利的实现。

农民工教育补偿政策的调整不仅是农民工文化知识的增加和生产技能的提

① 亨廷顿. 第三波：20 世纪后期民主化浪潮 [M]. 欧阳景根，译. 上海：上海三联书店，1998：79.

② 邓小平. 邓小平文选（第 2 卷）[M]. 北京：人民出版社，1994：144-146.

升，未来农民工教育的开展应当包括有意识地促进政治民主建设的内容，并使这一群体政治民主素质的提升为国家政治民主进程做出贡献。

有一种社会上流传的观点认为，农民工文化素质较低，尚不具备行使民主权利的能力，尤其是在城市政治生活中行使民主权利。但何时、什么条件下以及如何使农民工具备行使民主权利的能力却少有深究。这种观点至少有两个误区。一是农民工文化素质低，不是其身份上先天固着的，而是后天条件缺失导致的，农村教育条件总体较差，是农民工综合素质低的主要原因，在这一点上，政府负有资源调配的责任；二是农民工文化素质低导致行使权利能力弱，不应等待其素质"自然"提高了再行使权利，政府需要采取有针对性的补偿措施帮助其维护权利和提高行使权利的能力。反驳这种观点最有力的论据是中国共产党动员千万农民和工人开展革命斗争，争取自己的权利、自由和解放，当时，工农的生存条件较今日恶劣，其文化素质远比不上今日，但中国共产党团结和带领他们积极参与到政治生活中，并且改变了中国政治发展的轨迹。可见，能否维护自身政治权利和发展权利，生存条件和文化素质并不是绝对的必要条件，重要的是行使民主权利的动力和环境。

农民工的身份与生活区域上的矛盾，使其行使民主权利摇摆在农村和城市之间与无从行使和无法行使之间。长期生活在城市，使其难以行使身份归属地的民主权利，户籍在农村，又使其无法行使居住地的民主权利；而且，城市社会关系与农村社会关系有明显的不同。这种不同使农民工缺少在城市行使权利的基本习惯和能力。农民工教育补偿政策调整应重视农民工民主权利的行使，以及农民工民主权利的行使能力提高。有计划、有目的地进行体系性公民教育是农民工教育补偿政策调整的重要内容，是农民工行使政治权利的保证，亦是政治民主发展的重要内容。缺少保障2.8亿农民工行使民主权利的政治民主，不是完整的政治民主，忽略农民工的政治民主，也不是成熟的政治民主。使数量庞大的农民工游离于政治生活之外，不利于中国政治发展目标的实现。

李普塞特认为，"教育多半可以开阔人的视野，使他能理解宽容准则的必要性，阻止他皈依极端主义学说，提高他在选举时作出合理选择的能力""如果我们不能说明教育的'高'水平是民主的充分条件，那么可供利用的证据表明，它近乎是民主的必要条件"①。杜威指出，"由于民主社会实现了一种各种利益相互渗透并特别注意不断进步或不断调整的生活方式，这使得民主社会比其他各种社会更加关心审慎的和有系统的教育。民主不仅是一种政府形式，

① 李普塞特. 政治人：政治的社会基础［M］. 张绍宗，译. 上海：上海人民出版社，2011：27.

它首先是一种共同生活的方式，是一种共同的交流和分享经验的方式”①。“帮助农民工加强自我修养，积极引导农民工利用各种机会和社会交往，重构自己的社会关系网络，……强化农民工的政治权利意识，让农民工懂得通过制度化手段保护自己，维护其合法的政治权益。加强对农民工的法律教育、政治素质教育、民主意识教育，提高农民工的政治素质和政治参与能力”②。农民工教育补偿政策的调整就应当做到通过向农民工提供更充分的教育条件，使之具备享受政治民主的基本能力，可以享受“共同生活的方式”，同时，农民工政治民主的实现既是民主社会的明证，也是国家政治民主化向深入发展的重要内容。

二、政策、权利与政治改革

“所谓政治改革就是指政治关系的调整和完善，换言之，也就是统治阶级中的政治领导集团根据社会利益关系中共同利益的要求、利益矛盾状况，根据社会成员对于政治权力和政治权利的要求，有计划有步骤地进行的旨在改革政治体系、调节政治关系以巩固和完善其政治统治的政治过程。”③ 政治改革的内容包含了法律制度的改革、政治与行政组织结构的改革、政治与行政决策程序的改革等。政治改革的根本原因是社会利益关系存在矛盾，有调整的要求，其目标是使社会利益关系恢复或形成有序状态。改革进行的调整是政治权力主体通过渐进的、主动的变革进行的，具有积极的意义。政治改革协调了利益矛盾，减弱了社会利益关系的冲突使之不至于激化，从而保持政治的平稳运行和国家的稳定发展。

党的十八大报告指出，政治体制改革是中国全面改革的重要组成部分。必须继续积极稳妥推进政治体制改革，发展更加广泛、更加充分、更加健全的人民民主。中国的政治体制改革一直是执政党对经济基础上的新变化主动做出的政治性调适，是调节社会利益关系变化的政治手段。正如有研究者所说，“中国的政治改革是政治体制的改革，政治体制改革的最终目的是在维护基本政治制度的基础上，在政治上创造比资本主义国家的民主更高更切实的民主。要在不改变现有政治制度的基本性质并保持现有宪政制度框架的条件下，对政治运

① 杜威. 民主·经验·教育［M］. 彭正梅，译. 上海：上海人民出版社，2009：80.

② 国务院发展研究中心课题组. 农民工市民化：制度创新与顶层政策设计［M］. 北京：中国发展出版社，2011：298-299.

③ 王浦劬. 政治学基础［M］. 2 版. 北京：北京大学出版社，2006：316.

行体制进行不断的调整"①。

政治改革与公共政策是密不可分的，公共政策的出台未必有政治改革的背景，政治改革却无法不通过公共政策的形式推进。有学者对此做了深入的论述："政治改革涉及政治领域中低度冲突层面的政治活动，主要是现有的政治制度框架下对政治运行体制和权力结构进行调整和有限变革，其主要手段是通过现有权威体制制定改革政策，并主要通过现有政治与行政体制来推行改革政策，以达到政治改革的目的。从这一基本认识出发，政治改革可以被看作一个政策过程，即政治权威在特定的政治环境和政治体系中，按照特定的规则选择和制定政策并付诸实施的过程。"②

当然，不仅政治改革主动引起公共政策的调整，原有公共政策不再适应新的利益关系的需要，不能反映新的利益分配，自下而上出现调整的呼声，也会引发某项政治改革的出现。在维护一部分人的利益达到相当长时期后，公共政策有时会有固化的现象，而社会现实已经发生变化，从而旧的公共政策可能开始损害原本与该项政策无关的人群。在中国经济社会利益变化迅速而剧烈的情况下，这种现象更为多见，由此推动政治改革也在由下自上的方向上持续进行。

农民工教育补偿政策调整是与农民工有关的社会、经济、政治等一系列政策调整的一部分。暂住证制度、积分入户政策、社会保障等政策的设立与不断完善为农民工城市生活提供了必不可少的条件。农民工进入城市后，由第一产业转向第二、第三产业，其面临的生产关系发生了变化，这些政策的完善正是对这种生产关系变化的反映。但是目前农民工政策的调整并未全面彻底解决农民工市民化遇到的问题，农民工市民化涉及更深远、更复杂的社会关系和政治关系变革。农民工政策的调整应充分考虑这种变化。宪法规定，中国是工人阶级领导的，工农联盟为基础的人民民主专政的社会主义国家。无论农民工的社会身份是属于农民还是属于工人，其政治身份都不能因为居住地和工作地的变化被忽视，况且，农民工这一工业化、现代化、城镇化过程中的特殊时期的特殊群体，不仅数量庞大，而且在中国今后一个发展阶段中仍将长期存在，除非通过一系列完备的公共政策调整，彻底改变了农民工的身份与地位，使农民工这一名称自然消失，真正成为城市居民，并且不再区分"新"市民还是"旧"市民。农民工教育补偿政策是国家农民工政策中的重要部分，如同教育在中国

---

① 雷玉琼. 中国政治改革的政策过程分析 [J]. 理论探讨，2005 (5)：118-121.

② 徐湘林. 从政治发展理论到政策过程理论：中国政治改革研究的中层理论建构探讨 [J]. 中国社会科学，2004 (3)：108-120.

革命、建设和发展中发挥的作用一样，科学有效的农民工教育补偿政策将继续为国家发展的重要历史时期提供发展动力和稳定机制。

农民工教育补偿政策调整是一种利益关系的调整。这种调整必须涉及法律制度、行政制度上的调整，超出了一般意义上的学制内的教育政策调整。经过多年发展，中国学制内的政策已经比较成熟，其调整往往是微调式的，较少有方向性的重大变动。同时，学制内的教育政策调整一般带有普遍的意义，较少针对专门的某一群体，尤其当这种群体过于庞大时。历史上，学制内教育政策针对某一群体的调整背后往往体现了政治改革的较大变化，例如工农兵大学生的出现及 1977 年高考制度的恢复等。而改革开放以后，政治上的稳定使教育政策一直未出现重大的变化，也没有为哪一个群体进行教育政策本质上的调整。事实上，针对农民工群体的教育政策调整间接上已经开始，例如异地高考政策的出台，虽然未能彻底解决农民工子女异地参加高考的问题，但毕竟向保障农民工子女的平等权利前进了一步。

中国强政府的运作模式决定了农民工教育补偿政策是一种“公共”政策，同时，农民工教育问题靠其自身的力量和目前的社会力量难以全面解决，政府便有责任在其中发挥应有的作用。如前所述，既然是一项公共政策，农民工教育补偿政策调整很可能引起相关行政制度、法律制度上的变革，而事实上，农民工教育中呈现的多头管理、效率低下等现象已经为政策变革提出了要求。对于政府来说，农民工教育补偿政策调整既是改革的一部分，如政策的制定和执行部门有关职能的分立与合并；又是实现改革目标的一部分，如高效政府、为民政府建设应当考虑这一群体的利益要求。

农民工教育补偿政策对于政治改革的重要性，并不仅仅在于农民工群体的庞大，也不仅仅在于农民工教育补偿政策调整将引起一些行政和法律层面上的调整，而是这一群体复杂的社会身份和与之有关难以理顺的利益关系，正映射了中国经济社会发展处于重要的历史时期，工业化、城镇化甚至生态文明建设即这一历史时期的社会背景。为此，我们必须将农民工教育补偿政策调整放在这一历史背景下来考察，关注社会利益关系的新变化和发展方向，思考其可能带来的社会影响，尤其可能给政治稳定带来的影响，从而有预见性地采取相应的政策调整，调节利益关系使之处于良性发展的轨道上。有学者指出，要调整政府公共政策，确保公共政策在权利、机会和规则三方面的公平公正。具体实施中，要改革国有企业的垄断地位，为不同类型的企业提供公平竞争的制度环境，下大决心解决医疗、教育、社保等领域的规则上的不公平因素，使之逐步走向公平公正，要为社会成员提供相对公平的发展环境①。从同一个问题的另一面来看，在政治实践中，政治改革必须通过公共政策来推行的特点更加鲜明，事实上，它已经深入公共政策的诸多方面，而不是仅停留在更高层面、更抽象层面的类似党政分开、扩大民主等方面。政策、权利与政治改革之间是社会现实之下长期复杂互动的关系，在政治实践的研究中，应注意对三者进行综合分析。

三、政策、权利与政治发展

20世纪50年代，发展中国家的发展出现了许多新情况、新经验、新问题，西方经济、社会、政治等学科纷纷对发展中国家的“发展”问题展开研究。20世纪60年代，西方政治学者对发展中国家的政治问题研究和行为主义的研究方法结合起来，使政治发展逐渐概念化和系统化。而阿尔蒙德认为，政治发展的过程是结构分化和文化世俗化的过程②。亨廷顿则是从政治制度化与政治参与的动态平衡层面来理解政治发展的。邹谠把政治发展理解为政治系统的发展，政治系统包括政权组织、政治文化以及国家与社会的关系三个组成部分③。王浦劬认为，“政治发展本质上是政治关系的变革和调整……在社会政治现实中，政治发展也表现为政治关系的各种衍生形态的发展变化……政治发展采取两种基本形态和方式，即政治革命和政治改革”④。无论是西方政治学还是马克思主义政治学，都把政治发展看作历史的演进过程，都涉及权力结构的发展变化，这种演进和变化是动态的、良性的，是一种人类社会向更加文明进步阶段发展的现象。政治发展进程与现代化进程密切相关。“就历史的观点而言，现代化是社会、经济、政治体制向现代类型变迁的过程”⑤，现代化的进程中，经济发展带来了众多社会秩序上的变化，也引起政治的发展变化和人的现代化。城市化的进程在各国都持续了很多年，这一进程也是农民市民化的进程。进入城市并逐渐稳定下来的农民，不再从事农业生产，不再回归农村生活方式，其认识和参与政治的态度、程度、方式等都会发生重大变化，虽然这

---

① 汪玉凯. 校正利益格局需要深化政治改革［N］. 学习时报，2013-03-04（004）.

② 阿尔蒙德，鲍威尔. 比较政治学：体系、过程和政策［M］. 曹沛霖，译. 北京：东方出版社，2007：20.

③ 邹谠. 二十一世纪中国政治：从宏观历史与微观行动的角度［M］. 牛津：牛津大学出版社，1994：8.

④ 王浦劬. 政治学基础［M］. 2版. 北京：北京大学出版社，2006：295.

⑤ 艾森斯塔德. 现代化：抗拒与变迁［M］. 张旅平，等译. 北京：中国人民大学出版社，1988：1.

一变化可能滞后于“物质”上的城市化。变化过程中，通常农民的政治生活会由村庄性、小范围和世代相传的政治关系，发展到个人与社区、城市、国家、民族多者之间的政治关系，这种变化是生产力进步和生产方式变化的结果，是生产关系在政治生活领域的体现。这一过程中，城市政治生活的丰富性以及城市发达的教育、传播体系发挥了重要作用，通过教育体制输入大量政治、法律、道德等方面知识，媒体输入大量相应的案例和言论，行政权力、政府机构、领导人的变化更迭亦通过媒体迅速地传播开来，主流的、保守的、激进的意识形态的碰撞，政治结构、政治文化的动向，政治领袖的行为与观念，政治发展的一切细节都不停地、深刻地影响着城市新市民，客观上使之更快地脱离原有的政治生活方式。与此同时，重要的政治力量通过自己掌控的方式争取自己的支持者，新市民往往是他们争取的重要对象，由于新市民（经济上常是城市贫民、城市平民）在城市环境中的地位尚未稳固且比较弱小，他们往往成为非主流政治力量的争取对象，西方宗教思想及流派的演变可以更清晰地证明这一点。资产阶级民主主义革命过程中，城市新市民同样发挥了重要作用。

有人结合享廷顿的理论将中国政治发展概括为“政治权威的理性化、政治结构的分化、政治参与的扩大化”的过程①。关海庭认为，20世纪中国的政治发展，可以界定为：中国现代化进程中在政治领域里发生的变化和进步。具体说来，就是同现代化进程相联系的民主化和法律化的过程②，中国的政治发展就是不断实现“人民主权”理念的过程③。有人认为，“中国政治发展的主要目标就是将社会有序地引入国家政治轨道，使其有序参与国家政治，实现国家与社会之间的有效及良性互动”④。简单地说，中国政治发展是争取和维护人民群众生存和发展权利的过程。事实上，20世纪初至今，中国政治发展经历了方向与模式选择之后，始终保持着发展人民民主的主线，间或的政治不稳定时期，并未影响到这一主线。改革开放之后，围绕实现人民生存权和发展权的努力，执政党创造性地采取了众多政策措施，使中国政治发展的基础条件得

---

① 李琳. 改革开放以来中国的政治发展：以亨廷顿政治发展的视角解读［J］. 广东省社会主义学院学报，2012（4）：39-43.

② 关海庭. 20世纪中国政治发展史论［M］. 北京：北京大学出版社，2002：1.

③ 关海庭，马胜强. 当代中国政治发展的内在逻辑和基本特征［J］. 太平洋学报，2013，21（6）：1-10.

④ 吴晓霞. 当代中国政治发展的前后三十年：国家与社会关系的视角［J］. 学习与探索，2013（2）：48-54.

到了良好改善，无疑，无论是从“现代性”还是“稳定性”① 上来看，中国当前的政治发展状况都处于非常好的时期。

良好的政治发展离不开成熟稳定的法律制度体系，有人从宪法的角度，解释了中国政治发展良好秩序的原因，“中国1982年制定的《中华人民共和国宪法》，从根本大法的形式上稳妥地纾解了中国政治发展的重大问题，其主要体现在：规范了公共权力结构，促进了公共权力运行的科学化和合理化，具体规定了公民的基本权利，合理处理了国家民主与基层民主的关系，理顺了党法关系，如此等等。正因为如此，‘八二宪法’也成为新时期中国政治发展的制度总章程，揭开了中国政治发展崭新的一页”②。在宪法的指导下，针对现实问题，中国出台了很多法律法规，及时解决了政治、经济和社会发展中面临的新情况、新问题。“八二宪法”作为根本大法为真正实现人民权利提供了最重要的支持，成为中国政治发展的制度基础和核心稳定机制，为政治发展提供了总的依据，保证了中国政治发展一直走在民主化、法治化的道路上。

有人从实践的角度总结了党的十六大以来中国政治发展取得的成绩：党的建设成就显著，执政能力明显增强；社会主义民主制度化、法治化程度日益提高；着力推进人权事业，人民各项权利持续得到实现；行政体制改革成果丰硕，政府职能转变取得突破性进展；妥善协调各种政治关系，政治局面保持稳定③。另外，中国政治发展过程中存在的问题也是十分明显的。从宏观上分析，主要有两极分化、社会腐败、主流价值体系受到侵蚀，等等；从微观上分析，主要有“一把手”权力过大，对之监督不力；基层组织涣散，黑恶势力严重存在；各级干部密切联系群众的工作作风亟待加强……其实，这些问题的实质还是一个民主的问题④。党的十八大报告提出，坚持走中国特色社会主义政治发展道路和推进政治体制改革，必须坚持党的领导、人民当家作主、依法治国有机统一，以保证人民当家作主为根本，以增强党和国家活力、调动人民积极性为目标，扩大社会主义民主，加快建设社会主义法治国家，发展社会主义政治文明。准确地说，中国特色社会主义政治发展道路，是以坚持党的领导、依法治国为保障，通过增强党和国家活力、调动人民积极性，来达到和实

---

① 亨廷顿. 变化社会中的政治秩序［M］. 王冠华，刘为，等译. 上海：上海人民出版社，2008：31.

② 师泽生，杨博. “八二宪法”与中国政治发展［J］. 武汉大学学报（哲学社会科学版），2012，65（6）：53-60.

③ 郑言，王冠杰. 论中共十六大以来的政治建设与政治发展［J］. 探索，2012（5）：52-57.

④ 关海庭，马胜强. 当代中国政治发展的内在逻辑和基本特征［J］. 太平洋学报，2013，21（6）：1-10.

现人民当家作主，扩大社会主义民主，加快建设社会主义法治国家，发展社会主义政治文明的目标。显而易见，近年来，中国政治发展取得了一些成绩，中国特色社会主义政治发展道路相比仍有待深化。因此，党的十八大对中国政治发展提出了继续全面推进的目标。这些目标能否实现，归根结底取决于人民民主是否得到很好实现。

戴维·伊斯顿从政治系统分析的理论出发，认为公共政策是政治系统权威性决定的输出，因此它是对全社会的价值做有权威的分配①。陈振明认为，政策的本质集中反映在三个方面，政策集中反映或体现统治阶级的意志和愿望，是执政党、国家或政府进行政治控制或阶级统治的工具或手段②。内格尔宣称，我们可以提示所有政治学领域都与公共政策问题相关联③。从政治学视角对公共政策的研究十分丰富，托马斯·戴伊归纳了八种思考公共政策的政治模式，即制度模型、过程模型、理性模型、渐进模型、团体模型、精英模型、公共选择模型和博弈论模型，认为“政治学是关于公共政策的学问——对政府行为前因后果的描述和分析。这个焦点包括：描述公共政策内容；社会、经济影响以及政治力量对公共政策的作用；探寻不同制度安排和政治过程对公共政策的影响；评估公共政策预期之中和预料之外的社会后果”④。在政治现实中，公共政策与政治及政治发展密切相关，既体现了政治权利的归属和分配，又体现了社会各阶层的政治关系。政府制定、推行公共政策和我们理解、分析公共政策，都离不开对政治发展阶段、政治环境、政治力量对比等要素的考察。政治发展的目标需要具体化为公共政策的推行来实现，政治发展的过程由一定历史时期内众多公共政策的制定、实施、评价和调整的过程总和而成。这一点也可以从政治发展研究的内容得出结论：它关注如何解决社会分配不公正的问题，过度政治参与问题，政治动荡的原因、政治腐败的处理问题，以及怎样通过合理的政策措施保证经济增长、发展民主的同时保证社会稳定等等。阿尔蒙德在讨论了政治发展由文化世俗化和政治结构分化引起以后，立即讨论了结构和文化的发展会给公共政策能力带来什么样的影响，直接说明了公共政策在政治发展过程中的重要地位⑤。中国政治实践中，政治发展的目标无一不是落实

---

① 陈庆云. 公共政策分析［M］. 北京：北京大学出版社，2006：5.

② 陈振明. 政策科学［M］. 北京：中国人民大学出版社，2003：51.

③ 罗斯金，等. 政治科学［M］. 林震，等译. 北京：华夏出版社，2001：4.

④ 戴伊. 理解公共政策［M］. 彭勃，等译. 北京：华夏出版社，2004：3.

⑤ 阿尔蒙德，鲍威尔. 比较政治学：体系、过程和政策［M］. 曹沛霖，郑世平，公婷，等译. 北京：东方出版社，2007：22.

到具体的政策中，人民民主的推进，正是通过具体化为国家借助公共政策在政治、经济、社会、文化、生态等各个领域对人民权益的保护和发展来实现的。

虽然政治发展的目标往往通过公共政策的推行来实现，但在这一过程中，可能出现预期与结果的矛盾和偏差。政治发展的目标是宏观的，内容是多元的，而公共政策往往有更明确、更具体、更单一的指向，一项公共政策可能更注重效率也可能更注重公平，真正能做到兼顾的时候较少，而且公共政策强调“兼顾”时，事实上已经承认了效率与公平难以协调的前提，被兼顾者已经处于从属、弱势的地位。数项公共政策之间的目标冲突更容易产生，例如长期以来，中国存在经济发展与环境保护的矛盾，鼓励发展经济的政策与鼓励环境保护的政策侧重点会有明显不同，即使均在现有法律框架下进行，也会出现明确的支持倾向，否则一定失去“鼓励”的初衷。发展经济的本意是对人民生存权的实现，却因为环境恶化反过来损害了生存权。同时，环境保护较好的区域（往往处于交通闭塞的偏远地区），经济发展却相对落后，当地人民的生存权保护力度相对较弱。

公共政策的运行过程中也可能使其原始目标与实际效果之间出现偏差。公共政策的制定可能掺杂某个有能力参与其中的利益方的“私利”，它伴随或隐藏在公共政策中，使其可以在公共政策执行中获取不正常的利益，从而损害了社会上另外某个群体的利益。政策执行过程中，由于执行者的理解力、执行力或者区域客观条件的限制，政策结果偏离了政策目标，从而未能成功限制或保护政策设定的权利。

放到更长的历史时期内，公共政策目标与政治发展目标的冲突更加常见，这是由于现实条件发生了变化，而公共政策则沿着原有的路径发展。对行政官员来说，他为之努力工作很久的公共政策带给其政绩，公共政策的转型可能带来对其原有成绩的否定或者削弱，选择性地关注影响公共政策发展的现实条件成了其“理性”的表现。此时，个人的行为与观念成为影响历史进程的重要因素，历史的偶然性由此产生。对于国家公共政策决策体系来说，改变已经长期执行的公共政策需要复杂的程序，虽然公共政策的长期执行已经阻碍更高层次政治发展目标的实现，但仍然缺少类似“亚马孙平原上的蝴蝶”那样的起始驱动力。偶然性的突发事件造成公共政策方向的成功的重大调整便是这种冲突得以协调的案例。

无论是从主观上还是从客观上，应对这些矛盾与偏差的手段便是对公共政策进行调整，使之不至于偏离政治发展总的方向。某种意义上来说，真正从无到有“全新”创造的公共政策少之又少，绝大多数政策是在原有的一项（更多情况下是多项）政策的基础上制定的，是原有政策的发展、转向或者综合。公共政策调整本身反映了政治权利或政治权力的再分配，反映了一定程度上政治关系的调整。作为左右政治发展主要力量的国家和政党，对政治发展的最终目标应当是始终清晰的，主动发现公共政策中存在的问题，发现短期目标与长期目标的冲突，适时地采取措施予以解决和协调，是保持政治发展方向的必然手段。

第九章　农民工教育补偿的政策实践案例

实质上，随着我国经济社会的发展，产业结构调整和产业转型升级，以及城市化进程的不断加快，面对这样一个庞大的农民工群体，我们不得不思考这个群体的素质问题，因为其已经成为影响经济发展的重要因素之一。农民工群体补偿教育问题，过去各级政府、社会组织等做出了许多努力的尝试，取得了一定效果但也存在一定的问题。进入新时代，对此，探索新的模式、有效的路径一直没有中断，新时代，在乡村振兴和大力推动职业教育发展的战略指引下，做好农民工补偿教育工作，保障农民工权益，提升农民工群体人力资源价值，这样，才能既促进农民工的发展，又能促进社会和谐、稳定、进步。本章重点探讨农民工教育补偿的政策实践三个特色型具体案例。

第一节　政府与群团组织结合模式：成都新市民学校

一、基本情况

2007 年左右，成都各地的新市民学校陆续开办，关于成都市新市民学校的报道一时间层出不穷。成都新市民学校由成都市总工会、共青团成都市委、成都市妇女联合会、成都市劳动和社会保障局、成都市教育局联合主办，其施教对象是在成都市工作、生活的农民工。目标是面向广大农民工群体免费施教，帮助农民工提高融入城市的思想素质和行为素质。新市民学校定位为公益性、社会化、开放式学校，是农民工从农村过渡到城市生活的桥梁，目的在于让农民工过上幸福的城市生活。学校具有一流的教学环境，配备了专业教师，以开放自由的授课方式为农民工提供丰富的学习生活体验。农民工在任何一个教学点报名后，即可领取一张学员卡，凭该卡可到新市民学校的任一教学点听课；而且，农民工一旦报名注册，即可以按其意愿选择参加培训和活动，可以跨周期选修全部培训课程，也可以按个人喜好多次参加同一课程培训。只要累计满学分，就可从新市民学校“毕业”。在学校，农民工不仅能够学新知识，还能在各类实践活动中增长才干，获得实用的日常生活奖品，成绩优异的学员还会获得由学校统一颁发的优秀新市民证书。

二、教育模式

新市民学校一般以两个月为一个培训周期，培训实行学分制，按不同培训内容设置2~4个学分及奖励学分，学员按实际情况选择参训并累计学分，完成全部培训内容（累计学分达标）。课程分为理论课与实践课两部分。以理论课为例，其共分八个主题。第一个主题是“让我们了解成都”，目的在于帮助农民工了解成都市的基本情况，为农民工提供在成都生活的交通出行、医疗卫生、子女就学、生活购物等方面的实用信息。第二个主题是“让我们融入成都”，目的是培养农民工对城市文明的认同感和对城市生活的适应度，帮助农民工了解成都的城市精神、公共服务机构及服务范围、城市管理规定及公共场所行为规范等知识。第三个主题是“让我们合法维权”，目的在于帮助农民工提高依法维护自身合法权益的意识和能力，为农民工提供职业介绍及用工管理、社会保障、福利待遇、争议仲裁、法律援助等方面的政策法规和法律常识。第四个主题是“让我们的生活更多彩”，目的是丰富农民工精神文化生活，培养学习能力和学习习惯，为农民工提供科学普及、文化学习、艺术欣赏、文明礼仪、人际交往等方面的体验和实践。第五个主题是“让我们生活更平安”，目的是增强农民工对自身及其子女的安全防范意识和能力，开展安全生产、职业病防范、未成年子女安全保护、生活安全、防盗防骗等方面的教育。第六个主题是“让我们的身体更健康”，目的是帮助农民工培养良好的卫生和生活习惯，普及疾病预防、意外伤害处置、妇幼保健、个人及公共环境卫生、体育锻炼、心理健康等方面的常识。第七个主题是“让我们的家庭更幸福”，目的是引导农民工树立正确的恋爱婚姻家庭观念，为农民工提供情感沟通、子女教育、夫妻生活等方面的教育和服务。第八个主题是“让我们的未来更美好”，目的是帮助农民工塑造积极向上的心态，坚定融入城市发展、实现自身价值的信心。为农民工提供成都试验区发展前景、励志教育、职业生涯规划及创业就业等方面的服务。

在理论教学的同时，穿插各种寓教于乐的活动，如：看电影，化妆技巧培训，站姿、坐姿、行姿的训练，服装的搭配，丰富的晚会活动，心理咨询和诊断，免费健康检查，就业咨询，维权咨询，拓展训练等。

三、运转保障

新市民学校由党委、政府主导，最初就把办好新市民学校作为成都市全市上下的共识。新市民学校从成立之初，就被写进了试验区建设的内容，被列入了市委、市政府民生工程序列，明确了任务，落实了责任。作为牵头部门的市总工会、团市委、市妇联，对目标任务进行分解，做出全面具体的安排和部署，按照统一部署、分片指导的原则，对区（市、县）“分片包干”，加强对新市民素质培训工作的指导和联系。各区（市、县）、工、青妇组织和各培训基地也认真研究存在的问题和特点，积极争取区（市、县）党委、政府的支持，将新市民素质培训工作纳入本地区发展计划，制定培训规划，落实人员、培训场地和经费，完善各项规章制度，扩大建立培训点，积极发动和组织农民工参加培训。

新市民学校运转中各方的职责明确。由市总工会负责校务委员会的日常工作，加强与市级相关部门和各区（市、县）委、政府的沟通协调，指导建立完善新市民素质教育示范培训基地，督促指导在全市范围建立新市民素质教育培训点；各区（市、县）总工会负责建立新市民素质教育培训基地，逐步在农民工聚集的企业、工业发展区和社区建立培训点，积极发动和组织农民工参加培训。团市委负责指导建立完善新市民素质教育示范培训基地，督促指导在全市范围建立新市民素质教育培训点；各区（市、县）团委负责建立新市民素质教育培训基地，逐步在农民工聚集的企业、工业发展区和社区建立培训点，积极发动和组织农民工参加培训；市妇联负责指导建立完善新市民素质教育示范培训基地，督促指导在全市范围建立新市民素质教育培训点；各区（市、县）妇联负责建立新市民素质教育培训基地，逐步在农民工聚集的企业、工业发展区和社区建立培训点，积极发动和组织农民工参加培训；市劳动和社会保障局应积极配合新市民学校校务委员会的各项工作，协助有关部门组织劳动保障方面的师资参与新市民学校教学工作；各区（市、县）劳动和社会保障部门要积极配合所在辖区新市民素质教育培训学校的教学工作，借助社会培训机构大力向广大农民工宣传新市民学校；市教育局要积极参与新市民学校校务委员会的各项工作，指导全市新市民素质教育培训点的教学工作，组织各方面的专家学者和教师参与新市民素质教育课程设计和培训，探索持有成都新市民素质教育培训结业证书的农民工进一步学习深造的政策问题；各区（市、县）教育局要积极配合所在辖区新市民素质教育培训学校的教学工作，组织学校老师和志愿者学生参与培训工作，采取各种措施为新市民学校办学提供方便。

新市民学校拥有自己的工作机构。一是设立校务委员会。校务委员会由市总工会、团市委、市妇联、市劳动和社会保障局、市教育局分管领导组成。其主要负责制定新市民素质教育培训工作规划；批准成立各教育培训网点；审核教育培训工作经费培训使用预决算；制定学员奖励制度，研究实施激励措施；总结推广经验，指导各培训网点标准化建设，并实施考核评估。校务委员会办公室设在市总工会。二是设立教务委员会。教务委员会由市职工大学、市团校、市女性就业服务中心负责人、有关单位处室负责人以及相关专家学者组成。其主要负责编写审定培训教学大纲、教材读本，明确各阶段教学目标、内容和方式；审定各培训网点的教学（活动）方案；制作发放“新市民素质教育培训证（卡）”，建立并维护学员学籍档案信息库；组织培训师资力量。

新市民学校的师资队伍主要是上千名固定或兼职教职员工。学校制度完善，教师职责、班主任职责、学籍管理及奖励办法、考勤制度等都有一整套的管理制度和相应的实施细则，培训基地还组建了教学研讨小组，对所有授课教师进行培训，探索形成适合农民工特点的教学方式。依托教学基地自有师资，新市民学校还动员社会力量参与新市民素质教育培训，招募一大批大学相关专业师生志愿者、社会工作者参与教学服务，争取到公安、消防、安监、医疗卫生等多个政府职能部门的支持，抽调业务熟悉的专业人员充实师资队伍。

新市民学校的运转经费由政府主导，比如，当时成都市双流县（今双流区）每个街道都有一所新市民学校教学点，县政府为每个教学点提供5万~10万元经费，用于软硬件建设。成都市总工会也为每个县区的新市民学校划拨万元左右的培训经费。新市民学校的场所主要来源于以下几个方面：依托各区（市）县工会、团委、妇联活动阵地；在条件具备的企业（工地）、园区、社区建立新市民素质教育培训（活动）点；积极争取农民工子女就学较集中的中、小学校支持，利用课余时间开办新市民素质教育培训（活动）点，吸引农民工家庭参与；探索在条件具备的劳务市场、技能培训机构开设新市民素质教育培训（活动）点。

四、实施效果

成都市曾出现过“打工妹夜校”“农民工夜校”等培训机构，但因缺乏发展的后劲及对农民工的吸引力，很快便消失了。新市民学校因其系统的设计、灵活的方式、综合的保障等优势发展壮大。一段时间以来，有数以万计的农民工从成都新市民学校起步，从思想、行为和生活习惯等诸多方面融入成都，成为真正的城市人，并爱上了成都，将成都视为“第二家乡”。成都新市民学校连续多年被列入市委、市政府民心工程，年年超额完成民心工程“指标”，年年获得学员们好评。以下是2011年媒体对新市民学校教学效果的一段描述：

成都有多大、成都哪儿好耍、成都的茶馆文化到底是啥子、成都有哪些好吃的、在成都哪儿买东西便宜……在金花桥街办的教学点，成都市职工大学副教授黎敏抛出的一连串问题一下子就吸引住了大家。随后，成都的历史、成都的城市精神、成都的特色文化、成都的生活方式……黎敏一一道来，并辅以幻灯片，包括一些珍稀的旧照片、电影插片等。很快，大家由最初的好奇转入了聚精会神；当老师讲到交通出行、医疗卫生、子女就学、生活购物等对大家比较实用的信息时，不少人边听边在随身携带的笔记本上做记录。“虽然我在成都待了10年，但今天讲的好多内容还是第一次听到，特别是娃娃读书、在哪看病、咋个买保险这些都还是多有用的。”住在金花街道白佛村的潘相志在听完讲座后高兴地说①。

一切从农民工切实的需求出发，考虑农民工教育问题，自然能取得较好的效果。相对而言，农民工技能培训虽然致力于解决农民工生存的基本问题，但当农民工收入不断提高之后，针对农民工的教育更应关注其城市生活的多重需求。

事实上，成都并非新市民学校的唯一举办地，江苏常州也有成功的尝试。近年来关于新市民学校的报道鲜有出现，有一些新市民学校处于空置状态。可以说，新市民学校曾经取得的成效，包括在举办过程中遇到的问题，为完善全面的农民工教育补偿政策提供了借鉴。首先，党政重视农民工教育问题仍然是中国特有的解决难题的办法，政府应牵头出台支持农民工教育的政策。其次，群团组织能够在农民工教育中发挥非常重要的作用，应该充分挖掘工会、团委、妇联等群团组织的潜力，利用其人员、场地、经费、影响力广泛开展农民工教育，并且，群团组织动员社会的能力较强，可以整合社会力量开展农民工教育，政府政策中应明确对群团组织的引导和支持。最后，政府及时总结新市民学校好的经验和不足之处，好的经验是：一方面，当时新市民学校的事例已见诸各媒体；另一方面，还有哪些不足之处呢？为何今日新市民学校不如往

① 王眉灵. 15万农民工变身新市民［N］. 成都日报，2011-12-12（4）.

日？要思考农民工作为受教育者的问题，教育是需要教育者和受教育者共同来完成的事情，农民工是否积极主动，如何调动农民工的受教育积极性，不仅需要考虑群体特征，也要兼顾个体特殊情况，站在农民工视角把工作做实做细，是未来教育补偿政策应关注的重点方向。

第二节　大学主导模式：北京大学平民学校

一、基本情况

2019 年 3 月 19 日晚，北京大学平民学校第 14 期开学典礼举行。这是关于北京大学平民学校最近的一期公开报道。值得欣喜的是，北京大学平民学校直到今天依然得到学校的高度重视，依然担负着固有的社会责任和保持着历史传承。1920 年，在北京大学的五一纪念会上，蔡元培校长发表了题为“劳工神圣”的热情洋溢的演讲。他提出“凡是用自己的劳力做成有益他人的事业，不管他用的是体力、是脑力，都是劳工”，并强调“劳工当自尊，不当羡慕其他不劳而获之寄生物”。这种思想和口号的提出，反映了对劳工大众的热爱，意味着五四文人对民间力量有了重新的认识与定位。蔡先生并没有将“劳工神圣”思想停留于抽象的教条，而是用实践和行为形象地诠释了这一理念。1918 年，在蔡先生的大力倡导之下，北京大学创办了为在北大工作的工友提供进修机会的“校役夜班”。而后，在他的启迪和支持下，以邓中夏、廖书仓等为核心的北大学生团体组建了“平民学校”和“平民教育讲演团”，以“增进平民知识、唤起平民之自觉心”为宗旨，积极推动北大人服务于平民，充分体现了开放与包容的学术精神。

时隔 80 余年，北京大学继承蔡先生“劳工神圣”的真谛与精神，重新创办“北大平民学校”，其目的是在新时代背景下，让大学教育跨越围墙，通过知识传播，让更多的民众受益，感受到大学的人文气息，促进和谐社会的建设和发展。

北京大学平民学校的重新创办最初源于北京大学教育学院的“进城务工人员的继续教育和培训”课题研究项目。该课题是北大研究团队和华东师范大学教育管理学院共同合作，旨在探索实用、友好、公平的教育模式，并通过实验为进城务工人员提供继续教育和培训的机会。研究团队认为，传统的在农民工培训教育中扮演主要角色的“政府模式”和“企业模式”缺乏制度创新，尽管政府相关部门不断出台强化农民工再培训的鼓励政策，但由于执行过程中出现属地保护等行为，政策的执行效果受到影响。与此同时，由于进城务工人员的流动性大，他们与用人单位的合作是短期的、不稳固的。这就造成了企业在提供技能培训方面表现出消极态势。而与此形成鲜明对比的是，一些社会公益团体和社会有识人士从社会责任感出发，在资金和教学场所等资源有限的条件下，积极参与和开展进城务工人员的再培训活动，在提升这一特殊群体的就业能力和城市适应能力方面发挥了重要的作用。与传统的研究不同，该项目的特征在于不局限于理论和实证研究，而是在此基础上开展行动研究。这种研究模式改变了以往研究人员作为“旁观者”的中立立场，要求其作为“参与者”直接参与到实际工作中，与实践工作者相互协作，共同研究和反思，并承担解决相应问题的责任，达到改善现状的目的。

在前期研究的基础上，课题组根据高校后勤服务系统人员的构成特征和自身优势，提出创办“平民学校”，并以此为载体，尝试整合北京大学丰富的教育资源和多方力量，通过以志愿者为主的教学模式，为支付能力较弱但有较强培训需求的校内工友提供免费的培训服务。课题组的设想很快得到了北大校领导和工会组织的大力支持，两家迅速达成共识，并在校工会的组织协调下，多次召开了校工会、教代会、团委、后勤党委、人事部、继续教育部、法学院和教育学院八个校内部门院系的联席会议，共同启动平民学校实验项目。

在新时代背景下，北京大学重新创办平民学校，旨在进行以下三方面的探索：

第一，探索大学教育在进城务工人员教育培训中的可能性。大学教育只有胸怀社会，靠近平民，与民间相融合，才能从真正意义上实现大学的发展与社会需求的结合。通过知识传播，让更多的民众受益，感受到大学的人文气息和开放包容的学术精神，促进和谐社会的建设。

第二，探索“高校教学资源+志愿者”培训模式的可行性。作为中国进城务工人员培训体系的完善和体制创新的尝试，北大平民学校将充分利用校内既有的专业教育培训资源，借助学生、教师志愿者的力量，通过整合校内工会、团委、后勤管理部门、教代会等行政管理部门的力量，校内工友提供免费的培训教育服务。

第三，探索传播“劳工神圣，人人平等”的理念。继承老校长蔡元培先生提出的“劳工神圣”的思想，通过北大平民学校的教学与运作，让来自不同地域、具有不同的学历背景、在不同职业岗位工作的人们走到一起，形成尊重他人、尊重劳动的平等理念。

二、教育模式

平民学校的一期培训为期四个月，开课时间为每周周末，具体时间为晚上六点至九点。具体教学内容包括以下两大系列：

（一）健康向上的人生、职业发展观

该系列包括了三个教学模块。其中“北大为家”是通过北大校史讲座、北大校园文化建设、素质拓展等活动，加深工友对北大的了解，增强他们对北大的归属感和团队凝聚力。“快乐工作”模块的重点是开展工作的价值观教育、劳动权益保障知识的普及、提高工友的爱岗敬业精神，逐步形成自身健康向上的职业发展规划。此外，“学会共处”教学模块则是帮助工友学会正确处理恋爱交友等人际关系方面的问题，帮助他们建立自信，成功摆脱在都市中的孤岛状态。

模块1：北大为家

北大为家这个模块主要包括校史讲座和素质拓展等部分，校史讲座是通过校史馆的参观活动，加深对北大历史和校园文化的了解。素质拓展是通过素质拓展活动，加深学员之间的了解，有意识地拓展学员的敢于挑战和团队合作精神，促进团队凝聚力。

模块2：快乐工作

这个模块主要以学会做事课程为主，该课程包括：课程开设的国际背景、国内背景；教学模块主要包括工作的意义、我是链条上的一环、全面健康与平衡生活、关注安全和保障、明智的人；采用的教学方法是“知晓—理解—评价—行动”四步循环教学法；教学目的在于让每一个人的潜能得到充分开发。通过内化和外显所介绍的价值观过程，让这些价值观成为现实。

工作的意义：本部分是对工作及其意义的探索和解读，与其相关联的中心价值观是劳动的尊严，即尊重和欣赏所有形式的工作（劳动），要认识到各种形式的工作，无论是对个人还是社会都具有重要的意义。教学目标包括：①探究各种形式的、由个人承担的工作；②了解和认识各种形式的工作对劳动者个人和社会的进步和发展的意义；③每种形式的工作都是社会劳动的重要组成部分，都值得赏识；④献身于有意义的工作中，勤奋工作，创造美好生活，奉献社会。

我是链条上的一环：这一部分对应的相关价值观是尊重生命和自然，这需要培养我们对所有生命的尊敬感、好奇心和责任感，包括关注环境，并使我们生活和工作的环境更加安全和健康。科技高度发展的今天，人和自然如同链条上一个环节的关系已经是不争的事实。基于此，为了我们自己和保护子孙后代的应有权益，我们只能选择追求人和自然和谐相处的、健康的、着眼长远的行为和生活方式。

全面健康与平衡生活：在生活中，人人都渴望成功。但在追求成功的同时，人们不但需要健康，而且还必须学会平衡生活的技巧。如果生活失去了健康与平衡，那么成功可能会是短暂的，甚至只是刹那的光辉。本模块的内容就是向人们介绍全面健康的新理念，树立整体健康和平衡生活的价值观。发现自身健康问题，调整、平衡生活方式，从而达到人与自然、与社会之间的一种协调共生的关系。

关注安全和保障：本部分所关注的价值观是安全与保障，涉及保障人身、财产安全，避免工作场所和环境的伤害、威胁、破坏和损失等有关问题。本部分通过学习、理解、体验、评价、交流和行动，使学习者认识到安全实践的重要性，认识到潜在的灾难与伤害，不仅危及个人人身和财产的安全，还会殃及工作场所和自然环境；了解影响工作场所安全实践的因素，评价与安全有关的个人实践；提高对安全工作场所和环境重要性的认识；树立工作场所健康、安全和环境友好幸福的价值观意识，并能进行安全实践。

明智的人：这一部分对应的相关价值观是洞察与理解和自尊与自立。围绕上述价值理念，从知、情、意、行四个层面逐步展开，引导学习者明确认识洞察自我、相信自我是获取智慧的根本途径。特别是在现代职业生活中，认识自己是工作场所中一种重要的资源，肯定自己具有的符合社会发展需要的优良品质和可以使自己应对生活中各种需求和挑战的能力，树立积极的人生态度，自觉提升个人建立自尊自立的责任感和自信心，是我们通达理想的明智选择。

劳动和社会保障法律常识：本部分简单介绍中国目前现行劳动与社会保障法律法规，尤其是与培训者密切相关的劳动法律知识。学习法律法规以及实际案例分析使培训者能够掌握维权途径和方法，维护自己合法的劳动与社会保障权益。课程进行中还可以现场互动提问解答，解决培训者遇到的关于劳动和社会保障法律权益的难题。

模块 3：学会共处

学会共处模块主要包括以下三个关系的学习：

个人与自我的关系（包含三个方面）：一是自我形象认识。故事朗读、“我是谁”与“我的特别之处”写作；二是品格培养。不同社会角色品质讨论——父母夫妻工作；三是承担责任。讨论“我是鱼还是木头?”，讨论故事中的角色分别是什么。

自我与他人关系（包含四个方面）：一是尊重他人，讨论日常生活中什么是尊重，什么是不尊重的表现及行事和为人的关系；二是欣赏他人，画出自己的人际关系图，讨论这些关系是怎样建立的等；三是建立友谊，性格测试与分析，不同性格特点表演，讨论是否有同性间友谊与异性间友谊；四是处理冲突，采用故事分析——你如何帮助他们处理冲突。

人与亲人间的关系（包含四个方面）：一是婚姻预备与等待真爱，讨论正反原因和结果；二是男女分组讨论期待的夫妻特点，比较自己的发现；三是好人能染上艾滋病吗？通过活动表现“我不知道自己已经染上了！”四是角色扮演，对性骚扰和无理性要求如何说不。

（二）文化技能普及

该系列包括了两大核心课程：日常英语会话是以北京大学老师及其他高校老师组成的英语教学志愿者小组承担教学任务，帮助工友掌握初步的英语会话技能；电脑基础技能课则由教育学院教育技术系学生为核心的志愿者教学小组承担教学任务，帮助工友初步掌握计算机操作基础、互联网使用和办公软件使用技能。

日常英语会话以培养学生的兴趣为主，引导学生掌握初步学习英语的正确方法。教学形式采用小班教学，教学内容以《实用英语口语天天练》为基础教材，适当选用其中的内容，在教学过程中根据学生的情况形成更为系统的教材。教学时间共 14 周。快慢班分为单双周教学，每班 7 周，每周日下午或晚间 90 分钟。具体教学目标根据学员基础亦有所不同。

电脑基础技能课程以“利用信息技术来改善工作和生活”为主题，设置一系列工作和生活中真实的任务，例如“制作个人简历”“管理个人账务”“网上找工作”等。通过完成这些任务，学员能够掌握电脑基本操作、字处理软件、电子表格以及互联网信息搜寻的基本技能，更重要的是，能够具备应用信息技术改善工作和生活的意识及能力。

可见，北京大学平民学校的教育模式将重点放在了帮助农民工树立健康向上的人生态度、社会关系上，技能培训只作为教育的一个方面。

三、运转保障

北京大学平民学校在教学管理中遵循“平等、参与、互助、共进”的核心理念，采用多方合作的运作机制。平民学校的运作依托工会、后勤管理、学生社团、教代会等管理部门，整合校内的教学资源。在北大教育学院课题组的实验阶段终了后，将总结和分析其中的经验与教训。在此之后将形成由工会组织为核心的管理运作机制，实现此类培训模式的规范化与制度化，达到可持续发展的目的。平民学校努力探索“高校教学资源+志愿者”模式的有效性，为提高进城务工的都市生活适应能力和基本知识技能发挥大学教育应有的作用。在探索出成熟的教学模式后，希望能继续在全国高校得以推广，形成一定的社会影响，实现向“高校平民学校”的影响扩散。

学校通过向校内工友提供相应的培训课程，使进城务工的工友了解北大的历史、建立健康向上的生活态度，掌握基本的信息搜索和整理的技能，拓展个人素质。在教学过程中，不仅重视知识技能的传授，而且重视提高进城工友的学习动机，拓宽视野，帮助其建立明确的未来职业发展规划。此外，在这里必须强调的是，在这个教学运作过程中，受益的不仅是接受培训的工友，参与教学或运作管理的志愿者，尤其是年轻的学生志愿者也能从中得到成长和锻炼。这些志愿者通过参与，能促进他们与工友之间的相互理解，体会到帮助他人的幸福，提高他（她）们的社会责任感。

这些接受培训的工友辐射周边更多的人或者群体，起到传播知识的目的，激发更多人的学习需求。同时北大平民学校将定期编辑《北大平民学校简报》，搭建平民学校网站。学校通过这些途径，让暂时不能接受培训的工友也能从中受益，实现教学信息的透明化和广泛传播。

四、实施效果

北大平民学校取得了广泛的社会影响，平民学校的学员得到了更好的发展，中国青年报、文汇报、法制日报、中国教育报等多家媒体给予了积极的评论，网络媒体也给予了很多关注。

平民学校的学员甘相伟出版的由北大校长作序的《站着上北大》的著作，曾经引起轰动。他说：“在平民学校学习期间，学校开设的课程很多，每周都有非常优质的课程，比如学会学习、人际交往、网络课程、理财、英语、计算机、国学和礼仪方面的课程等，这些课都是由北大很有名气的老师来讲。我感觉自己通过在平民学校的进修，获得了一种无形的精神力量，内在受到了熏陶，对我的生命触动很大。在这里，我们上课的气氛非常好，老师会鼓励大家多发言，学员们会积极主动地加入讨论中来，有什么不懂的还可以和身边的志愿者交流，我觉得这种感觉幸福极了。平民学校更像是一个大家庭，不仅是上课，我们平常还会举办各类运动会、文艺晚会等，我当时还在文艺晚会上表演过诗歌朗诵。通过一学期的学习，我们每个人都顺利结业，获得了学校颁发的结业证书，实际上，我们收获的不仅仅是这样的一张证书，更是一种无形的精神财富。”

中国青年报曾以《平民学校重现北大》为题介绍了北大平民学校的情况，中国教育报以《北大办平民学校培训农民工，北京将推广该做法》为题报道了平民学校的情况：

“Good morning ladies and gentlemen! Can I have your attention, please!” 2006年7月2日，站在北京大学百周年纪念讲堂的演讲台上，农民工刘俊以几句发音纯正的英语作为开场白，讲述了自己对学习的渴望。这一天，他欣喜地获知，刚刚诞生于这所著名高等学府的“平民学校”，将实现自己的求学梦。

刘俊是北大学生宿舍管理中心的清洁工，成长于湖南农村的他，5年前高考落榜后，开始了打工生涯。1年前，他来到北京，成为北京大学的一名临时工。在北京大学里，像刘俊这样的临时工共有3 000多人。据北京大学教育学院的一项校内调查，在学校里打工的临时工，大多比较年轻，处于高中到大学教育阶段的年龄；他们的文化程度，大多为初中毕业水平。这些人普遍有着强烈的培训意愿，感觉到自身学历水平、技能同就业市场需求存在差距，但紧张的工作、相对高昂的培训费用以及稀缺的培训机会，使他们难以实现这一愿望。

北京大学教育学院一直十分关注农民工的教育培训问题并进行了持续的研究。2005年下半年，学院组建了“农民工继续教育与培训模式研究”暨平民学校实验项目团队。项目组通过调查研究，独创出“高校+志愿者”模式，联合学校工会，招募富有社会责任心的教师和学生志愿者，开办“平民学校”。

“说起‘平民学校’，还要溯源到90年前。”早在1918年，蔡元培就主张有教无类，倡导创办了“校役夜班”。教育学院教授、“平民学校”项目负责人丁小浩向记者讲述了这段历史。

丁小浩介绍，北大“平民学校”目前已完成了教师招募工作，在招募到的40多名志愿者中，绝大多数是北大在校生。在对志愿教师进行培训后，“平民学校”将于10月正式开始面向校内务工人员开展职业发展观、文化技能等方面的培训。

在“平民学校”成立仪式上，北京市教育工会负责人表示，将在北京70多所高校中推广北大的这一做法，动员高校、教育界以及全社会给农民工的教育培训以更多帮助①。

---

① 翟帆. 北大办平民学校培训农民工，北京将推广该做法［N］. 中国教育报，2006-7-3(1).

实现平民教育，不仅仅要求学校勇于开放和共享教育资源，更要求学校能够做到全面的开放与接纳，而且也需要社会给予大力扶持和公民个人意识提高。学校占据着社会比例绝对多的教育资源，这部分教育资源如果单纯地只面对我们通常说的学生，就会形如企业中的死资产成为死资源，资源的有效利用率就会大打折扣，公民平等教育的权利也会无形中被忽略而变得不平等，目前教育资源迫切需要平等的对流。开放资源的同时，学校的接纳也相当重要。时常看到老师因为某些现象而罢讲谓之知识的尊严，要是突然有一群农民工坐在课堂上了，那他们又会怎么样？普通的学生能够接受一群人跟他们一起上课吗？所以要实现平民教育，学会接纳也是必需的。教育是需要投资的，平民教育所涉及的层面更多，人群更广，当然需要的经济支持也就更大了，而且这还是一个持续投资的事业，没有经济的保证，我们的平民教育也只能够是精美的空中楼阁。对此，我们再重读一下陶行知先生的《平民教育概论》有十分深刻的现实意义①。平民学校的探索中，如何保障其持续健康地发展下去仍是一个挑战。如何才能有效地整合校内各部门的资源，如何才能保障志愿者队伍的专业化和稳定性，如何才能实现平民学校运作的制度化和持续化，这些问题都是在未来平民学校的教学运作需要解决的重要课题。但这种模式仍会成为沟通大学与社会的渠道，使大学教育跨越围墙，走向民间。

第三节　政府、群团与大学结合模式：广东圆梦计划

一、基本情况

广东作为农民工输入大省，农民工问题解决不好会对当地经济社会发展产生不利影响。广东省委、省政府关爱新生代产业工人，全面谋划，部署帮助更多新生代产业工人提升素质，有效服务广东产业转型升级。广东新生代产业工人圆梦计划至今，连续多年实施，范围主要以珠三角地区为主，覆盖全省广大新生代产业工人，取得了显著效果。

广东是用工大省、青年大省，在粤务工的“80 后”“90 后”“00 后”新生代农民 2 000 多万人，已成为经济社会发展的重要建设力量。为做好新形势下农民工工作，帮助新生代农民工更好地融入社会、成长成才，广东推出新生

① 敖良飞. 北大平民学校的冷思考［EB/OL］.（2006-09-29）［2021-09-30］. http://news.sina.com.cn/o/2006-09-29/200010141911s.shtml.

代农民工骨干培养发展计划（以下称“圆梦计划”），力争将其打造成“三工程一通道”：党在新生代农民工群体中基本可依靠力量的培养工程；实现社会管理创新，推动新生代农民工群体“自我管理、自我服务”的骨干培养工程；助推“广东制造”走向“广东创造”、加快转型升级的高素质劳动者培养工程以及新生代农民工成长发展的向上通道。通过这个载体，实实在在为新生代农民工谋幸福，为“加快转型升级，建设幸福广东”做贡献。通过资助新生代农民工接受继续教育，每年培养万名新生代农民工骨干，圆新生代农民工的读书梦、大学梦，目标是培养一批党团组织在基层一线的工作骨干；培养一批服务广东转型升级的高素质产业工人；培养一批在社会建设中自我管理、自我服务的带头人。

“圆梦计划”的报名面向所有在粤务工青年（包括外省籍），基本条件是具有中华人民共和国国籍，拥护中华人民共和国宪法，一般应为18周岁以上、35周岁以下，具有广东省常住户口的居民，需有一年以上在广东省工厂或企业的生产一线务工经历，非广东省常住户口的居民，需有一年以上在广东省同一家工厂或企业的生产一线务工经历，具有高中、中专、职校、技校以上文化程度。在读的高中、中专、职校、技校学生，已获得大学本科学历或以上的人员不得报考。

组织者考虑到了农民工报名的后顾之忧，报考一般要求所在单位出具同意报考证明（加盖公章）等材料，但对于开具所在单位同意报考证明确实有困难的，可由工作所在地的劳动部门出具就业及就业年限证明。

二、教育模式

“圆梦计划”考试分为笔试和面试。笔试由高校各自统筹、独立命题，高校就考试科目发布招生简章。面试根据笔试成绩高低，按照一定的差额比例遴选出入围面试的名单，采用结构化面试形式。各级圆梦办将结合笔试及面试成绩综合考虑，择优录取。笔试入围分数线及面试评分标准由各级圆梦办与高校协商划定。合作高校与各市圆梦办共同商定包括考试时间、考试内容和形式、评分标准、考试地点以及考场布置标准、考试纪律、考务人员组织架构、考务工作培训及阅卷评分等相关考务工作的内容。考试按照继续教育考试相关规定执行，阅卷结束后对笔试成绩进行统计整理，对录取学员进行网络公示。公示结束后寄发录取通知书。

为帮助“圆梦计划”学员更好地开展网络远程教育学习，确保他们顺利完成学业，根据新生代农民工的特点和需求，组织者特别设立了“双导师—

助理”制度，即为每个班配备一批人生导师、学业导师及学习助理，并颁发聘书。其中，学业导师主要由就读高校从事网络教育的教师担任，学习助理主要由在读优秀大学生或研究生、往届优秀毕业生、社会热心人士等志愿者担任。值得注意的是，为帮助学员树立正确的世界观、人生观和价值观，一般每个班会配备两位人生导师，主要面向社会公开招募各界青年精英代表担任，如政府职能部门负责人、人大代表、政协委员、五四青年奖章获得者、十大杰出青年及青年联合会、青年科学家协会、青年企业家协会、青年商会成员等。合作高校为每个班级配备班主任、学业导师、学习助理，合作高校的优秀教师担任学业导师，帮助学员制订学习计划，培养学习习惯和科学精神；在读优秀大学生、研究生或往届毕业生担任学习助理，协助学业导师辅导学员功课。团组织为每个班级配备一名班主任助理，由基层团干兼任，协助圆梦办、班主任做好日常管理，定期组织班级活动，发现和培养优秀学员，引导他们成长为党团骨干。

教学内容分为专业知识、党团知识和社会工作技能。学习方式以现代远程教育为主，结合面授、函授和自学等传统教学手段，学员根据工作、生活实际情况，采取边工边读的方式，自主安排学习。安排学员参加教学实践、专业实习、志愿服务、公益活动等社会实践活动。凡在学习期间，完成报读高校教学计划规定的全部课程，经考核成绩合格，取得该专业全部学分者（“专升本”层次学生毕业前必须通过教育部规定的部分公共课全国统一考试），准予毕业并由高校颁发国家承认学历的毕业证书，教育部予以电子注册。本科毕业符合报读高校授予学士学位条件者，可由高校授予成人高等教育学士学位。

三、运转保障

“圆梦计划”实施模式采取省市联动的模式，省圆梦办负责统筹发动，各市负责与高校对接实施。广东省委组织部也将“圆梦计划”的落实情况列入了《广东省各地级以上市落实科学发展观评价指标体系各项指标评分办法》，作为各地市贯彻落实科学发展观的重要内容。各部门十分重视此项工作，主动争取政策和资金支持，积极建立联席会议机制，召开部署工作会议，组织工作力量，认真开展“圆梦计划”各项工作的筹备和落实。

每年的“圆梦计划”工作总体方案都是经过圆梦办认真研究制定的，方案贯穿工作始终，包含合作模式、招生规模、资金筹措、宣传发动、考务组织、学员培养、党团建设等各方面。各市圆梦办承担主动与高校联系对接的责任，选定一所或多所“圆梦计划”合作院校作为合作对象，或者自行联系具有办学资格的其他院校合作。为方便当地新生代产业工人进行现场确认、参加考试以及后续培训学习，省“圆梦办”特别与在当地已开设教学中心的院校合作。

学员的报名工作是招生工作的重要环节，“圆梦计划”的招生工作实行网络报名，由各市圆梦办与合作高校确定考生报名的方式和地点，发动本地新生代产业工人进行报名。报名工作深入工业园区等新生代产业工人集聚的地方宣传发动。大量张贴宣传海报，派发宣传单，充分利用本区域内的重点新闻媒体（报纸、杂志、广播、电视等）和互联网、手机、微博、QQ 等新媒体播发宣传通稿内容，形成了较强的宣传声势。

在经费方面，广东省财政每年补助万余名新生代产业工人上大学，成功被录取的考生需缴纳部分学费（不含注册费和教材费），其余学费由各级圆梦办统筹解决。经省圆梦办与合作高校沟通，“圆梦计划”学费标准被定为较低水平。这个学费，被录取学员自缴一部分，省财政补助一部分，市财政和社会募集资金统筹解决一部分。各级团组织、教育局、科技局、财政局、人社局等单位作为项目实施的主要负责单位，在争取党委政府财政支持的基础上，充分发挥社会动员能力，以合作办班、企业单独冠名、企业联合冠名、高等院校冠名等形式，积极争取企业、社会、高校的大力支持，多方筹集经费。鼓励企业捐助，各类企业全额捐助 100 名优秀新生代产业工人就读同一所大学，即捐助 20 万元，“圆梦计划”冠名为“圆梦计划××企业 100”。几家企业联合捐助 100 名优秀新生代产业工人就读同一所大学，即合计捐助 20 万元，冠名为“圆梦计划 A 企业-B 企业-C 企业 100”。

四、实施效果

“圆梦计划”自推出后，因为其实施效果及带动作用，广受外界好评，有将其评价为“学员受益、企业欢迎、高校热推、党政肯定”，被认为是久久为功青年民生项目。一是切实把教育补偿机制落到了实处。不仅是农民工，所有青年产业工人都有机会获得高等教育，开通了他们向上发展的通道，并且以最低的成本让这项工作可持续。很多学员表示，“圆梦计划”真正圆了他们的大学梦，激励了他们保持积极的上进心，通过学习，为其自身的长远发展储备了更多的知识，让他们有了更多发展的机会和继续提升的可能。二是青年产业工人整体素质得到提升。企业认为，“圆梦计划”同时也是企业发展所需人才的“蓄水池”。一方面，企业培养人才有了新通道，有积极求学意愿的工人以在职学习的方式，既进行了理论知识的系统学习，又结合工作实践，将所学寓于工作之中，借助所学知识解决工作中遇到的实际问题，也将一些难点问题带入学校进行研讨解决。另一方面，当企业内有一部分员工积极求学，追求上进，对企业整体文化会产生积极影响，会产生榜样和带动作用。三是我们看到，参与到“圆梦计划”中的高等院校，推动了高等院校更多地发挥社会服务功能，承担社会责任，高等教育亦可把此作为教育研究新课题，切实探索教育扶贫的落地方案。四是有助于社会和谐稳定和社会发展进步。“圆梦计划”从收入角度看，有利于提高学员的收入水平，有助于群体的稳定。另外，从某种程度来讲，“圆梦计划”打破了产业工人阶层的流动板结和社会固化，他们拥有了实现阶层跨越的可能，他们的提升和发展可以促进实现真正意义的社会流动和社会进步。

南方都市报在2013年的一个评论颇具代表向：“圆梦计划”的实施，有效地激发了广大产业工人、农民工求学上进、岗位成才的热情，调动了广大企业开展职工素质教育的积极性，帮助一大批困难职工和农民工岗位成才、改变命运，同时活动的开展和宣传也在社会中传递着终身学习、奋发向上的正能量。“圆梦计划”的模式更是被全国不少机构和组织复制，产生了巨大的社会影响力。可以说，“圆梦计划”已成为深圳推进职工素质提升工程的重要载体和响亮品牌，体现了现代城市的人文关怀，也体现了深圳市对“中国梦”的理解与探索①。

① 圆大学梦 做新工人 成新市民［N］. 南方都市报，2013-10-14（SA36）.

参考文献

［1］马克思，恩格斯. 马克思恩格斯选集：第2卷［M］. 中共中央马克思恩格斯列宁斯大林著作编译局，编译. 北京：人民出版社，1995.

［2］列宁. 列宁选集：第2卷［M］. 中共中央马克思恩格斯列宁斯大林著作编译局，编译. 北京：人民出版社，1972.

［3］毛泽东. 毛泽东选集：第1卷［M］. 北京：人民出版社，1991.

［4］周恩来. 周恩来教育文选［M］. 北京：教育科学出版社，1984.

［5］邓小平. 邓小平文选：第2卷［M］. 北京：人民出版社，1994.

［6］林钧. 国外学习化社会理论与实践研究［M］. 北京：中国经济出版社，2013.

［7］周振超. 阶层分化与政府治理模式变革研究［M］. 上海：学林出版社，2012.

［8］陈振明. 公共政策分析［M］. 北京：人民大学出版社，2003.

［9］民政部社会工作司. 社会工作视角下的农民工问题研究［M］. 北京：中国社会出版社，2011.

［10］宋艳. 进城农民工弱势地位改变研究：政府人力资源管理的视角［M］. 吉林：吉林大学出版社，2010.

［11］陆学艺. 当代中国社会流动［M］. 北京：中国社会科学文献出版社，2004.

［12］田松青. 农民工进城就业政策变迁：兼论农民工劳动力市场地位［M］. 北京：首都经济贸易大学出版社，2010.

［13］严行方. 农民工阶层［M］. 北京：中华工商联合出版社，2008.

［14］张广胜，周密. 新生代农民工市民化进程的测度及其决定机制：基于人力资本与社会资本耦合的视角［M］. 北京：经济科学出版社，2013.

［15］黄锟. 中国农民工市民化制度分析［M］. 北京：中国人民大学出版社，2011.

[16] 易红郡，谭建平. 新型农民与农民工的教育培训 [M]. 长沙：湖南人民出版社，2009.

[17] 台湾社区教育学会. 各国社区教育 [M]. 台北：幼狮文化事业公司，1982.

[18] 李明华. 农民工高等教育需求、供给和认证制度研究 [M]. 北京：中国言实出版社，2011.

[19] 张清泉. 二元经济结构条件下的中国农民工研究 [M]. 北京：经济科学出版社，2008.

[20] 韩长赋. 中国现代化进程中的“三农”问题 [M]. 北京：中国农业出版社，2004.

[21] 黄富顺，比较成人教育 [M]. 北京：台湾五南图书出版公司，1988.

[22] 王沪宁，等. 政治的逻辑：马克思主义政治学原理 [M]. 上海：上海人民出版社，2008.

[23] 王浦劬，等. 政治学基础 [M]. 2 版. 北京：北京大学出版社，2006.

[24] 何俊志. 结构历史与行为：历史制度主义对政治科学的重构 [M]. 上海：复旦大学出版社，2004.

[25] 何俊志. 新制度主义政治学译文精选 [M]. 天津：天津人民出版社，2007.

[26] 刘圣中. 历史制度主义：制度变迁的比较历史研究 [M]. 上海：上海人民出版社，2010.

[27] 马雪松. 政治世界的制度逻辑：新制度主义理论研究 [M]. 北京：光明日报出版社，2013.

[28] 王建初，孙茂生. 中国工人运动史 [M]. 辽宁：辽宁人民出版社，1978.

[29] 熊明安. 中华民国教育史 [M]. 重庆：重庆出版社，1990.

[30] 田正平. 中国教育通史（中华民国卷上）[M]. 北京：北京师范大学出版社，2013.

[31] 郭海清. 民国时期的广州教育 [M]. 广州：广东科技出版社，2013.

[32] 刘晓云. 近代北京社会教育发展研究（1895—1949）[M]. 北京：知识产权出版社，2013.

［33］陈青之. 中国教育史（下）［M］. 长沙：岳麓书社，2010.
［34］杨才林. 民国社会教育研究［M］. 北京：社会科学文献出版社，2011.
［35］宋恩荣. 晏阳初文集［M］. 北京：教育科学出版社，1989.
［36］董宝良，喻本伐，周洪宇. 陶行知教育论著选［M］. 北京：人民教育出版社，1991.
［37］周慧梅. “新国民”的想象：民国时期民众学校研究［M］. 北京：北京师范大学出版社，2013.
［38］王建初，孙茂生. 中国工人运动史［M］. 沈阳：辽宁人民出版社，1978.
［39］李剑萍，杨旭. 中国现代教育史：中国早期教育现代化研究［M］. 北京：人民教育出版社，2011.
［40］刘晓云. 近代北京社会教育史料汇编［M］. 北京：河北科学技术出版社，2011.
［41］朱煜. 民众教育馆与基层社会现代改造（1928—1937）：以江苏为中心［M］. 北京：社会科学文献出版社，2012.
［42］王凌皓. 中国教育史纲要［M］. 北京：人民教育出版社，2013.
［43］“中国工人”编辑部. 工人社会主义教育提纲［M］. 北京：工人出版社，1958.
［44］吴晓林. 现代化进程中的阶层分化与政治整合［M］. 天津：天津人民出版社，2012.
［45］陈连根. 湖州教育史［M］. 杭州：浙江古籍出版社，2011.
［46］何东昌. 中华人民共和国重要教育文献［M］. 海口：海南出版社，1998.
［47］董明传，毕诚，张世平. 成人教育史［M］. 海口：海南出版社，2002.
［48］孙定国. 对工人进行政治教育的经验［M］. 北京：生活、读书、新知三联书店，1950.
［49］郝克明. 跨进学习社会的重要支柱：中国继续教育的发展［M］. 北京：高等教育出版社，2011.
［50］时传祥. 让无产阶级的革命精神代代相传：我们是怎样向青年工人进行阶级教育的［M］. 北京：工人出版社，1965.
［51］湛卫清. 人权与教育［M］. 北京：北京师范大学出版社，2009.

[52] 文化部文化市场司，华中师范大学全国农民工生活状况调查课题组. 当代中国农民工文化生活状况调查报告 [M]. 北京：中国社会科学出版社，2007.

[53] 国务院发展研究中心课题组. 农民工市民化：制度创新与顶层政策设计 [M]. 北京：中国发展出版社，2011.

[54] 杨德勇，张宏艳. 产业结构研究导论 [M]. 北京：知识产权出版社，2008.

[55] 李金华，等. 中国产业：结构、增长及效益 [M]. 北京：清华大学出版社，2007.

[56] 钱文荣，黄祖辉. 转型时期的中国农民工 [M]. 北京：中国社会科学出版社，2007.

[57] 游均. 2006—2007 年：中国就业报告：探索素质就业 [M]. 北京：中国劳动社会保障出版社，2007.

[58] 国务院发展研究中心课题组. 农民工市民化：制度创新与顶层政策设计 [M]. 北京：中国发展出版社，2011.

[59] 卢严方. 农民工阶层 [M]. 北京：中华工商联合出版社，2008.

[60] 陈如平. 中国普通高中教育发展报告（2012）[M]. 北京：教育科学出版社，2013.

[61] 陈乃林，刘建同. 学习型社会建设中的社区教育发展研究 [M]. 北京：高等教育出版社，2010.

[62] 王丽萍. 寻求繁荣与秩序：当代世界经济与政治的政治学观察 [M]. 北京：北京大学出版社，2006.

[63] 游龙波，张诺夫，温敬元，等. 中国社会阶层结构的变迁与党的执政基础研究 [M]. 北京：中国社会科学出版社，2012.

[64] 郭红梅. 新兴社会阶层与党的执政基础建设研究 [M]. 北京：中国社会科学出版社，2011.

[65] 吴晓林. 现代化进程中的阶层分化与政治整合 [M]. 北京：天津人民出版社，2012.

[66] 黄丽云. 新生代农民工市民化中的价值观 [M]. 北京：社会科学文献出版社，2012.

[67] 吕国光. 农民工口述史 [M]. 武汉：湖北人民出版社，2009.

[68] 刘建娥. 中国乡城移民的城市社会融入 [M]. 北京：社会科学文献出版社，2011.

［69］余善云. 社区教育研究与实践［M］. 重庆：重庆出版社，2012.
［70］卢国显. 农民工：社会距离与制度分析［M］. 北京：社会科学文献出版社，2010.
［71］国务研究室课题组. 中国农工调研报告［M］. 北京：中国言实出版社，2006.
［72］邓正来，郝雨凡. 转型中国的社会正义问题［M］. 南宁：广西师范大学出版社，2013.
［73］陈乃林，刘建同. 学习型社会建设中的社区教育发展研究［M］. 北京：高等教育出版社，2010.
［74］世界银行. 1984年世界发展报告［M］. 北京：中国财政经济出版社，1984.
［75］张广胜，周密. 新生代农民工市民化进程的测度及其决定机制：基于人力资本与社会资本耦合的视角［M］. 北京：经济科学出版社，2013.
［76］黄锟. 中国农民工市民化的制度分析［M］. 北京：中国人民大学出版社，2011.
［77］燕继荣. 发展政治学：政治发展研究的概念与理论［M］. 北京：北京大学出版社，2006.
［78］宁骚. 公共政策学［M］. 北京：高等教育出版社，2011.
［79］何怀宏. 平等二十讲［M］. 天津：天津人民出版社，2008.
［80］宋艳. 进城农民工弱势地位改变研究：政府人力资源管理的视角［M］. 长春：吉林大学出版社，2010.
［81］曾水英. 理解政治权力：权力问题的西方政治思想史考察［M］. 北京：中央编译出版社，2013.
［82］赵苑达. 西方主要公平与正义理论研究［M］. 北京：经济管理出版社，2011.
［83］顾成敏. 公民社会与公民教育［M］. 北京：知识产权出版社，2007.
［84］舒新城. 近代中国教育思想史［M］. 福州：福建教育出版社，2007.
［85］张枬，王忍之. 辛亥革命前十年间时论选集（1）上［M］. 北京：生活·读书·新知三联书店，1960.
［86］江国华. 宪法与公民教育：公民教育与中国宪政的未来［M］. 武汉：武汉大学出版社，2010.

［87］刘电芝，疏德明，等. 走进幸福：农民工城市融入与主观幸福感研究［M］. 苏州：苏州大学出版社，2012.

［88］周振超. 阶层分化与政府治理模式变革研究［M］. 上海：学林出版社，2012.

［89］周光辉，等. 社会公正与政府责任学术论文集［M］. 长春：吉林人民出版社，2009.

［90］马啸原. 西方政治思想史纲［M］. 北京：高等教育出版社，1997.

［91］邹谠. 二十一世纪中国政治：从宏观历史与微观行动的角度［M］. 上海：牛津大学出版社，1994.

［92］关海庭. 20世纪中国政治发展史论［M］. 北京：北京大学出版社，2002.

［93］陈庆云. 公共政策分析［M］. 北京：北京大学出版社，2006.

［94］方轮，胡艳曦. 城市社区教育资源开发与整合［M］. 广州：广东人民出版社，2009.

［95］王竹林. 城市化进程中农民工市民化研究［M］. 北京：中国社会科学出版社，2009.

［96］亚里士多德. 政治学［M］. 吴寿彭，译. 北京：商务印书馆，2008.

［97］孟德斯鸠. 论法的精神（上册）［M］. 张雁深，译. 北京：商务印书馆，1961.

［98］埃杰. 语言规划与语言政策的驱动过程［M］. 吴志杰，译. 北京：外语教学与研究出版社，2012.

［99］巴利. 社会正义论［M］. 曹海军，译. 南京：江苏人民出版社，2012.

［100］鲍尔. 政治与教育政策制定：政策社会学探索［M］. 王玉秋，孙益，译. 上海：华东师范大学出版社，2011.

［101］雅诺斯基. 公民与文明社会［M］. 柯雄，译. 沈阳：辽宁教育出版社，2000.

［102］李普赛特. 政治人：政治的社会基础［M］. 张绍宗，译. 上海：上海人民出版社，2011.

［103］彼得斯. 政治科学中的制度理论："新制度主义"［M］. 王向民，段红伟，译. 上海：上海世纪出版集团，2011.

［104］诺思. 经济史中的结构与变迁［M］. 陈郁，罗华平，译. 上海：上海人民出版社，1994.

［105］坎贝尔. 制度变迁与全球化［M］. 姚伟，译. 上海：上海人民出版社，2010.

［106］马奇，奥尔森. 重新发现制度：政治的组织基础［M］. 张伟，译. 北京：生活·读书·新知三联书店，2011.

［107］克雷明. 美国教育史（三）：城市化时期的历程（1876—1980）［M］. 朱旭东，王保星，张驰，译. 北京：北京师范大学出版社，2002.

［108］阿尔蒙德，鲍威尔. 比较政治学：体系、过程和政策［M］. 曹沛霖，郑世平，公婷，译. 北京：东方出版社，2007.

［109］亨廷顿. 第三波：20 世纪后期的民主化浪潮［M］. 欧阳景根，译. 上海：上海三联书店，1998.

［110］摩尔. 民主和专制的社会起源［M］. 拓夫，张东东，杨念群，译. 北京：华夏出版社，1987.

［111］杜威. 民主·经验·教育［M］. 彭正梅，译. 上海：上海人民出版社，2009.

［112］罗斯金，等. 政治科学［M］. 林震，等译. 北京：华夏出版社，2001.

［113］戴伊. 理解公共政策［M］. 彭勃，等译. 北京：华夏出版社，2004.

［114］厄本，瓦格纳. 美国教育：一部历史档案［M］. 周晟，谢爱磊，译. 北京：中国人民大学出版社，2009.

［115］西伦. 制度是如何演化的：德国、英国、美国和日本的技能政治经济学［M］. 王星，译. 上海：上海人民出版社，2010.

［116］罗尔斯. 正义论［M］. 何怀宏，何包钢，廖申白，译. 北京：中国社会科学出版社，1988.

［117］萨巴蒂尔. 政策过程理论［M］. 彭宗超，钟开斌，等译. 北京：生活读书新知三联书店，2004.

［118］施塔克，张诤. 国际条约、宪法和法律中的社会权利［J］. 中德法学论坛，2008（0）：3-15.

［119］金里卡. 少数的权利：民族主义、多元文化主义和公民［M］. 邓红风，译. 上海：上海世纪出版集团，2005.

［120］艾森斯塔德. 现代化：抗拒与变迁［M］. 张旅平，沈原，陈育国，等译. 北京：中国人民大学出版社，1988.

［121］日本世界教育史研究会. 六国技术教育史［M］. 李永连，赵秀琴，李秀英，等译. 北京：教育科学出版社，1984.

附　录

2003—2010 年全国农民工培训规划

农业部　劳动保障部　教育部　科技部　建设部　财政部

（二〇〇三年九月九日）

为贯彻落实党的十六大精神和“三个代表”重要思想，提高农民工素质和就业能力，进一步促进农村劳动力向非农产业和城镇转移，按照党中央、国务院有关会议和文件要求，制定本培训规划。

一、规划制定背景

农村劳动力向非农产业和城镇转移，是建设现代农业、解决“三农”问题的重要途径，是经济和社会发展的必然要求，是我国社会进步的重要标志。改革开放以来，我国通过发展乡镇企业和促进劳动力跨区域流动就业，加快了农村城镇化进程，促进了城市发展。农村劳动力转移已成为推动城乡经济协调发展的重要途径。

我国是人口大国，农村富余劳动力转移就业的任务非常艰巨。目前，我国农村有 1.5 亿富余劳动力，每年还要新增 600 万农村劳动力。农村劳动力素质不高，缺乏劳动技能，影响向非农产业和城镇的转移，难以在城镇实现稳定就业。在 9 000 多万跨地区进城务工的农民中，有相当数量的人员没有稳定的职业和居所。在农村劳动力中，受过专业技能培训的仅占 9.1%。在 2001 年新转移的农村劳动力中，受过专业技能培训的只占 18.6%。随着经济发展水平的提高和新兴产业的兴起，缺乏转岗就业技能的农村富余劳动力的就业难度越来越大。农民工素质亟待提高。

党的十六大提出了全面建设小康社会的奋斗目标，这对加快农村富余劳动力向非农产业和城镇转移提出了新的更高的要求。加快农村富余劳动力转移就业的关键在于加强农民工培训。多年来，各级各类教育培训机构和用工单位开展了形式多样的农民工培训，取得了明显成效。但是应当看到，当前的农民工培训工作还存在认识不到位、激励政策不足以及培训资金缺乏、培训手段亟待加强和培训资源缺乏整合等问题。各地区、各有关部门要充分认识开展农民工培训的重要意义，从贯彻落实“三个代表”重要思想和全面建设小康社会的高度，从国民经济协调发展和社会稳定的大局出发，统筹规划，分工协作，切实做好这项工作。

二、指导思想和基本原则

（一）指导思想

以党的十六大精神和“三个代表”重要思想为指导，围绕全面建设小康社会的目标任务，坚持公平对待、合理引导、完善管理、搞好服务的原则，坚持多予、少取、放活的方针，坚持面向工业化、面向现代化、面向城镇化的方向，以转移就业前的引导性培训和职业技能培训为重点，综合运用财政扶持政策和竞争、激励手段，进一步调动农民工个人、用人单位、教育培训机构、行业的积极性，多渠道、多层次、多形式地开展农民工培训工作，逐步形成政府统筹、行业组织、重点依托各类教育培训机构和用人单位开展培训的工作格局。

（二）基本原则

政府扶持，齐抓共管。各级政府要积极引导和扶持农民工培训事业，加强管理，加大投入。各有关部门协调合作，立足自身职责，发挥各自优势，共同做好政策指导、督促检查以及各项服务工作。

统筹规划，分步实施。农民工培训工作要统筹计划，突出重点，分步开展。把农民工培训作为就业准入制度的重要内容，深入调查研究，认真组织实施。摸清农村富余劳动力和已转移就业农民工的基本情况，制定具体的有针对性的培训计划。要突出重点，逐步对农民工进行培训，当前主要是支持农村富余劳动力较多的地区和贫困地区开展培训，重点支持农民工输出地区开展转移就业前培训。

整合资源，创新机制。以现有教育培训机构为主渠道，发挥多种教育培训资源的作用。充分调动行业和用人单位的积极性，多渠道、多层次、多形式地开展农民工培训。要加强政府引导，制定和完善政策措施，优化配置培训资源，建立新的培训机制。

按需施教，注重实效。要研究农村劳动力资源现状，做好劳动力市场需求预测，按照不同区域、不同行业要求，区分不同培训对象，采取不同的培训内容和形式。以市场需求为导向，以提高就业能力和就业率为目标，坚持短期培训与学历教育相结合，培训与技能鉴定相结合，培训与就业相结合，增强培训的针对性和实效性。

三、培训的目标和任务

（一）培训目标

逐步扩大培训规模。2003—2005 年，对拟向非农产业和城镇转移的 1 000 万农村劳动力开展转移就业前的引导性培训，对其中的 500 万人开展职业技能培训；对已进入非农产业就业的 5 000 万农民工进行岗位培训。2006—2010 年，对拟向非农产业和城镇转移的 5 000 万农村劳动力开展引导性培训，并对其中的 3 000 万人开展职业技能培训。同时，对已进入非农产业就业的 2 亿多农民工开展岗位培训。

营造良好的社会氛围和政策环境。加大宣传和引导力度，营造重视农民工培训的良好社会环境。制定有效的农民工培训激励政策，鼓励农民工主动参加培训，鼓励用人单位主动组织农民工参加培训，鼓励各级各类教育机构开展农民工培训。加大培训投入，逐步形成政府引导、多元投资的投入机制。完善就业准入制度，加强监督检查力度，逐步形成“先培训后就业”的农村劳动力转移就业制度。

提高培训质量。完善教育培训条件，提高培训资源利用效率。创新培训机制，以劳动力市场需求为导向，以项目运作的方式开展培训，努力提高培训质量和培训后的就业率。

（二）培训任务

开展引导性培训。引导性培训主要是开展基本权益保护、法律知识、城市生活常识、寻找就业岗位等方面知识的培训，目的在于提高农民工遵守法律法规和依法维护自身权益的意识，树立新的就业观念。引导性培训主要由各级政府，尤其是劳动力输出地政府统筹组织各类教育培训资源和社会力量来开展。引导性培训要通过集中办班、咨询服务、印发资料以及利用广播、电视、互联网等手段多形式、多途径灵活开展。

开展职业技能培训。职业技能培训是提高农民工岗位工作能力的重要途径，是增强农民工就业竞争力的重要手段。根据国家职业标准和不同行业、不同工种、不同岗位对从业人员基本技能和技术操作规程的要求，安排培训内容，设置培训课程。职业技能培训以定点和定向培训为主，当前的培训重点是家政服务、餐饮、酒店、保健、建筑、制造等行业的职业技能。职业技能培训主要是在各级政府的引导和支持下，由各类教育培训机构、行业和用人单位开展。鼓励和支持社会力量尤其是一些具有特色的民办培训机构开展职业技能培训。对具备相应条件并有创业意向的农民工开展创业培训，提供创业指导。

四、推进农民工培训的政策措施

（一）加强组织领导

建立农民工培训工作部际联席会议制度，研究解决农民工培训工作中的重大问题，编制培训计划，落实扶持政策，统筹规划、综合协调农民工培训工作。各级政府要将农民工培训列入年度工作考核内容，实行目标管理。要结合本地实际制定实施计划，确定各阶段的目标、任务和工作进度，明确各有关部门的工作职责，细化政策措施。要建立统筹协调的领导体制和分工负责、相互协作的工作推进机制，通过制定政策和制度创新，充分调动一切可以利用的资源，广泛开展农民工培训工作。农业、劳动保障、教育、科技、建设、财政等相关部门在职责范围内，切实做好农民工培训工作。

（二）加大农民工培训的资金投入

农民工培训经费实行政府、用人单位和农民工个人共同分担的投入机制。中央和地方各级财政在财政支出中安排专项经费扶持农民工培训工作。用于补贴农民工培训的经费要专款专用，提高使用效益。

（三）制定农民工培训激励政策

用人单位负有培训本单位所用农民工的责任。用人单位开展农民工培训所需经费从职工培训经费中列支，职工培训经费按职工工资总额1.5%比例提取，计入成本在税前列支。

符合条件的教育培训机构，均可申请使用农民工培训扶持资金。获准使用农民工培训扶持资金的各类学校和培训机构，须相应降低农民工学员的培训收费标准。财政部会同农业部、教育部研究提出农民工培训扶持资金审批管理办法，报国务院批准后实施。

对参加培训的农民工实行补贴或奖励。农民工自愿参加职业技能鉴定，鉴定合格者颁发国家统一的职业资格证书。任何单位不得强制农民工参加收费鉴定，鉴定机构要视情况适当降低鉴定收费标准。

（四）推行劳动预备制度，实行就业准入制度

组织农村未能继续升学并准备进入非农产业就业或进城务工的初高中毕业

生参加必要的转移就业培训，使其掌握一定的职业技能并取得相应的培训证书或职业资格证书。

用人单位招收农民工，属于国家规定实行就业准入控制的职业（工种），应从取得相应职业资格证书的人员中录用。对用人单位因特殊需要招用技术性较强，但尚未参加培训的特殊职业（工种）的人员，可在报经劳动保障部门批准之后，先招收后培训，取得相应职业资格后再上岗。

（五）整合教育培训资源，提高培训效率

在充分发挥现有教育培训资源作用的基础上，改造和完善一批教育培训机构，加强基地建设，完善教学培训条件，建设一批能起示范和带动作用的农村劳动力转移培训基地。引导和鼓励各类教育培训机构在自愿的基础上进行联合，增加培训项目，扩大培训规模，提高培训的质量和效益。

引导和鼓励教育培训机构与劳务输出（派遣）机构在自愿的基础上建立合作伙伴关系，通过签订培训订单或输出协议，约定双方责任和权益，实现培训与输出（派遣）的良性互动。对培训机构与输出（派遣）机构的合作，地方政府和有关职能部门要制订鼓励措施，加强业务指导。

发展和改革农村教育，使农村职业学校、成人学校成为农村劳动力转移培训的重要阵地。充实农村普通中学职业培训和就业训练的课程安排。具备条件的农村初高中，要结合当地实际情况，将新增劳动力培训作为学校的重要工作内容。各类职业学校要扩大面向农村的招生和培训规模，积极开展农民工的职业技能培训。加强农村成人学校建设，充分利用农村成人学校开展农民工培训。城市职业学校和成人学校要结合市场需求，及时调整专业结构，积极开展进城农民工的教育培训工作。

（六）加强农民工培训服务工作

加强农民工培训师资队伍建设。农民工培训师资可以由教育培训机构通过开展继续教育来解决，也可从职业学校和成人学校、科研单位、企业、技术推广部门聘请。要定期组织开展师资培训，不断提高教师业务水平。

加强农民工培训的教材开发。教材的编写和选用坚持统一规范、实际适用和先进创新的原则。引导性培训教材，技术要求规范、统一的专业教材，全国统一编写；其他教材由各地根据实际需要编写或选用。

做好农民工培训的信息服务工作。定期调查并公布劳动力市场供求状况，定期对不同职业（工种）、不同等级的农民工职业供求和工资价位进行调查，调查分析结果及时向社会公布。

建立农民工培训效果评价制度。以实现高质量就业目标为导向，制定评价标准，定期对开展农民工培训的各类教育培训机构的专业设置、培训内容、课程安排、收费标准、招生情况、学员结业率、结业学员鉴定通过率、就业率、工资水平等状况进行调查统计，并及时向社会公布。

做好跟踪服务和就业指导工作。各类教育培训机构和中介组织要主动参与农村劳动力就业市场体系建设并发挥积极作用，为学员就业创造条件并提供信息服务。建立农民工培训人才资源库，为农村劳动力就业市场体系建设奠定基础。

做好农民工培训工作的督促检查。各级政府和有关部门要督促检查农民工培训计划的落实，保证培训经费的及时到位，加强对政府扶持项目的评估。对各类教育培训机构和用工单位要加强监督和规范，防止借培训之名，对农民工乱收费，损害农民工的合法权益。具体监督检查办法由农业部会同教育部、财政部、劳动保障部、科技部、建设部制定。

人力资源和社会保障部关于印发《新生代农民工职业技能提升计划（2019—2022年）》的通知

人社部发〔2019〕5号

各省、自治区、直辖市和新疆生产建设兵团人力资源社会保障厅（局）：

为贯彻落实中共中央、国务院印发的《新时期产业工人队伍建设改革方案》《乡村振兴战略规划（2018—2022年）》和《国务院关于推行终身职业技能培训制度的意见》等文件要求，加强新生代农民工职业技能培训工作，带动农民工队伍技能素质全面提升，我部研究制定了《新生代农民工职业技能提升计划（2019—2022年）》，现印发给你们，请结合实际组织实施。

人力资源和社会保障部

2019年1月9日

新生代农民工职业技能提升计划（2019—2022年）

为贯彻落实《新时期产业工人队伍建设改革方案》《乡村振兴战略规划（2018—2022年）》《关于推行终身职业技能培训制度的意见》等文件要求，帮助农民工特别是新生代农民工增加受教育培训机会，提高专业技能和胜任岗位能力，将其培养成为高素质技能劳动者和稳定就业的产业工人，特制定本计划。

一、充分认识提升新生代农民工职业技能的重要意义

全国农民工总量约为2.9亿人，1980年及以后出生的新生代农民工逐渐成为农民工主体，已占农民工总量的一半以上，是社会主义现代化建设的重要

力量。党的十九大以来，以新生代农民工为重点的农民工职业技能培训工作取得积极成效，但面对新的经济社会发展需求、就业形势需要和庞大的农民工总量，培训工作仍然存在制度不够健全、覆盖面不够广泛、规模不够大、针对性有效性不强、促进贫困劳动力就业脱贫的支持度不够等问题。加强新生代农民工职业技能培训工作，带动农民工队伍技能素质全面提升，是充分发挥我国人力资源优势、提高人力资本质量的重要任务，是促进就业创业、乡村振兴和扶贫脱贫的有效举措，是深化供给侧结构性改革、推动经济社会发展和新动能培育的必然要求，对于我国决胜全面建成小康社会具有重要意义。各级人力资源社会保障部门要高度重视，集中整合有关政策和资源，形成合力，面向新生代农民工大力开展职业技能培训。

二、总体要求

（一）指导思想

全面贯彻党的十九大和十九届二中、三中全会和中央经济工作会议精神，将新生代农民工职业技能培训作为实施人才强国战略、创新驱动发展战略、乡村振兴战略的具体举措和打赢脱贫攻坚战的重要抓手，围绕国家经济社会发展对高素质劳动者需求和农民工技能就业、高质量就业需要，保障就业局势稳定，聚焦新生代农民工，针对群体和时代特点，开展大规模、多层次、高质量、有保障的职业技能培训，促进多渠道转移就业，提高就业质量。

（二）目标任务

逐步形成就业导向、政策扶持、企业主导、社会参与的运行机制，健全培训需求调查、职业指导、分类培训、技能评价、就业服务协同联动的工作机制。到 2022 年末，努力实现新生代农民工职业技能培训“普遍、普及、普惠”的目标，即普遍组织新生代农民工参加职业技能培训，提高培训覆盖率；普及职业技能培训课程资源，提高培训可及性；普惠性补贴政策全面落实，提高各方主动参与培训积极性。

三、大规模开展多种形式的职业技能培训

（三）广泛开展就业技能培训，促进转移就业

对在公共就业服务平台登记培训愿望的农民工，在 1 个月内提供相应的培训信息或统筹组织参加培训，实现转移就业前掌握就业基本常识并至少掌握一项职业技能。对初次到城镇就业的新生代农民工开展必要的引导性培训。对失业和转岗人员，引导并组织参加新技能培训，帮助其尽快返岗转岗。重点根据

企业岗位实际需求开展订单定岗培训，结合产业发展需求开展定向培训。

（四）大力推进岗位技能提升培训，支持岗位成才

支持企业对农民工广泛开展技能培训，重点对新生代农民工开展岗前培训、企业新型学徒制培训、岗位技能提升培训、高技能人才培训等，进一步提高其就业稳定性。围绕提高产品质量和促进安全生产，经常性开展安全知识、操作规程、规章制度培训。对具备较高职业技能和自主创新意愿的人员，特别是企业拔尖技能人才，开展岗位创新创效培训。加强劳模精神和工匠精神培育，引导新生代农民工爱岗敬业，追求精益求精。

（五）精准开展技能扶贫培训，助力脱贫攻坚

精准掌握建档立卡贫困劳动力、低保家庭劳动力、特困救助供养人员和残疾人等就业困难人员中新生代农民工的基本情况，结合扶贫项目和用工需求，优先为有培训意愿的人员提供精准技能培训服务，优先为有就读技工院校意愿的人员提供技工教育，帮助他们实现技能就业脱贫。

（六）积极开展创业创新培训，培养创业带头人

将有意愿开展创业活动和处于创业初期的农民工全部纳入创业培训服务范围，开展创业培训服务。重点对新生代农民工积极开展电子商务培训。对具备一定条件的人员开展以创办个体工商户和创办小微企业为中心的创业技能培训，提供开业指导和创业孵化、创业政策支持，提高创业成功率。对已创业人员，持续开展改善或扩大企业经营的创业能力提升培训和企业经营指导，加强创业公共服务，提升经营管理能力。

四、切实提高培训质量

（七）创新培训内容和方式，提高培训针对性有效性

根据制造业重点领域、现代服务业和乡村振兴对技能人才需要，以新生代农民工为重点，积极开展相关职业（工种）技能培训。逐步推广工学一体化、“互联网+职业培训”、职业培训包、多媒体资源培训等灵活多样的培训方式，满足新生代农民工多样化、个性化培训需求。根据当地新生代农民工特点和产业发展实际，打造特色培训品牌。

（八）扩大培训供给，实行市场化社会化培训机制

政府投资建设的高技能人才培训基地、实训基地和创业孵化基地等，要率先做好新生代农民工职业技能培训工作，带动其他培训资源参与。逐步推进职业技能培训公共服务项目目录清单管理，政府补贴的职业技能培训项目全部向具备资质的职业院校和培训机构开放。推动落实劳动者自主选择职业培训机构

和培训项目、按培训补贴标准领取补贴的政府购买服务方式。

（九）做好公共就业服务，实现培训就业一体化

多渠道公开职业培训信息，提高新生代农民工对就业趋势、培训政策、课程内容等信息的知晓度。支持职业培训机构与行业协会、大中型企业、劳务输出机构等建立联合体，开展培训就业一站式服务。推进劳务输入地与输出地联动对接，延长新生代农民工跨区域培训就业服务链条。加强就业形势监测，对就业不稳定的农民工，及时提供技能培训和就业信息服务。

五、强化保障措施

（十）加强组织领导，形成工作合力

各地要以农民工就业和培训的统计调查数据为基础，科学规划新生代农民工培训工作。做好现有各项培训政策措施的衔接融合，发挥相关部门职能优势，形成工作合力。人力资源社会保障系统就业、人力资源市场、职业培训、技工院校管理、职业技能鉴定、农民工工作、失业保险、劳动监察等部门要明确职责、密切协作，加强工作督导，及时研究解决工作中存在的问题，确保政策措施落到实处。

（十一）加大扶持力度，落实补贴政策

鼓励各地结合实际，从资金、政策等方面加大对新生代农民工职业培训和就业创业扶持力度。落实相关补贴政策，减少参训人员“先垫后支”情况，探索培训券补贴方式。对建档立卡贫困人员按规定落实免费参加技工教育和职业培训政策。会同有关部门做好《关于企业职工教育经费提取与使用管理的意见》（财建〔2006〕317号）和《关于企业职工教育经费税前扣除政策的通知》（财税〔2018〕51号）的宣传解读和政策落实，支持引导企业足额提取职工教育培训经费并合理使用。

（十二）优化社会环境，形成良好氛围

各地要采取多种方式大力宣传职业培训和技术工人待遇等政策，深入解读各项惠及农民工、培训机构、用人单位的政策措施，以新生代农民工为重点，及时总结推广农民工职业技能培训的有效经验，动员社会各界积极参与新生代农民工职业技能提升计划的实施。每年至少对乡（镇）、村有关工作人员开展1次职业培训等相关政策培训，乡（镇）、村要加强相关政策宣传讲解和典型人物事迹宣传，激发新生代农民工技能成才的内生动力。

人力资源和社会保障部关于印发农民工稳就业职业技能培训计划的通知

人社部函〔2020〕48号

各省、自治区、直辖市及新疆生产建设兵团人力资源社会保障厅（局）：

为贯彻落实党中央、国务院决策部署，扎实做好“六稳”工作，全面落实“六保”任务，确保决战决胜脱贫攻坚，大力提升广大农民工职业技能和就业创业能力，特实施农民工稳就业职业技能培训计划。现将《农民工稳就业职业技能培训计划》印发给你们，请结合本地工作实际，认真贯彻执行。

人力资源和社会保障部

2020年5月28日

农民工稳就业职业技能培训计划

一、工作目标

深入实施职业技能提升行动，将职业技能培训作为促进农村转移劳动力就业、稳定农民工工作岗位、支持农民工返乡创业、助力贫困劳动力增收脱贫的重要抓手，面向广大农民工群体，开展大规模、广覆盖和多形式的职业技能培训。2020年至2021年，每年培训农民工700万人次以上，促进农民工职业技能提升，推动农民工稳岗就业和返乡创业，改善农民工就业结构，将农民工培育成为重要的人力资源。

二、对象范围

在岗农民工、城镇待岗和失业农民工、农村新转移劳动力、返乡农民工、贫困劳动力等。

三、实施和参与主体

各地人力资源社会保障部门具体组织实施，各地、各有关部门、行业、企业和社会团体积极参与，形成工作合力。

四、工作内容

（一）以企业为主，组织开展在岗和待岗农民工以工代训，实现以训稳岗。支持企业吸纳农民工就业，面向新吸纳农民工开展以工代训。对中小微企业吸纳就业困难人员、零就业家庭成员、登记失业人员中的农民工就业，并开展以工代训的，根据吸纳人数给予企业职业培训补贴。支持困难企业开展以工代训。对受疫情影响出现生产经营暂时困难导致停工停业的中小微企业，组织待岗农民工开展以工代训、以训稳岗的，根据组织以工代训人数给予企业职业培训补贴。受疫情影响较大的外贸、住宿、餐饮、文化、旅游、交通、运输、批发零售等行业可将以工代训补贴范围扩展到各类企业。以上以工代训职业培训补贴政策受理期限截止到 2020 年 12 月 31 日。

企业、农民专业合作社和扶贫车间等各类生产经营主体吸纳贫困劳动力就业并开展以工代训，以及参保企业吸纳就业困难人员、零就业家庭成员中的农民工就业并开展以工代训的，给予一定期限的职业培训补贴，最长不超过 6 个月。政策执行期限按职业技能提升行动政策执行。

（二）以输入地为主，组织转岗和失业农民工开展定向定岗培训，提升农民工就业能力。输入地可结合当地产业发展和企业用工需求以及农民工就业意愿，组织开展有针对性的定向、定岗培训和专项技能培训，提升转岗和失业农民工技能，支撑当地产业发展。要注重围绕市场急需紧缺职业，大力开展建筑、机械、维修、家政、养老、餐饮、保安、物流等适合农民工就业的技能培训和快递员、网约配送员、直播销售员、汽车代驾员等新职业新业态培训。

（三）以输出地为主，组织返乡农民工开展就业创业培训，促进农民工就近就业创业。结合县域经济发展和公益岗位需求，重点围绕县域内生产制造业、建筑业、服务业、乡土产业、休闲旅游业、餐饮业等开展技能培训，提高返乡农民工职业转换和再就业能力，促进返乡农民工再就业。根据区域经济和人文特点，结合新经济、新业态，大力开展农民工返乡创业培训，鼓励准备创业和创业初期的农民工参加创办企业、创业实训、经营管理等课程培训，提升项目选择、市场评估、资金预测、创业计划等能力，推动返乡农民工创业。对新生代返乡创业农民工，积极开展大数据、人工智能、电子商务等新技术新领域创业培训，促进提高创业质量和层次。加大返乡农民工就业创业政策扶持，健全创业培训与创业服务相结合的工作体系，不断提高返乡农民工创业成功率。

五、组织实施

（一）加强组织领导，广泛动员农民工参加培训。各地要把农民工促就业、扩就业和稳就业摆在更加突出位置，高度重视农民工职业技能培训工作。督促指导行业、企业和各级人力资源社会保障部门做好各类培训组织工作，广泛动员广大农民工参加各类技能培训。鼓励人力资源服务企业、劳务派遣公司以及劳务中介机构组织新招用农民工、待岗农民工、失业农民工和返乡农民工等群体，开展就业技能培训、岗位技能提升培训和创业培训，并给予培训补贴。

（二）加大培训供给，提高培训质量。各级人社部门要对接人力资源市场、企业和农民工需求，及时发布培训项目目录、培训机构目录、培训种类方式以及就业信息等，方便农民工培训和就业。针对农民工特点，支持技工院校、职业院校、职业培训机构、企业培训中心等开展定向、定岗、订单培训，提升培训质量。利用互联网、手机客户端等平台载体，积极开展线上职业技能培训。

（三）落实相关补贴政策，加大支持力度。落实农民工免费培训政策、参加培训的贫困劳动力生活费补贴政策和企业以工代训政策。对同一职业（工种）同一技能等级通过初次职业技能鉴定并取得职业资格证书、职业技能等级证书、专项职业能力证书、特种作业操作证书、特种设备作业人员证书的参训人员，给予技能鉴定补贴。各地要认真落实中央要求，提高培训补贴标准。农民工培训补贴资金从职业技能提升行动专账资金中列支，农民工培训数量纳入职业技能提升行动月对账统计范围。